Es gibt nur eine Heilkraft. Sie ist, wie Paracelsus sagte, im Mensch, im Tier, im Baum, in allen Lebewesen, allgegenwärtig. Paracelsus hat recht. In unserem Innern, wie im Innern der Tiere und Pflanzen, ist eine wunderbare Heilkraft beheimatet, die nicht nur körperliche, sondern auch seelisch-geistige Krankheiten heilt. Hahnemann, als Begründer der Homöopathie, hat diese universelle, göttliche Heilkraft wieder in unser Bewußtsein eingebracht und zu einer der tragenden Säulen seiner Heilmethode entwickelt."

Joseph Murphy

Gerhart Gerweck / Hermann Späth

DER HOMÖOPATHISCHE PFERDEDOKTOR

Grundlagen · Heilbehandlungen
Arzneibilder

Franckh-Kosmos

Mit 28 Farbfotos von Dietmar Aichele (2), Fa. Biologische Heilmittel Heel GmbH (1), Hans E. Laux (8) und Peter Schönfelder (17).

Umschlaggestaltung von Atelier Reichert, Stuttgart, unter Verwendung eines Farbfotos von Elisabeth Weiland.

Die Deutsche Bibliothek – CIP-Einheitsaufnahme

Gerweck, Gerhart:
Der homöopathische Pferdedoktor : Grundlagen, Heilbehandlungen, Arzneibilder / Gerhart Gerweck ; Hermann Späth. –
Stuttgart : Franckh-Kosmos, 1993
ISBN 3-440-06709-2
NE: Späth, Hermann:

© 1993, Franckh-Kosmos Verlags-GmbH & Co., Stuttgart
Alle Rechte vorbehalten
ISBN 3-440-06709-2
Lektorat: Sigrid Eicher
Herstellung: Heiderose Stetter
Printed in Czech Republic / Imprimé en République tchèque
Satz: Steffen Hahn, Kornwestheim
Druck und buchbinderische Verarbeitung: Tesinská Tiskárna AG, Cesky Tesín

Der homöopathische Pferdedoktor

Zu diesem Buch

Dieses Buch gibt Erfahrungen aus der homöopathischen Behandlung kranker Pferde wieder. Es will dem Pferdetierarzt, der bisher der Homöopathie noch skeptisch gegenübersteht, Anregung und Ermunterung geben, dieser sanften Medizin stärker als bisher sein Augenmerk zu widmen, es will dem homöopathisch interessierten Pferdehalter, Fahrer und Reiter Verhaltensweisen bei der Ersten Hilfe und beim Erkennen von Erkrankungen vermitteln, die mithelfen, die Heilung und Gesundung zu fördern. Die in diesem Buch aufgezeigten Ratschläge sind von den Autoren aus dem weiten Gebiet der Pferdeheilkunde sorgfältig ausgewählt worden und geben die Erfolge aus jahrzehntelanger Praxis wieder. Das Buch soll die Beurteilungsfähigkeit des Tierhalters, Reiters und Fahrers gegenüber den Krankheiten des Pferdes erhöhen, kann und darf aber den Gang zum Tierarzt nicht ersetzen.

Es versteht sich von selbst, daß die im Buch aufgezeigten homöopathischen Behandlungskriterien anerkannte homöopathische Erfahrungsmedizin wiedergeben. Dennoch muß jegliche Haftung für Personen-, Sach- und Vermögenswerte ausgeschlossen werden.

Das Buch ist nicht gegen die Methoden der Schulmedizin, sondern will aufzeigen, wo homöopathische Behandlungsmethoden der Chemotherapie überlegen sind. Es erhebt keinen Ausschließlichkeitsanspruch für die Homöopathie, sondern gibt Ratschläge zur schnellen und schonenden Behandlung kranker Pferde, wobei es die Haltung und das Verhalten des Pferdes als wichtigen Teil der Gesundheit und des Wohlbefindens mit einbezieht.

Gerhart Gerweck – Hermann Späth

Grundprinzipien der Homöopathie

Der Begründer und Entwickler der Homöopathie, der Arzt Dr. Samuel Hahnemann, der 1755 bis 1843 lebte – also 88 Jahre alt wurde, in der damaligen Zeit ein biblisches Alter –, entdeckte in seinen berühmten Chinarinden-Versuchen, daß eine kleine Dosis Chinarinde bei ihm selbst ein ähnliches Wechselfieber erzeugte, wie er es von seinen Malariaschüben her nur zu gut kannte. Er kam auf den genialen Gedanken, daß demnach eine kleine Dosis Chinarinde in der Lage sein müsse, ein solches Fieber wie die Malaria zu heilen.

Seine Erkenntnis dieses Behandlungsprinzips nannte er im Lateinischen *similia similibus curentur*, das bedeutet soviel wie: „Ähnliches wird durch Ähnliches geheilt." Diese für die Medizin damals revolutionäre These, die allerdings schon lange in der Naturmedizin und in der Erfahrungsmedizin der Alten ihre partielle Anwendung fand, ohne daß man sich über die wissenschaftlichen Zusammenhänge im klaren war, und nach der auch viele Tiere instinktiv bei speziellen Erkrankungen spezielle Kräuter und Pflanzen aufnehmen, nannte Samuel Hahnemann „Homöopathie", nach dem griechischen *homoios* und *pathos*, was übersetzt „ähnlich" und „Leiden" bedeutet. Eine Erkrankung wird also behandelt durch Arzneimittel, die ähnliche Leiden herbeiführen können. Hahnemann entdeckte bei seinen Experimenten, bei denen er die krankmachende Dosis so gering, also so unschädlich und schonend in der Anwendung wie möglich machen wollte, daß auch eine sehr kleine Dosis einer Arznei noch in der Lage ist, am kranken Menschen (und ebenso auch am Tier) ähnliche Symptome zu heilen wie die, die sie am gesunden Menschen erzeugen kann.

In der klassischen Medizin, auch Schulmedizin genannt, gilt bis heute das Prinzip der Allopathie, das heißt, wieder aus dem griechischen *allos*, soviel wie „anders". Der Arzt oder Tierarzt setzt also bei einer Erkrankung, die mit hohem Fieber einhergeht, Arzneimittel ein, die in der Lage sind, das Fieber zu senken, ein Heilmittel, das anders als das Leiden, also der Krankheit entgegengesetzt, ist und wirkt. Oder, um ein anderes Beispiel zu nennen, bei einer Krankheit, die mit Durchfall einhergeht, werden stopfende Medikamente eingesetzt.

In der Homöopathie Samuel Hahnemanns ist es gerade umgekehrt. Einem Pferd mit einer hoch fieberhaften Erkrankung gibt man unter anderem zum Beispiel Lachesis, das aus dem Gift einer Schlange gewonnen wird. Dieses Gift ist für sich in der Lage, ähnliche Fiebersymptome zu erzeugen, wie sie das kranke Pferd zeigt. Es ist aber auch in der Lage, nach dem Simile-Prinzip der Homöopathie Samuel Hahnemanns, die fieberhafte Erkrankung des Pferdes zu heilen.

Die Erfahrung lehrt uns dabei, daß die Homöopathie sowohl bei akuten Erkrankungen schnelle Hilfe zu leisten vermag als auch schon länger bestehende Leiden und chronische Krankheitszustände heilen oder lindern kann. Die Homöopathie versteht sich dabei als eine Regulationstherapie. Die natürlichen Regulations- und Ausheilungsvorgänge werden in Gang gesetzt, die körpereigenen Abwehrkräfte mobilisiert. Ihre Grenzen sind dort erreicht, wo krankhafte Veränderungen der Organe oder der physiologischen Systeme so weit fortgeschritten sind, daß eine Regulation oder Regeneration nicht mehr möglich ist. Das gilt allerdings auch für die Allopathie. Eine völlig degenerierte Leber oder Niere vermag man weder mit der Schulmedizin noch mit der Homöopathie mehr zu heilen, obwohl auch hier immer wieder zu beobachten ist, daß mit homöopathischen Mitteln erstaunliche Lebensenergien geweckt werden können.

Der Vorteil der Homöopathie liegt darin, daß sie nicht primär die Krankheitssymptome unterdrückt, sondern dem Organismus, dem Körper hilft, daß Ausheilung und Wiederherstellung der Funktion von erkranktem Gewebe angeregt werden. Dazu kommt, daß homöopathische Arzneimittel kaum Nebenwirkungen haben. Das ist ein nicht hoch genug einzuschätzender Vorteil gegenüber der sogenannten Chemotherapie, bei der fast kein Arzneimittel ohne Nebenwirkung ist und die große Schwierigkeit darin besteht, die Wirkung und die Nebenwirkung so exakt einzustellen, daß noch eine heilende Komponente wirksam ist, ohne daß die Nebenwirkungen den kranken Organismus zusätzlich belasten und eine schnelle Heilung erschweren oder gar neue Schädigungen verursachen. Bei homöopathischen Behandlungen sind die Pferde wesentlich schneller wieder bei gutem Allgemeinbefinden und beginnen schneller mit der Futteraufnahme. Man hat den Eindruck, daß ihnen ihre Erkrankung weniger ausmacht. Auch bei chronischen Veränderungen, wenn eine völlige Ausheilung nicht mehr zu erwarten ist, fühlen sich die Tiere oft noch lange Zeit wohl, und die qualvolle Epoche ihrer Erkrankung wird vielfach minimiert, wenn nicht der behandelnde Tierarzt den Leiden durch eine einschläfernde Injektion ein Ende setzt.

Naturheilmittel für das Pferd

In den vergangenen Jahrzehnten wurde in der Pferdeheilkunde immer stärker nach der Behandlung mit Naturheilmitteln gefragt. Die Tiermedizin unterliegt dabei demselben Trend wie die Humanmedizin. Die Belastungen unserer Umwelt, der Streß, die kaum noch überschaubare Anzahl chemotherapeutischer Arzneimittel, die Dopingerscheinungen bis hin zur Tablettensucht bewegen die Menschen, nach Auswegen in Richtung auf eine sanfte, den Organismus nicht belastende Medizin hin zu suchen. Der Trend zu Naturheilmitteln, die kaum Nebenwirkungen haben, ist überall unüberhörbar. Schon viele Kleintierpraxen sind überwiegend auf homöopathische Therapien eingeschworen und wenden allopathische Mittel nur noch in ganz begrenztem Rahmen an. Der Erfolg gibt diesen Tierärzten recht. Der Wunsch der Tierbesitzer, das Leben ihrer Hausgenossen solange wie möglich zu erhalten, die Erkrankungen so schnell und schonend wie möglich zu heilen, ist mit homöopathischen Prinzipien in optimaler Weise zu erfüllen.

So wie der Tierarzt, zusammen mit dem Tierbesitzer, falsche Verhaltens- und Ernährungsweisen der Tiere annulieren muß, um die Grundlage der Gesundheit und bei Krankheit die Basis der Heilung anzustreben, so bieten die homöopathischen Heilmethoden einen breiten Fundus für die Gesundheit und Heilung bei Mensch und Tier. Unsere Pferde, die treuen Kameraden in der Freizeit und beim Reitsport, können in zunehmendem Maße an der Homöopathie teilhaben.

Dieses Buch will aufzeigen, wie Naturheilmittel wirken und erfolgreich angewandt werden können. Es will aber auch Verhaltensweisen der Pferde aufzeigen, die zu beachten sind, will man die Tiere gesund erhalten und vor Krankheit schützen.

Das Buch kann keinesfalls den Weg zum Tierarzt ersetzen, wenn Not am Pferd ist. Allein der Tierarzt kann ein krankes Pferd fachgerecht untersuchen und eine schlüssige Diagnose stellen, die Grundlage jeder Behandlung ist. Das Buch kann auch keineswegs dringend notwendige Untersuchungsmethoden wie Bronchoskopie, Sonographie oder Röntgen oder unaufschiebbare operative Eingriffe wie chirurgische Wundversorgung oder Nageltrittoperationen ersetzen.

Es wurden daher nur solche Erkrankungen und Krankheitsbilder aufgeführt, die auch ein mit seinen Tieren vertrauter Pferdehalter mit einiger Sicherheit erkennen kann. Es ist für den Pferdefreund gewissermaßen ein Buch der Ersten Hilfe. Es soll ihm das Wissen vermitteln, die Erkrankung besser beurteilen und damit auch schneller entscheiden zu können, wann unbedingt qualifizierte tierärztliche Hilfe vonnöten ist. Das Buch soll auch vermeiden helfen, daß, wie in der Praxis immer wieder erkennbar, mit untauglichen, ja oft schädlichen Mitteln Behandlungen eingeleitet werden, die dann zur erheblichen Verschlimmerung des pathologischen Befundes führen.

Im wesentlichen werden in diesem Buch homöopathische Arzneimittel genannt. Daneben stehen äußerlich anwendbare Wundheilmittel auf pflanzlicher Basis. Andere Naturheilverfahren und die zahlreichen phytotherapeutischen (aus Pflanzenextrakten oder organischem Gewebe hergestellten) Präparate werden nur am Rande erwähnt oder da, wo von ihnen eine besondere Heilwirkung ausgeht. Das große Gebiet der Naturheilmittel würde den Rahmen dieses Buches sprengen.

Jeder, der die folgenden Seiten sorgfältig liest, wird über die vielfältigen Heilungsweisen der homöopathischen Heilmittel erstaunt sein. Sie sind bei Tieren ebenso anwendbar wie bei Menschen, und zwar nicht nur aufgrund der Erfahrungsmedizin, nein, ihre Wirkung wurde eingehend erprobt und in den sogenannten **Arzneimittelprüfungen** gesammelt. Die Arzneimittelprüfungen werden dabei nicht wie in der Chemotherapie in oftmals schmerzhaften, ja unwürdigen Tierversuchen vorgenommen, sondern an klinisch gesunden Menschen in sogenannten Doppelblindversuchen durchgeführt: Dabei muß der Prüfer über drei Wochen das jeweilige Mittel nach genauer Anweisung einnehmen oder anwenden, wobei er detailliert Buch darüber führen muß, welche Symptome und Veränderungen er an sich erfährt. Er wird jedoch nicht darüber informiert, welches homöopathische Heilmittel er einnimmt oder ob das Mittel überhaupt einen Wirkstoff enthält, da parallel immer Blindversuche mit einer sogenannten Placebo-Gruppe geführt werden, das heißt, ein Teil der Prüfer enthält ein Mittel ohne jede Wirksubstanz, damit ein wirklich objektives Versuchsergebnis analysiert werden kann.

Solche Arzneimittelprüfungen geben dem homöopathischen Arzt oder Tierarzt genaue Zahlen und Daten darüber an die Hand, wie zum Beispiel ein Fiebermittel wie das Schlangengift Lachesis wirkt. Die Information geht von der Art und dem Verlauf des Fiebers, von allgemeinen Wirkungen wie Schwäche, Durst, Tagesrhythmus, Lymphknotenschwellungen, Schläfrigkeit, Unruhe usw. bis hin zur Wirkungsdauer. Aufgrund all dieser Symptome entsteht dann ein **Arzneimittelbild** des Fiebermittels Lachesis, das dem Therapeuten die Möglichkeit gibt, dieses Mittel ganz gezielt bei seiner Behandlung einzusetzen. Dabei unterscheidet sich dieses Fiebermittel ganz deutlich von anderen Fiebermitteln wie zum Beispiel Belladonna, einem aus der Tollkirsche hergestellten homöopathischen Arzneimittel. Jedes Mittel hat dabei immer sein ganz spezielles, charakteristisches Arzneimittelbild. Es zeigt nicht nur die klinischen Symptome des Fiebers auf, wie zum Beispiel auch Schnupfen, Erbrechen, Durchfall oder ähnliches, sondern ebenso Zustände der Besserung oder Verschlimmerung, des Einflusses von Kälte oder Nässe, Wärme oder Bewegung, der bestimmten Tages- oder Jahreszeit (der sogenannten biologischen Uhr) und vor allem auch der momentanen Gemütslage.

Bei den Tieren ist dieser psychische Zustand ein wichtiger Teil der homöopathischen Behandlung und auch des Arzneibildes. Hierzu gehören vor allem Angst, Einsamkeit, Isolation, Aggressivität der Tierhalter, Berührungsängste, Schreckhaftigkeit, Überempfindlichkeit und vieles mehr, und damit ist deren Überwindung auch ein wichtiger Teil der erfolgreichen Behandlung. Oftmals genügt es schon, die widrigen Umstände, in denen sich ein Pferd vielleicht befindet, zu beseitigen, und die Krankheit heilt durch das neugewonnene energetische Potential von selbst. Umgekehrt ist die beste Behandlung wenig erfolgreich oder gar zum Scheitern verurteilt, wenn diese elementaren Bedingungen nicht vorher ins Lot gebracht werden.

Homöopathie ist deshalb auch eine Ganzheitsbehandlung, bei der nicht nur an den Symptomen herumgedoktert wird, sondern die das Wesen des Tieres, die Erkrankung und die Umwelt in ihrem Vorgehen mit einschließt und damit die elementaren Selbstheilungskräfte dazu aktiviert, die Gebrechen des Organismus zu überwinden und auszuheilen.

Ein Wort über das Verhalten der Pferde

Das Pferd ist ein Geschöpf dieser Erde. Es ist ein Sportkamerad des Menschen, es hat seine Stärken und Schwächen wie wir auch. Seine Haltung, seine Verwendung und seine reiterliche Ausbildung kann und darf sich nur an seiner jeweiligen Veranlagung orientieren. Es dürfen nur Fertigkeiten antrainiert werden, die seiner Natur entsprechen. Um dieses Ziel zu erreichen, müssen wir Menschen seine Eigenarten als Pferd voll respektieren. Das heißt: Das Pferd hat ein seiner Natur entsprechendes Verhalten gegenüber räumlichen Strukturen, Reizen und Stoffen. Dieses Verhalten bewahrt das Pferd vor möglichen Schäden körperlicher und psychischer Art. Körper und Verhalten des Pferdes entsprechen seiner hohen Eigenschaft als Fluchttier. Schreckhaft zu sein ist für Pferde natürlich und bewahrt sie vor Gefahren. Bei der Ausbildung und Haltung muß dies immer berücksichtigt werden. Pferde wegen ihrer Schreckhaftigkeit zu strafen ist nicht nur gemein, sondern auch falsch, verstärkt nur die Angst und Verspannung und kann als Verstoß gegen das Tierschutzgesetz gewertet werden. Das Pferd ist ein Herdentier. Pferde fühlen sich nur in Gesellschaft von Artgenossen oder von als solchen akzeptierten sicher. Es gehört zur Pferdehaltung und Ausbildung, ihm diese Sicherheit auch außerhalb des Pferdeverbandes durch das Verhalten der Pfleger zu vermitteln.

Der Pferdehalter, Ausbilder, Trainer, Reiter, Fahrer, Pfleger oder Schmied muß das angeborene Verhalten von Pferden und ihr arttypisches Ausdrucksverhalten kennen und verstehen. Er muß aber auch das vom Einzeltier im Laufe seines Lebens erworbene Verhalten und die jeweils bestehende Handlungsbereitschaft des Tieres kennen und berücksichtigen. Das gilt besonders bei homöopathischen Krankheitsbehandlungen. Das Vertrauen des Tieres zum Menschen ist nicht nur die Grundlage der Haltung und Ausbildung, sie ist auch die sichere Basis für erfolgreiche Heilbehandlungen. Ziel beim Umgang mit dem Pferde muß es deshalb sein, daß es den Menschen als Lebewesen erkennt, dem gegenüber keine schadensvermeidende Reaktionen erforderlich sind und in dessen Gegenwart es sich auch in bedrohlichen Situationen sicher fühlt. Das Pferd begreift dann den Menschen als soziales Wesen, das je nach Verhalten ranghöher, ranggleich, rangniederer sein kann, oder aber als Feind. Um eine wirksame Behandlung durchführen zu können, muß sich der Mensch als Sozialpartner darum bemühen, eine ranghöhere Position durch Einfühlung und Zuwendung zum Pferd, Wissen und Erfahrung, Konsequenz und Bestimmtheit zu erreichen. Zwangsmaßnahmen oder gar Brutalität erzeugen nicht höheren Rang, sondern Feindschaft.

Der Mensch muß, wie bei der Ausbildung, begreifen, daß der vorgegebene individuelle Genotyp der vorhandenen Verhaltensmuster die Leitschnur beim Umgang mit dem Pferd ist, und dies gilt besonders beim kranken Pferd, das mit homöopathischen Arzneimitteln wieder aufgebaut werden soll. Die Verantwortung des Menschen ist deshalb gegenüber dem Mitgeschöpf und Sportkamerad Pferd eine umfassende. Das fängt bei der artgemäßen und verhaltensgerechten Gestaltung des Umfeldes an und geht über die Ausbildung und Ausübung des Pferdesports bis zur Behandlung im Krankheitsfall.

Wenn in der Humanmedizin der Blickkontakt, die Sprache und die Hinwendung schon die halbe Therapie sind, ist es bei den Tieren, die ja viel stärker als der rationale Mensch in ihrem Verhalten von Instinkt und Gefühl bestimmt werden, um so wichtiger für den Pferdedoktor, seine Therapie im Rahmen dieser Verhaltensmuster abzustimmen. Schon aus diesem Grunde haben wir diese Komponenten so deutlich angesprochen und an den Anfang unserer Betrachtungen über die homöopathische Behandlung von Erkrankungen beim Pferd gestellt.

Homöopathie bedeutet auch Potenzierung

Samuel Hahnemann stellte bei seinen Versuchen fest, daß die von ihm benutzten Naturheilmittel noch stärker wirkten, wenn sie in möglichst geringer Dosierung verabreicht wurden. Er entwickelte deshalb die **Potenzierung** der homöopathischen Arzneimittel als dritte Säule der Homöopathie, neben der **Simile-Regel**, also der Ähnlichkeitsregel, und **der Arzneimittelprüfung** als Grundlage der verschiedenen **Arzneibilder**.

Seine Arznei, beispielsweise der alkoholische Auszug einer Heilpflanze, den er Urtinktur nannte, wird im Verhältnis 1:10 mit einem passenden Alkohol verdünnt, indem das Ganze mit zehn kräftigen Schüttelschlägen gemischt wird. Nach seinem Verständnis entstand dadurch nicht nur eine Verdünnung von 1:10, sondern durch die Schüttelschläge wird der Arznei zusätzliche Energie zugeführt. Hahnemann nannte diesen Vorgang „Potenzierung" und bezeichnete diese Potenzierungsstufe 1:10 als **Dezimalpotenz D 1**. Wird diese Arznei wiederum mit neun Teilen eines bestimmten Alkohols gemischt und geschüttelt, erhält man ein Arzneimittel auf der **Stufe D 2**, das die Ausgangssubstanz, die Urtinktur, im Verhältnis von 1:100 enthält. Die Potenzierung kann auf diese Weise weitergeführt werden, bis man bei **D 23** die sogenannte **Loschmidt'sche Zahl** erreicht, bei der in der Lösung kein Molekül des Ausgangsstoffes mehr nachweisbar ist.

Trotzdem konnte auch bei solchen Potenzen, ja selbst bei Hochpotenzen wie D 30 und mehr, die Arzneiwirksamkeit bei den Arzneiprüfungen nachgewiesen werden. Man glaubt, daß die molekulare Information des Arzneimittels auch in solchen hochverdünnten Lösungen noch vorhanden ist und von der Zelle des Organismus aufgenommen werden kann. Daß diese Wirkung keine Illusion ist, die durch die Psyche infolge Suggestion ausgelöst wurde, zeigt ganz deutlich die Erfahrung in der Tiermedizin, wo man ja davon ausgehen kann, daß der Einfluß suggestiver Kräfte bei der Heilung auszuschließen ist. Ein Pferd braucht zwar die therapeutische Hinwendung des Pferdedoktors bei der Behandlung, es läßt sich aber nicht durch übersinnliche Methoden beeinflussen wie der Mensch.

Aus all diesen Erfahrungen hat man gelernt, daß nicht nur kleinste Arzneidosen zum Teil erstaunliche Wirkungen auslösen können, man konnte auch feststellen, daß der kranke Organismus tatsächlich wesentlich stärker und empfindlicher auf Arzneimittel reagiert als der gesunde.

So ist die Homöopathie in erster Linie eine Erfahrungsmedizin, bei der die Potenzierung jeweils unterschiedlich Anwendung findet. Bei chronischen Leiden haben sich eher hohe Potenzen als wirksam erwiesen, bei akuten Erkrankungen, bei Organkrankheiten und Erkrankungen der physiologischen Systeme sind niedere oder mittlere Potenzen eher angezeigt. Wichtig ist dabei immer, das „Simile", das ähnliche Arzneimittel, zu finden und nach der erfolgreichsten Erfahrungsdosis anzuwenden.

Die Zubereitungsformen sind dabei unterschiedlich. Die **Dilution** ist eine flüssige Zubereitungsform mit bestimmtem Alkoholanteil. Beim Pferd macht es oft Schwierigkeiten, diese Dilution einzugeben. Man sollte es bei bestimmten Erkrankungen trotzdem versuchen, da die direkte Aufnahme des Arzneimittels über die Mundschleimhaut eine gute und schnelle Wirkung bei homöopathischen Behandlungen hat.

Daneben gibt es die Verreibung des Wirkstoffes mit Milchzucker, die in Pulverform angewendet und als **Trituration** bezeichnet wird. Diese Form ist mit Haferschrot, geriebenen Möhren oder in Latwerge beim Pferd leicht einzugeben. Man kann auch ohne großen Aufwand die Trituration in Tabletten pressen, die wiederum leicht mit dem Pilleneingeber verabreicht werden können.

Schließlich gibt es noch die **Globuli**, kleine Kügelchen, die aus Milchzucker geformt werden und dann mit der jeweiligen Potenz nach einem bestimmten praxisanwendbaren Verfahren benetzt oder getränkt werden.

Alle Verabreichungsformen sind für den erfahrenen Pferdehalter ohne allzu große Probleme möglich, wobei ich die Dilution vorziehe, weil sie sehr schnell über die Mundschleimhaut zur Wirkung kommt.

Die Dosierung der einzelnen Verabreichungsformen geschieht dann nach einem Verhältnisschema, nach dem 10 Tropfen Dilution, zwei Tabletten, 2 Messerspitzen Trituration oder 10 Globuli jeweils derselben Arzneidosis entsprechen. Wie oft die einzelne Dosis verabreicht wird, hängt von der Erfahrung des Therapeuten und der Schwere der Erkrankung ab, wobei auch immer großes Gewicht auf das Verhalten und den Zustand des Pferdes gelegt werden muß. Grundsätzlich gilt die Faustregel, bei akuten Erkrankungen und tiefen Potenzen die Arznei 1–3mal täglich zu geben, bei subakuten Erkrankungen mit organischen Symptomen oder gar Organveränderungen 1mal täglich, bei chronischen Erkrankungen und hohen Potenzen je nach Bedarf, seltener in Einzeldosen, die vom erfahrenen Pferdedoktor festgelegt werden.

Dieses Schema kann natürlich nur eine allgemeine Orientierungshilfe sein, und letztlich gibt immer der spezifische Zustand des kranken Pferdes den Rhythmus der homöopathischen Arzneimittelgabe an. Durch die sehr unterschiedlichen Wirkungsweisen der einzelnen Arzneien sind natürlich auch hiervon abweichende Dosierungen vorgegeben. Bei hochakuten Krankheitsfällen, nach Operationen und starken Schmerzen kann es natürlich auch vorkommen, daß man die Mittel stündlich verabreichen muß.

Homöopathische Arzneimittel, die ja viel mit den Heilmitteln der Naturvölker zu tun haben, können aus pflanzlichen, tierischen, mineralischen Substanzen oder aus abgetöteten Krankheitserregern gewonnen werden.

Aus den Pflanzen gewinnt man zum Beispiel Belladonna (Tollkirsche), Aconitum (Eisenhut), Arnica (Bergwohlverleih), Calendula (Ringelblume) usw.

Aus dem Tierreich kommen Lachesis (das Gift einer Viper), Sepia (der Ausstoß des Tintenfisches), Apis (von der Biene), Cantharis (von dem Spanische Fliege genannten Käfer) usw.

Wirkstoffe wie Silicea (Kieselsäure), Sulfur (Schwefel), die Calcium-Salze: Calcium carbonicum, phosphoricum, fluoraticum, Phosphoricum (Phosphor) usw. werden aus *Mineralien* gewonnen. Abgerundet werden diese Arzneimittel durch die *Nosoden*, die oftmals art- oder stallspezifisch aus abgetöteten Bakterien hergestellt werden und bei bestimmten Infektionserkrankungen zum Einsatz kommen können.

Es ist dabei unerläßlich, daß alle diese aus dem Pflanzenreich, aus der Tierwelt, aus Mineralien gewonnenen Wirkstoffe streng nach den Potenzierungsregeln aufbereitet und dann nach dem Simileprinzip, der Gleichheitstheorie, angewandt werden. In welcher Dosierung, in welcher Form sie dann angewendet werden, ist der Kenntnis und Erfahrung des Therapeuten anheim gegeben. Damit dieser sich auf die Reinheit und Wirksamkeit seiner homöopathischen Arzneimittel verlassen kann, schreibt das Deutsche Homöopathische Arzneibuch detailliert vor, wie die Ausgangssubstanz zur Urtinktur aufbereitet wird, mit welchem Alkohol sie zu potenzieren ist, zu welcher Jahreszeit, in welchem Zustand welche Teile zum Beispiel einer Pflanze entnommen und aufbereitet werden

müssen. Das gilt natürlich für tierische oder mineralische Ausgangsstoffe gleichermaßen.

Bedenkt man nun alle diese Voraussetzungen, die zur homöopathischen Behandlung eines Pferdes wichtig sind, erkennt man schnell, daß die Homöopathie eine Behandlungsform ist, die nach strengen Gesetzen entwickelt, aufgebaut und angewendet wird. Von der Schulmedizin oft belächelt oder als unwissenschaftlich abgelehnt, geht sie in der Praxis auch in der Pferdeheilkunde unaufhaltsam ihren Weg. In vielen Bereichen, in denen man sich früher schwertat, mit der herkömmlichen Therapie und der eingefahrenen Chemotherapie überhaupt Erfolge zu erringen, bringt der Einsatz homöopathischer Heilmittel oftmals ungeahnte, erstaunliche Erfolge. Auch deshalb soll dieses Buch mithelfen, eine Lücke bei der medizinischen Versorgung und Heilung kranker Pferde zu füllen, und das Wissen über die unerschöpflichen Heilwirkungen der Natur ausweiten, nach der Entdeckung und den Ideen Samuel Hahnemanns.

Allgemeines Dosierungsschema für das Pferd im akuten Krankheitsfall:
Pferde: 3 x täglich 20–25 Tropfen oder 4–5 Tabletten
Fohlen: 3 x täglich 15–20 Tropfen oder 3 Tabletten

Behandlung mit homöopathischen Arzneimitteln

Erkrankungen der Haut

Die Haut ist beim Pferd das größte Organ. Sie ist durch ein Fell geschützt, das sich der warmen und kalten Jahreszeit in seiner Dichte anpaßt. Trotzdem ist sie, schon wegen ihrer enormen Oberfläche und ihrem direkten Kontakt mit der Umwelt, vielen Gefahren und Schäden ausgesetzt. Sie ist immer auch ein Spiegel der Gesundheit und des Wohlbefindens des Pferdes und reflektiert Haltungs- oder Fütterungsschäden wie kein zweites Organ. An der Haut erkennt der Pferdekenner auch den sozialen Status des Pferdes wie den des Pferdehalters. Sie läßt direkte Rückschlüsse auf die Fürsorge, den Charakter und die Tierliebe des Halters zu.

Stoffwechselstörungen: Falsche Fütterung – verdorbenes, unzureichendes und mangelhaftes Futter – schädigt nicht nur den gesamten Organismus, sondern macht auch die Haut krank. Welke, faltenreiche, ödematös verdickte, spröde, brüchige, rauhe, unregelmäßige, schuppige, schmerzhafte oder unelastische Haut ist immer auch ein Hinweis auf Haltungsfehler, Fütterungsmängel oder vorhandene innere Störungen. Das gleiche gilt für den Zustand des Haarkleides. Ist dieses brüchig, struppig, ungleichmäßig, ohne Glanz, oder verläuft der jahreszeitliche Haarwechsel antizyklisch, verzögert, nur teilweise oder gar nicht, muß vor jeder Behandlung zuerst die Ursache dieses Erscheinungsbildes

ermittelt werden. Liegt sie in der Aufstallung, in der Fütterung, im sozialen Umgang, in der Ausbildung oder in einer Überforderung bei der Arbeit oder dem reiterlichen Einsatz, ist es notwendig, zuerst diese Faktoren zu beseitigen, da sonst eine Gesundung nur schwer möglich ist.

Sind diese Voraussetzungen in die Wege geleitet oder geschaffen, kann gleichzeitig die Verabreichung homöopathischer Arzneimittel wie zum Beispiel der aus der Schwefelblüte gewonnene Sulfur eingesetzt werden. Sulfur greift dabei direkt in den Stoffwechsel der Haut ein. Er aktiviert die Hautfunktion und den sensiblen Stoffwechsel der Haut. Besonders wenn die Hautfunktionsstörungen durch Belastungen und Schäden innerer Organe, wie beispielsweise der Leber, ausgelöst werden, kann Sulfur die Organfunktion wieder aktivieren.

Schwere Erkrankungen, Futtervergiftungen, lange Rekonvaleszenzen, chronische Verdauungsstörungen, Unverträglichkeit von Medikamenten spiegeln sich oft im Erscheinungsbild der Haut wider und verändern die Hautoberfläche und das Haarkleid. Hier wirkt Sulfur wie ein Entgiftungsmittel, das direkt im Hautstoffwechsel ansetzt. Besonders bei schuppigem oder fettigem Fell, bei verzögertem oder ausbleibendem Haarwechsel, bei Scheuern und Juckreiz, bei Pustelbildung, bei verfilztem Winterfell, bei Haarbruch und stark stumpfem Fell ist Sulfur des homöopathische Mittel der Wahl. Es hat dabei ein eigenes, ausgeprägtes Arzneibild, bei dem die Hautveränderungen eine wichtige Rolle spielen. Es ist angezeigt, zum Beginn der Therapie eine einmalige Gabe von Sulfur D 30 zu geben und dann für fünf bis 10 Tage 1mal täglich Sulfur D 12. Gleichzeitig ist die gründliche und sanfte Reinigung des Haarkleides und der Haut notwendig. Die Pferde sollten gleichzeitig eine trockene, aber staubfreie Streu erhalten, damit sie, neben dem Heu, genügend Rauhfaser in Form von Stroh aufnehmen können.

Die ausschließliche Fütterung von Fertigfutter in Form von Pellets führt beim Pferd immer zu einer Stoffwechselbelastung. Sie kann die physiologischen Bedürfnisse nicht befriedigen und spielt, neben anderen Faktoren, bei akuten und chronischen stoffwechselbedingten Hauterkrankungen eine wichtige Rolle. Es ist bei solchen Hauterscheinungen deshalb auch immer das Futterkonzept zu überprüfen. Auch hier müssen Haltung, Fütterung, Fürsorge und homöopathische Behandlung Hand in Hand gehen, um einen dauerhaften Erfolg zu erzielen.

Haarausfall tritt beim Pferd häufiger als universelle Alopezie an allen Körperpartien auf, wobei Mähne, Schweif und Fesselgegend gewöhnlich nicht betroffen sind. Zunächst erkennt man nur einen intensiven Haarausfall, bald können unregelmäßige, völlig haarlose Stellen über den ganzen Körper verteilt entstehen. Vereinzelt gehen diesem Haarausfall kurzfristige und unspezifische Reaktionen wie Magen-Darm-Störungen, Juckreiz, Empfindlichkeit und Schwellung der Haut oder Entzündungsanzeichen voraus. Meist sind aber diese Erscheinungen beim beginnenden starken Haarausfall wieder abgeklungen. Lediglich auffallende Pigmenteinlagerungen sind immer wieder einmal deutlich zu sehen.

Die Ursachen sind vielfältig. Man kann diese Form der Alopezie, des Haarausfalls, eher als ein Symptom einer Reihe von Erkrankungen sehen, zum Beispiel von chronischen Verdauungsstörungen, Stoffwechselerkrankungen, fieberhaften Infekten oder aber auch der Aufnahme von bestimmten toxischen Substanzen wie Selen oder Quecksilber, was über das Futter, aber auch durch Farbanstriche der Boxenwände und der Metallgitter oder Holzschutzimprägnierungen geschehen kann. Selbst toxische Auskleidungen von Kunststoffwasserrohren haben bei Pferden zu schweren Erkrankungen der Haut und entsprechendem Haarausfall geführt.

Es versteht sich von selbst, daß vor und mit der homöopathischen Behandlung diese und ähnliche Ursachen abgestellt werden müssen, wenn man eine dauerhafte Ausheilung erreichen will. Als häufige Ursache kommt weiterhin die Verfütterung von gedämpften Kartoffeln, Rüben und Rohrzucker über einen längeren Zeitraum in Frage. Auch nach Aufnahme von großen Mengen von Luzerne und bestimmten Pflanzen wie *Leucaena glauca* ist immer wieder starker Haarausfall bis zur völligen Haarlosigkeit beobachtet worden, ebenso wie bei Reinigungsmitteln, in denen Substanzen wie *Depilatorium* enthalten waren. Seltener ist die Hochträchtigkeit oder die Laktation am Haarausfall beteiligt, und in der Regel heilen solche Formen der Alopezie wieder von selbst aus. Bei diesen und vielen anderen Fällen von Haarausfall hat sich wiederum Sulfur als ein Mittel der Wahl ausgezeichnet. Liegt die Ursache eher im toxischen

Bereich, bietet sich *Nux vomica* an, das man, besonders wenn Verdauungsstörungen mit beteiligt sind, als einmalige Gabe, 1 Dosis der D 30, gibt. Auch hier müssen die Ursachen abgestellt werden, um dem Organismus die Chance zu geben, seine regenerativen Kräfte zu mobilisieren.

Eine häufige Ursache von Haarausfall sind auch schlecht angepaßtes Zaumzeug, Sättel oder Geschirre. Das Haarkleid hat eine unverzichtbare Schutzfunktion für die Haut, es ist ein Teil der Haut, und wer aus Lässigkeit, Schlamperei oder Unverstand seinem Pferd nichtpassende und ungeeignete Geschirre zumutet, riskiert schwere gesundheitliche Schäden, die unter Umständen zur Unbrauchbarkeit als Reit- oder Fahrpferd führen können. Wir erinnern hierbei nur an die Widerristentzündungen, die durch nachlässiges Satteln oder unpassende Sättel ausgelöst werden können und in vielen Fällen nur schwer oder gar nicht heilbar sind. Wenn sich erst ein Abszeß gebildet hat, der den Knochen der Dornfortsätze an den Wirbeln anfrißt, hilft oftmals auch die intensivste Behandlung, selbst die Amputation des erkrankten Knochenteils, nicht mehr.

Ekzeme sind oberflächliche, auf die Epidermis, die äußere Hautschicht, beschränkte Entzündungen. Die auslösenden Ursachen sind unterschiedlicher Natur und werden von der Haut mit spezifischen Reaktionen beantwortet. Die Haut ist meist schon vorher sensibilisiert und für entzündliche Erkrankungen anfällig. Auch hier können Haltungs- und Fütterungsfehler eine ursächliche Rolle spielen, die dann auch bakterielle Infekte der Haarbälge, Follikulitis genannt, oder der Talgdrüsen, als Akne bezeichnet, begünstigen können.

Durch Geschirrscheuern oder -druck, durch starke Schmutzauflagerungen, durch starkes Schwitzen, bei der Druse oder durch Verschluß der Haarbalgöffnungen, aber auch gelegentlich durch unsachgemäße Einreibungen von Arzneimitteln können solche Erscheinungen ebenfalls ausgelöst werden. Man bezeichnet sie dann als Sattelausschlag, Schweißekzem oder Sattelräude.

Oft sind die Ursache für eine Infekion der Haut mit Ekzembildung auch physiologische Störungen in der Thermoregulation der Pferde, die sich entweder in mangelhafter oder in zu starker Schweißabsonderung äußert. Das übermäßige Schwitzen ist dabei meist eine Sekundärerscheinung einer Reihe von Krankheitsbildern wie ungenügende Sauerstoffversorgung, Konditionsmängel, Verfütterung von Rohrzucker und Kürbis, fieberhafte Infekte oder bei starken Schmerzen, zum Beispiel bei einer Kolik.

Auch Mängel bei der Schweißabsonderung, beim Schwitzen, bereiten die Ekzembildung beim Pferd mit vor. Dieser Zustand tritt immer wieder bei Pferden auf, die in andere Klimazonen verbracht werden. Die Ursache ist sehr komplex und kann in Funktionsstörungen der Schweißdrüsen, in Jodmangel, Schilddrüsenfunktionsstörungen, in mangelhaftem Elektrolythaushalt, in zu niederem Adrenalinspiegel und anderen stoffwechselrelevanten Faktoren liegen.

Auch die Seborrhoe, die krankhafte Veränderung der Talgdrüsenabsonderung, begünstigt in vielen Fällen die Entstehung von Ekzemen.

Diese unterschiedlichsten Ursachen führen dazu, daß sich Ekzeme beim Pferd durch eine außergewöhnliche Mannigfaltigkeit darstellen, wobei die verschiedensten Stadien und Grade der

Entzündungen gleichzeitig vorliegen können. Ekzeme können akut und chronisch verlaufen und gehören beim Pferd mit zu den häufigsten Hauterkrankungen. Der Entzündungsprozeß durchläuft dabei verschiedene Stadien, die sich deutlich voneinander unterscheiden und von der einfachen Rötung, über die schwache seröse Infiltration, vom Auftreten von Knötchen, der Bildung von Hohlräumen mit klarer Flüssigkeit, dem Platzen der Bläschen, der Zerstörung der Hornschicht mit stark nässender Oberfläche, der Bildung von Eiterbläschen, dem Eintrocknen der geschädigten Haut bis hin zu Schuppenbildung in Form einer Hyper- oder Parakeratose führen können. Bekannt sind bei den erfahrenen Pferdehaltern die Schuppenflechte oder auch Hungerräude genannt, das Sommerekzem, dessen Einsetzen in der Regel mit dem Beginn der warmen Jahreszeit zusammenfällt und das sich hauptsächlich mit Knötchen und Paspelbildung an den Ohren, dem Hals, der Mähne, dem Widerrist, dem Rücken und Schweifansatz äußert, der Mähnen- und Schweifgrind, der sich meistens an den langbehaarten Körperteilen abspielt, die Mauke, das bekannte Ekzem in der Fesselbeuge, die besonders bei Pferden mit langem Behang und vorrangig in den Herbst- und Wintermonaten vorkommt, und die Raspe, ein chronisches Ekzem mit vorwiegend squamösem Charakter an den Beugeflächen der Karpal- und Tarsalgelenke.

Gerade weil die Ursachen der Ekzeme beim Pferd so vielfältig sein können, spielen die Haltung und die Pflege der Haut eine ganz wichtige Rolle. Schmutzteilchen, abgestoßene Epidermiszellen und Haare sowie Schweiß und Talg zersetzen sich, und ihre Zersetzungsprodukte führen zu einer Sensibilisierung. Die Ekzeme sind deshalb in der Regel allergische Hautreaktionen, bei denen sich kleinmolekulare Substanzen in der Haut mit Körpereiweißen verbinden und so zum Allergen werden. Das macht aber auch deutlich, daß die Behandlung immer auch eine Ganzheitsbehandlung sein muß, bei der nicht nur die Ursachen abzustellen sind, sondern vor allem auch der Gesundungsprozeß der Haut selbst aktiviert werden muß. Eine Behandlung liegt deshalb immer auch im homöopathischen Bereich.

Die komplexen Ursachen von Erkrankungen der Haut bedürfen auch einer breiten homöopathischen Behandlung. Die ausreichende Vitamin-, Spurenelement- und Mineralstoffzufuhr ist eine der Grundlagen jeder Therapie. Bei zusätzlichen Leberschäden ist Lycopodium D 12 angezeigt, bei nässendem Ekzem gibt man zur Funktionstherapie der Niere Berberis D 6, und zur Stoffwechselentgiftung, die vielfach bei chronischen Ekzemen eine Grundbehandlung ist, hat sich Sulfur D 12 bewährt. Bei geschwollenen Lymphbahnen und -drüsen ist Aurum jodatum D 6 angezeigt.

Zur äußeren Behandlung eignen sich Waschungen mit Kräuterabsud der Gundelrebe, bei Ekzemen mit Bockshornkleesamen, bei Flechten haben sich Wacholderölsalbe bewährt und Umschläge mit Zinnkrautabsud. Neben Arzneimitteln wie Calendulatinktur, Hepar sulfuris, Mercurius solubilis, Hypericumöl, Rhus toxicodendron, Apis mellifica und Urtica urens, deren Anwendungsbereiche am besten aus den Arzneibildern im Anhang zu entnehmen sind, kann man die homöopathischen Behandlungsmöglichkeiten bei Erkrankungen der Haut nach dem folgenden Schema einteilen:

Bei Mykosen mit runden, teilweise schuppigen, haarlosen Stellen ohne ausgeprägten Juckreiz sind Echinacea, Sepia, Arsenicum album und Natrium muratum angezeigt. Stellt sich Juckreiz ein, und bilden sich kleine eitrige Herde und Entzündungen in den Haarbalgdrüsen, gibt man neben Sepia auch Hydrocotyle. Kommt es zu Ulzerationen und Verschorfungen und sind die örtlichen Lymphknoten geschwollen, sind Equisetum und Argentum nitricum hilfreich, unterstützt durch Abwaschungen mit Quercusessenz. Bei einer Akne mit bakterieller Besiedelung und Anzeichen eines akuten Vitamin-A-Mangels sind Sulfur, Schwefel-Antimon, Graphites und Silicea die Mittel der Wahl. Kann eine Staphylokokken-Infektion nachgewiesen werden, haben sich Antimonium crudum und Hepar sulfuris bewährt. Kommt es neben der Dermatitis zu Schwellungen des Unterhautzellwebes und zur Ödembildung, helfen Arsenicum album, Sepia und Silicea, wobei Sepia bei stoffwechselbedingten, hormonell ausgelösten Hauterkrankungen das Mittel der Wahl ist, unterstützt durch Sulfur, Arsenicum album und Natrium muriaticum, gleichzeitig mit gründlicher Überprüfung der Fütterung durch eine spezielle Futteranalyse. Gegen den allgemeinen Juckreiz kann man mit Arnica D 4 und Berberis vulgaris angehen. Bei Hyperkeratose ist Arsenicum album oder Sulfur jodatum angezeigt. Kommt es zur Furunkulose, gibt man Arnica D 12. Scheuert sich das Pferd infolge des starken Juckreizes wund, wird die Haut durch Verletzungen oder aufgebrochene Abszesse substantiell geschädigt, gibt man Mysterica sebifera oder Hepar sulfuris, unter Umständen mit einem Verband mit Calendulatinktur.

Führt die Entzündung oder Hautverletzung zu umfangreicher Phlegmone, kann die Gabe von Echinacea angustifolia, Lachesis, Pyrogenium oder Tarantula cubensis der Entzündung der Lymphbahnen und Lymphknoten entgegenwirken. Bei Satteldruck und der Gefahr einer Widerristfistel gibt man Aconit, Hepar sulfuris und in fortgeschrittenen Fällen Silicea D 12. Ist die Haut des Pferdes durch Verbrennungen geschädigt, hilft Hypericum.

Wichtig ist dabei, die jeweilige Behandlung nach dem passenden Arzneibild, dem Grad und der Art der Hautschädigung minutiös anzugleichen.

Hautentzündungen oder Dermatiden sind Erkrankungen, die gewöhnlich alle Hautschichten des Pferdes erfassen und meist durch unmittelbare Ursachen hervorgerufen werden. Der Grad ihres Entzündungsprozesses ist sehr unterschiedlich und reicht von der leichten Reizung bis zum Absterben des Hautgewebes, wobei der Verlauf akut und chronisch sein kann. Bei der akuten Form der Dermatitis sind alle Formen der Entzündung vorhanden, von der einfachen Rötung, der Schwellung, der vermehrten Wärme bis zur Schmerzhaftigkeit. Der Juckreiz, der die Pferde veranlaßt, zu scheuern und damit die Schädigung der Haut zu vergrößern, ist meist nur am Anfang und in der fortschreitenden Heilungsphase vorhanden. Man muß das wissen, damit man mit geeigneten Maßnahmen das Wundscheuern möglichst ausschließt.

Oft ist, besonders bei starken Hautentzündungen, das Allgemeinbefinden gestört, treten Fieber und Pulsbeschleunigung auf und machen die Pferde einen müden Eindruck. Auch hier ist das Erscheinungsbild differenziert. Hochgradige entzündliche Infiltration, Schmerzhaftigkeit, Einreißen der Epidermis, Bläschen und Blasen oder Pusteln, Krusten- und Borkenbildung, umfangreiche Schwellungen bis zum Absterben des Gewebes zu übelriechender, breiartiger Masse, dem Gangrän, oder pergamentähnlichen, abgestoßenen Hautfetzen, der Mumificatio, sind die Stufen der einzelnen Dermatitiserkrankungen.

Bei **Verbrennungen** der Haut reagieren die Pferde besonders empfindlich. Leicht entwickelt sich ein Schockzustand, der tödlich verlaufen kann. Meist ist auch die Nierenfunktion schwer belastet. Besonders bei Schädigungen der Haut durch Festliegen oder im Zusammenhang mit dem Schlegeln und Hinwerfen bei Koliken kommen häufig Hautentzündungen an den Stellen vor, wo die Haut unmittelbar über dem Knochen liegt, zum Beispiel an den Hüfthöckern, den Ellbogen oder Jochbögen.

Das sogenannte **Streichen** an den Hinterextremitäten führt oft zu Abschürfungen mit anschließenden Hautentzündungen. Auch das zu kurze Scheren der Haare in den Fesselbeugen kann die Haut so reizen, daß eine tiefe Dermatitis entsteht.

Andere Ursachen von Hautentzündungen liegen im Kontakt mit toxisch-chemischen Substanzen: Säuren, Laugen, ungelöschter Kalk, Düngemittel, Schmieröle, antiparasitäre Einreibungen, Senfpackungen oder intensiver Kontakt mit Wolfsmilch u. ä. sind oftmals die Ursache schwerer, entzündlicher Veränderungen in der Haut. Chronische Dermatitiden sind dabei langwierig und schwer medikamentös zu beeinflussen. Die Behandlung muß dabei immer mit dem Abstellen der Ursachen einhergehen und immer auch die

sekundären Folgen wie zum Beispiel Nierenfunktionsstörungen mit einbeziehen.

Eine häufige Rolle spielen bei der akut vorkommenden Hautentzündung auch die **Urtikarien**, der **Nesselausschlag** oder die Quaddelbildung. Die Haut wird dabei, unter Umständen in wenigen Minuten, von kleinen bis kugeligen Schwellungen und Quaddeln überzogen, die manchmal so massiv sein können, daß die Epidermis teilweise abgehoben wird und Bläschen entstehen, die platzen und schwere Hautentzündungen hervorrufen können. Dabei sind eine Störung des Allgemeinbefindens, Unruheerscheinungen, tetanische Verkrampfung der Muskeln, Pulsschwäche und erschwerte Atmung möglich, ja das Pferd kann sogar infolge eines Schocks daran sterben.

Die Symptome können durch Einwirkungen von außen und innen entstehen. Der Kontakt mit Brennesseln, der Stich von Bienen, Wespen, Bremsen usw. kann eine solche Urtikaria auslösen. Die für die Quaddelbildung verantwortliche Substanz ist dabei das Histamin, das zum Beispiel in Brennesseln in der beträchtlichen Konzentration von bis zu 0,1% vorhanden ist. Andere Ursachen liegen oftmals im Futter oder in der Verabreichung von Arzneimitteln. Die Applikation von Hyperimmunserum mit prophylaktischer oder therapeutischer Absicht kann zur „Serumkrankheit" führen, deren äußeres Erscheinungsbild in einer Urtikaria mit schweren Hautentzündungen besteht. Oft sind es auch **allergische Reaktionen** auf bestimmte Antibiotikagaben oder die Folgen von Milchallergien bei zu frühem Absetzen des Fohlens.

Im kalten Winter treten auch immer

wieder Kälteallergien mit ähnlichen Hautentzündungen auf. Immer wieder wird eine solche Dermatitis auch als sekundäre Erkrankung nach bakteriellen, parasitären oder Virusinfektionen wie Druse, Rhinopneumonitis u. a. beobachtet. Bei Schimmeln, Falben und sehr hellhäutigen Füchsen tritt in jüngster Zeit vermehrt die **Dermatitis solaris** auf. Sie hat ihre Ursache in den erhöhten Ozonwerten, die auch für diese Pferde nicht ohne Folgen sind. Die dadurch ausgelöste Überempfindlichkeit der Haut gegenüber Sonnenstrahlen führt zu einer Photosensibilität mit heftigen Hautreaktionen bis hin zur nekrotisierenden Dermatitis. Der Pferdehalter muß deshalb bei hellhäutigen, lichtempfindlichen Pferden auch daran denken, den Weidegang während der heißen Mittagszeit einzuschränken und die Pferde im Stall zu halten.

Warzen, Warzenmauke, Mauke: Drei Krankheitserscheinungen, die ziemlich häufig beim Pferd vorkommen. Die **Warzen** sind dabei relativ harmlos. Sie bereiten keine Schmerzen und beeinträchtigen auch nicht das allgemeine Wohlbefinden. Allerdings sehen sie nicht schön aus und stören doch mitunter erheblich, besonders wenn sie in der Halfter-, Sattel- oder Gurtlage auftreten, oder auch beim Striegeln und Bürsten. Wenn sie am Auge auftreten, können sie zu einer Bindehautentzündung führen, die meist mit erheblichem Juckreiz verbunden ist. Das Jucken wiederum führt zum Kratzen, wodurch die Warzen oftmals schnell größer werden, aufgehen, bluten und sich entzünden. Es gibt deshalb viele Gründe, das Pferd von seinen Warzen zu befreien, wobei sich innere und äußere homöopathische Anwendungen bewährt haben.

Bei dunklen, blumenkohlartigen, höckerigen Warzen ist Thuja occidentalis, der Abendländische Lebensbaum, das Mittel der Wahl. Man gibt Thuja D 1, 2× täglich 1 Dosis für 14 Tage, dann Thuja D 6, 1× täglich 1 Dosis. Zusätzlich ist die äußere Anwendung von Thuja extern als Lösung wirksam.

Bei kleinen, mehr höckerigen Warzen tut das Stephanskraut, Delphinium staphisagria, gute Dienste, in einer Dosierung von D 6, 2× täglich, oder D 30, 2× pro Woche. Da diese höckerigen Warzen oft mit starkem Juckreiz verbunden sind, ist es ratsam, die Warzen mit einem Pflaster abzudecken oder ein reizminderndes Mittel aufzutragen, um Verletzungen und Wundscheuern vorzubeugen.

Die **Warzenmauke** und die **Mauke** sind Erkrankungen an der Fessel und in der Fesselbeuge der Pferde. Prädisponiert sind dabei meist Pferde mit langer Behaarung an der Fessel. Als Ursachen kommen Haltungsfehler, starke Verschmutzung, Fütterungsfehler, genetische Veranlagung, unmittelbare Reize oder Schadwirkungen in Frage. Meist sind es allergische Reaktionen mit vorhergegangener Sensibilisierung. Die Krankheit beginnt mit Knötchen- und Bläschenbildung. Bald besteht die Fesselbeuge aus einer nässenden, wunden Oberfläche, auf der sich übelriechende, schmierige Beläge bilden, die oft zu bröckeligen, dicken Borken eintrocknen. Schwielige, warzenähnliche Narben oder Wulstbildung durch fortschreitende Hautverdickungen, die sich unter Umständen weit über den Fesselkopf ausbreiten, sehen nicht nur abscheulich aus, sondern beeinflussen auch den Bewegungsablauf. Eine gründliche Behandlung ist deshalb angezeigt.

Verletzungen, Wunden

Verletzungen und Wunden kommen beim Pferd relativ häufig vor. Der Nageltritt im Huf, die Verletzung der Hufsohle durch schlecht aufgenagelte Eisen, Verletzungen im Bereich der Gliedmaßen durch scharfkantige Gegenstände beim Geländeritt, Verletzungen durch Hindernisse im Gelände und im Parcours, Verletzungen in der Box oder auf der Weide durch unsachgemäße Weidezäune, Kronen- und Ballentritte, Verletzungen durch scharfe Gebisse oder unsachgemäße Sporenhilfe, Verletzungen des Auges bei Ritten durch Gebüsch und Wald bis hin zu Biß- und Schlagverletzungen futterneidischer Pferde sind nahezu an der Tagesordnung.

Dabei können die Haut, das Unterhautzellgewebe, Faszien, Sehnen, Muskeln, Knochen verletzt, ja sogar die Brust- und Bauchhöhle eröffnet werden. Der Pferdehalter oder Reiter darf diese Verletzungen nicht auf die leichte Schulter nehmen und muß genau entscheiden, ob tiefere Schichten betroffen sind, ob die Haut oder das darunterliegende Gewebe genäht werden müssen, ob Knochen oder Sehnen in Mitleidenschaft gezogen sind, ob eine deutlich sichtbare Lahmheit auftritt oder ob bei der Verletzung größerer Blutgefäße akute Lebensgefahr durch Verbluten besteht.

Er hat also eine große Verantwortung und muß möglichst schnell entscheiden, ob ein Tierarzt zuzuziehen ist. Das wird immer der Fall sein müssen bei Wunden, die über zwei bis drei Zentimeter klaffen, die stark verschmutzt sind, bei denen die Wundränder ausgefranst und stark zerfasert sind, bei starken Blutungen, bei tiefen Stichverletzungen, bei Verletzungen, die befürchten lassen, daß die Brust- oder Bauchhöhle eröffnet ist, bei Wunden am Auge oder an den Augenlidern, bei Verletzungen an den Sehnen und Gelenken oder solchen, die mit einer deutlichen Beeinträchtigung des Allgemeinbefindens, mit Schwanken oder Lahmheiten einhergehen. Je schneller hier fachgerechte Hilfe einsetzt, desto besser die Heilung.

Eine einfache Rißwunde, die spätestens nach zwei bis vier Stunden gereinigt, genäht und medikamentös versorgt wird, hat eine große Chance, ohne Komplikationen zu heilen. Ist sie aber schon sechs Stunden alt und älter, sind die Zellen an den Wundrändern meist schon so stark geschädigt, daß sie nicht mehr ohne weiteres zusammenheilen können. Meist müssen die Wundränder angefrischt, das heißt, angeschnitten werden, um den Zusammenheilungsprozeß wieder in Gang zu bringen. War die Wunde stark verschmutzt oder sind infektiöse Verunreinigungen im Spiel, ist eine sachgemäße Wundtoilette unabdingbar. Wichtig ist auch immer die Frage nach der Tetanusschutzimpfung. Ist eine solche nicht erfolgt, ist der Impfschutz abgelaufen oder besteht keine sichere Kenntnis über einen Tetanusschutz, muß immer ein Tetanusantitoxin verabreicht werden. Gerade bei Wunden und Verletzungen mit hohem Verschmutzungsgrad ist die Gefahr einer Tetanusinfektion nicht auszuschließen, da sich Tetanusbakterien unter Umständen jahrzehntelang im Erdreich virulent halten können; aber auch der Stallmist oder die Einstreu, besonders mit Sägemehl, bergen die Tetanusgefahr in sich. Da die Tetanusbakterien das sauerstofffreie Milieu brauchen, sind Wunden wie zum Beispiel Nageltritte, bei denen sich der schmale Wundkanal infolge des elastischen Hufhorns schnell wieder schließt, besonders gefährlich. Diese Wunden heilen äußerlich oftmals sehr schnell ab, aber dadurch hat der Sauerstoff keinen Zutritt mehr zum Infektionsherd und das von den Tetanusbakterien abgesonderte Toxin beginnt seinen Weg zum Zentralnervensystem. Je weiter die Verletzungsstelle vom Gehirn entfernt ist, desto länger dauert die Inkubationszeit und desto später beginnen die klinischen Tetanussymptome, die in der Regel mit schrecklichen Starrkrämpfen sehr schnell zum Tode führen. Aber da gerade solche äußerlich schnell heilende Wunden oftmals nicht bemerkt oder beachtet werden, ist es unumgänglich, die Pferde grundsätzlich gegen Tetanus schutzzuimpfen.

Wundreinigung und Wundbehandlung: Wunden sollten immer sehr bald nach der Verletzung gereinigt und behandelt werden. Je nach Art der Verletzung ist es angezeigt, die Haare um den Haut- oder Geweberiß zu entfernen, schon um einen besseren Überblick zu bekommen und notfalls die Entscheidung zu fällen, einen Tierarzt zuzuziehen. Zur Wundreinigung hat sich verdünnte Calendula- oder Arnicatinktur bewährt. Man nimmt dazu beispielsweise 20 Tropfen Arnica-Extern oder Calendula-Extern auf einen Eierbecher Wasser, um dann mit einem getränkten Wattebausch die Wunde vorsichtig zu reinigen. Calendula-Extern wird aus der *Calendula officinalis*, der Ringelblume, hergestellt und ist besonders durch seine wundreinigenden, keimhemmenden und heilungsfördernden Eigenschaften für verschmutzte und infizierte Wunden geeignet.

Bei weniger verschmutzten, frischen, aber ödematös geschwollenen Wunden, die oftmals mit Gefäßzerreißungen und Blutergüssen einhergehen, eignet sich für die Wundreinigung besonders Arnica-Extern, das aus *Arnica montana*, dem Bergwohlverleih, hergestellt wird. Die Tinktur wirkt beruhigend, schmerzlindernd und heilend und besonders abschwellend, wenn die Verletzung mit Blutergüssen einhergeht. Hier hilft auch eine arnicagetränkte Kompresse, die aber nicht immer leicht anzubringen ist. Bei kleineren Wunden und Verletzungen kann man, nach der eingehenden Reinigung, auch Arnica- oder Calendulasalbe auftragen. Ist die Wunde sehr schmerzhaft, ist das Auftragen von Hypericum-Öl angezeigt. Das aus dem *Hypericum perforatum*, dem Johanniskraut, abgeleitete Mittel mildert die Schmerzen, die bei den meisten Wunden durch die Verletzungen von peripheren Nerven entstehen, und wird auch von empfindlichen und temperamentvollen Pferden gut geduldet. Auch bei größeren Verletzungen, bei denen die tierärztliche Behandlung unumgänglich ist, hilft die innerliche Verabreichung von Arnica-Dilution oder Arnica-Tabletten, den Heilungsprozeß in Gang zu bringen.

Ein homöopathisches Mittel, das bei der Wundbehandlung niemals beiseite gelassen werden darf, die Arnica-montana-Dilution, entfaltet ihre Wirkung besonders bei sehr schmerzhaften Verletzungen. Hier muß man jedoch viel intensiver vorgehen und den Tieren stündlich 10 bis 20 Tropfen Arnica D 3 oder D 4 verabreichen. Hierbei wird nicht nur die Heilung gefördert, sondern auch die Schmerzhaftigkeit, die Berührungsempfindlichkeit und das unter Umständen gestörte Allgemeinbefinden werden positiv beeinflußt. Ist diese erste Phase abgeklungen, fördert die 3× tägliche

Gabe von Arnica D 4 den Heilungsprozeß.

Sind Blutungen im Unterhautzellgewebe vorhanden, hilft *Hamamelis virginia,* die Virginische Zaubernuß. In der täglichen Gabe von 3× D 3 kann ein zügiger Abbau der Blutergüsse gefördert werden, ohne daß bindegewebige Indurationen und Verdickungen zurückbleiben. Gleichzeitig wird dadurch auch die Narbenbildung positiv beeinflußt. Es kommt aber bei solchen Wunden und Verletzungen, auch wenn sie fachgerecht versorgt und genäht wurden, immer wieder vor, daß bei der Wundheilung periphere Nervenenden in ein entzündliches und deshalb schmerzhaftes Stadium kommen. Hier ist *Staphisagria delphinum,* das Stephanskraut, angezeigt. Mit zweimaliger täglicher Dosis in der D 6 werden die Schmerzen oft innerhalb kurzer Zeit beruhigt, und die Heilung wird wesentlich gefördert. Es besteht dann auch nicht mehr die Gefahr, daß die Pferde an ihren schmerzenden Wunden lecken, beißen oder sie gar wundscheuern. Es ist bei dieser Anwendung aber immer darauf zu achten, daß die Wunde nicht entzündet oder infiziert ist.

Abszesse: Bei vielen Verletzungen kommt es infolge von Wundinfektion zu Abszessen. Besonders bei Riß- und Stichverletzungen, bei denen nicht nur das Unterhautzellgewebe, sondern auch Muskelschichten, Gelenke oder gar Knochen verletzt sind und das Trauma durch verunreinigte Gegenstände verursacht wurde, ist die Gefahr von Abszessen immer vorhanden. Kommt die Wundheilung nicht richtig in Gang, ist abgestorbenes Gewebe in der Wunde, ist die Abgrenzung zwischen zerstörtem und gesundem Gewebe nicht physiologisch intakt oder ist die Wundpforte so klein, daß sie sich schneller schließt, als der innere Heilungsprozeß erfolgt, wehrt sich der Organismus gegen die Schmutz- und Gewebspartikel, und es kommt zur Bildung von Eiter, beziehungsweise bei Zuheilung der äußeren Wunde, zu Abszessen.

Es kommt darauf an, den Abszeß so schnell wie möglich zu beseitigen, bevor ein allgemeiner Infekt entsteht. Ist der Abszeß reif, ist die chirurgische Eröffnung mit dem Abfluß des Eiters das Mittel der Wahl. Homöopathisch hat sich die Anwendung von Calendula am besten bewährt. Sie fördert nicht nur die Abstoßung von abgestorbenem Gewebe, sondern wirkt positiv auf die Granulation, die Heilung der Wundränder. Die Anwendung kann verdünnt oder unverdünnt erfolgen, je nach dem Zustand der Wunde. Sehr schnell kommt der Heilungsprozeß in Gang, der Eiter bildet sich zurück, und der üble Geruch verschwindet. Auch die Auftragung von Calendula- oder Lebertransalbe tut gute Dienste.

Gilt es, den entstehenden Abszeß zur „Reifung" und damit zur Öffnung zu bringen, ebenso wie den Juckreiz und die Schmerzhaftigkeit zu überwinden, hat sich Hepar sulfuris in der D 8, 2–3× täglich 1 Dosis, bewährt. Hepar sulfuris ist bei allen Eiterungsprozessen das Mittel der Wahl; es fördert die Abkapselung des Abszesses, lindert Juckreiz, Berührungsempfindlichkeit und Schmerz und trägt zur Abszendierung, zur Eröffnung des Abszesses, bei. Es wirkt oftmals innerhalb weniger Stunden, und in wenigen Tagen muß eine entscheidende Besserung eingetreten sein. Durch die innere und äußere Anwendung wirkt es bei allen Abszeßbildungen, gleichgültig welche Ursache die Erkrankung hat.

Hepar sulfuris, Calcium sulfuratum Hahnemannii, die Kalkschwefelleber, wird nach Hahnemann aus dem inneren, weißen Bestandteil der Austernschalen gewonnen und mit Schwefelblumen hergestellt. Es wirkt insbesondere bei sehr schmerzhaften, fortgeschrittenen, relativ akut verlaufenden Abszessen, da hier das Krankheitsbild und das Arzneimittel vortrefflich übereinstimmen. Bei milderem Abszendierungsverlauf ist eher Myristica sebifera, der rote Saft eines in Brasilien wachsenden Baumes, angezeigt. Durch ihre spezielle Einwirkung auf sich bildende Abszesse wird Myristica sebifera auch das „homöopathische Messer" genannt, das in vielen Fällen den chirurgischen Einsatz überflüssig macht. Man gibt es in der D 3, 2× täglich 1 Dosis über mehrere Tage, und erreicht damit eine schnelle „Reifung" des Abszesses oder, bei kleineren Abszeßbildungen, den körpereigenen Abbau des eitrigen Sekrets.

Hat man die Eröffnung des Abszesses erreicht, und ist ein erheblicher Teil des Eiters abgeflossen, gilt es, die Wundhöhle so schnell wie möglich von Eiterpartikeln und Gewebsresten zu reinigen, um die Granulation zu fördern und die Zubildung neuen, gesunden Gewebes in Gang zu setzen. Je nach Art, Lage und Tiefe der Abszeßhöhle ist dies eine Tätigkeit, die fachliche Erfahrung und Wissen über umliegendes Gewebe, Organe, Nerven oder Knochen voraussetzt. Im Zweifelsfall sollte deshalb immer der Tierarzt zugezogen werden. Als Spülmittel bietet sich Calendula-Extern in verdünnter Lösung an. Wichtig ist aber immer, daß die Heilung von innen erfolgt, die Abszeßöffnung solange wie möglich so weit offen bleibt, daß der mögliche Sekretabfluß erfolgen kann.

Eine solche Heilung von innen beugt einer erneuten Abszeßbildung vor und verhindert übermäßige Narbenbildung oder gar die Neubildung von unphysiologischen Gewebsbildungen, oft auch als „wildes Fleisch" bezeichnet. Unterstützend hat sich hierbei Silicea, die Kieselsäure, bewährt, die besonders auf das Bindegewebe einwirkt und die allgemeine Wundheilung in sehr positiver Weise fördert.

Natürlich stellt sich bei solchen Wundkomplikationen immer auch die Frage, ob das offenliegende Gewebe durch einen Verband geschützt werden sollte. Wir neigen dazu, wann immer es nur geht, auf einen Verband zu verzichten. Nicht nur weil die Verbandfixierung in vielen Fällen beim Pferd einfach schwierig ist und ein schlecht sitzender, verrutschter oder gar verschmutzter Verband fast immer schlechter ist als gar kein Verband, sondern weil bei fast allen Abszessen wie auch bei tiefen Wunden der Sekretabfluß eine der wichtigsten Voraussetzungen für die Heilung ist. Bleibt auch nur ein geringer Rest des Eiters oder der abgestorbenen Gewebeteile in der Wundhöhle, besteht die erneute Gefahr der Entzündung und Abszeßbildung. Es ist deshalb bei taschenförmigen oder „versackten" Wunden immer wichtig, für den Sekretabfluß zu sorgen, notfalls auch durch Anlegen eines Drainageschlauches. Besonders wichtig ist dies, wenn Knochen oder Sehnen mitbetroffen sind. So ist es beispielsweise bei einer Widerristverletzung, die leicht durch einen nicht passenden Sattel ausgelöst werden und dann zur gefürchteten Widerristfistel entarten kann. Wenn hier der Sekretabfluß nicht funktioniert, werden sehr schnell die Dornfortsätze der Wirbel oder andere Skeletteile angegriffen, und es kann zu Gewebszerstörungen kommen, die das Pferd als Reitpferd ungeeignet machen. Es ist deshalb, auch wenn sich die Anfänge nur in harmlos erscheinenden Druckstellen am Widerrist äußern, schnelle tierärztliche Hilfe angezeigt.

Mauke, Strahlfäule, Strahlkrebs und Kronsaumentzündungen sind Erkrankungen, die zum Bereich der Hautentzündungen gehören, werden aber beim Pferd relativ häufig durch Verletzungen ausgelöst. Es gilt deshalb der Verletzungsgefahr vorzubeugen, was schon bei der Aufstallung beginnen sollte und natürlich die notwendige Vorsicht, besonders bei Geländeritten, voraussetzt. Wie immer ist hierbei die Fütterung als Ausgangspunkt der Stoffwechsellage von großer Bedeutung, und wir möchten deshalb nochmals dringend auf die im Kapitel „Erkrankungen der Haut" gemachten Anmerkungen hinweisen. Das gleiche gilt für die homöopathischen Heilungstendenzen, wo das *Similia similibus curentur*, die Deckungsgleichheit des Krankheitsbildes mit dem Arzneimittelbild, von besonderer Bedeutung ist und, da es sich um „äußere" Erkrankungen handelt, die Homöopathie in besonderer Weise sichtbar wird.

Erkrankungen des Bewegungsapparates

Muskelzerrungen: Besonders bei untrainierten Pferden kommt es häufig zu Muskelzerrungen. Das Pferd als schnelles Fluchttier hat eine beeindruckende Bemuskelung. Seine Rittigkeit und seine reiterliche Leistung hängen in erster Li-

nie auch vom Zustand, der Gesundheit und der Leistungsfähigkeit seiner Muskulatur ab. Die Muskulatur besteht dabei aus Alpha-Muskelfasern, die eine hohe Aktivität besitzen und schnell kontraktil sind, das heißt, sich schnell zusammenziehen können, und Beta-Muskelfasern, die langsamer kontraktil reagieren. Während die Alpha-Muskeln dabei vermehrt in intervallartigen Hochbelastungen wie beim Galopp mit maximaler Geschwindigkeit beansprucht werden, sind die Beta-Muskelfasern mehr bei der Ausdauerbelastung gefragt. Der Anteil der jeweiligen Muskelfasern ist dabei schon in der Zucht festgelegt. So hat zum Beispiel ein Englisches Vollblut bis zu 85 Prozent Alpha-Muskelfasern, gegenüber 60 bis 65 Prozent bei weniger auf Schnelligkeit gezüchteten Rassen. Entscheidend ist dabei die Durchblutung der Muskelfasern, die natürlich bei einer Höchstleistung auf der Rennbahn von beispielsweise einem Tempo von 700 bis 800 m/min einen ungleich höheren Sauerstoffbedarf befriedigen muß als bei einem gemächlichen Ausritt.

Diese umfangreiche Muskulatur des Pferdes wird – besonders bei ungenügender Trainingskondition, beim Geländeritt oder in einem schweren Parcours, aber auch bei dem Kraftakt hoher Versammlung bei intensiver Dressurarbeit wie auch beim übermütigen Herumtollen auf der Weide – leicht gezerrt. Einzelne Muskelfasern können dabei überdehnt werden oder gar reißen. Es kommt zu partiellen Blutungen, zu punktförmigen Blutungen bis hin zum umfangreichen Bluterguß. Durch Schädigung und Überdehnung, ja Abreißen von feinen, meist peripheren Nerven können Erschlaffungs- und Lähmungserscheinungen auftreten. Das allgemeine klinische Bild zeigt sich vielfach in deutlichen Lahmheiten. Schmerzen sind fast immer vorhanden. Es gilt, die Pferde ganz ruhigzustellen und zu verhindern, daß die partiellen Zerreißungen zu größeren Hämatomen führen. Bewährt haben sich hierbei immer kalte Umschläge und Kompressen oder Verbände, wo sie sachgemäß anlegbar sind. Bei frischen Muskelzerrungen ist die Gabe von Arnica D 3 oder D 4 in stündlicher einmaliger Dosis und die äußere Anwendung von Arnicatinktur angezeigt. Das gleiche gilt für **Sehnen- und Bänderzerrungen, Verstauchungen und Prellungen**. Sie entstehen durch Überdehnung der Bänder und Sehnen, zum Beispiel infolge falschen Aufkommens beim Sprung im Parcours oder im Gelände, und können vielfache Schädigungen nach sich ziehen; von der **Sehnenentzündung**, der Tendinitis, bis hin zur **Sehnenruptur** oder **Sehnendegeneration**, der Tendinose. Die Erkrankungen können sich an den Sehnen, den Sehnenscheiden oder den Bändern der Gelenke abspielen, und wegen der schwerwiegenden Folgen, die sie für die Gesundheit und den reiterlichen Einsatz des Pferdes haben können, ist immer schnelle fachliche Hilfe nötig, um den Schaden nicht irreparabel werden zu lassen. Die **Tendinitis** der oberflächlichen Beugesehne und des Fesselträgers ist dabei eine der häufigsten Verletzungen des Reit- und Rennpferdes, wobei fast immer die Beugesehnen der Vordergliedmaßen erkranken. Beim Zug- und Trabrennpferd, das im Moment des Abstemmens die tiefe Beugesehne und ihr Unterstützungsband besonders belastet, sind vielfach auch die Hintergliedmaßen betroffen. Ursache ist fast immer eine Überdehnung der Sehne, wobei durch

Lockerung der Fibrillen und Faszien ein Elastizitätsverlust eintritt, besonders dann, wenn die Muskulatur übermüdet oder unfit ist und die Überdehnung der Sehne nicht abfedern kann. Prädestiniert sind hierfür Pferde mit schwachen, dünnen Sehnen, mit steilen, langen und zu weichen Fesseln. Eine große Rolle spielt hierbei auch der Beschlag, besonders wenn das Hufeisen extrem kurz ist oder eine angeborene oder erworbene **Stellungsanomalie des Hufes** nicht mit Hilfe eines orthopädischen Hufbeschlags korrigiert wurde. Natürlich haben auch vielfach die Reiter und Fahrer schuld, wenn sie die Pferde „kalt" aus dem Stall nehmen, um sofort Höchstleistungen von ihnen zu fordern. Es gilt immer das eiserne Gebot, das Pferd vor der Arbeit zu lösen, warm und geschmeidig zu machen und richtig zu gymnastizieren. Natürlich spielt hier auch die richtige Ernährung eine wichtige Rolle, dies gilt besonders bei **Kalzium-Phosphor-Mangelzuständen**, was zur Folge hat, daß man bei ungeklärten Sehnen- und Bänderrupturen immer auch eine eingehende Futteranalyse vornehmen sollte. Auch hier ist Arnica das Mittel für alle frischen Zerrungen und Verstauchungen, wobei die Anwendung wiederum dem Grad der Erkrankung angepaßt sein muß, das heißt, bei akuten Schmerzen und sichtbarer Anschwellung stündlich Arnica D 3 oder D 4 zu geben sind. Ist ein Gelenk mitbeteiligt, besteht der Verdacht eines Blutergusses im Gelenk oder große Schmerzhaftigkeit beim Abtasten oder bei der Bewegung des Gelenks, gibt man *Bryonia alba,* die Teufelsrübe oder Schwarzbeerige Zaunrübe, 4–5× täglich in der Dosis Bryonia D 4. Zur Unterstützung dient Kaliumbichromat, das Ka-

lium bichromicum, als D 4 oder D 6 2×
täglich. Die Schmerzhaftigkeit läßt meist
schnell nach, und die Pferde beginnen
wieder zu belasten, was die Gefahr der
Überlastung in sich birgt. Hier tut der
Giftsumach, Rhus toxicodendron, in der
D 6, 3× täglich, oder auch die D 30, 1×
täglich, gute Dienste. Bilden sich die Ge-
lenks- oder Sehnenergüsse nur zögernd
zurück, ist Kalium bichromicum in der
Dosis D 4, 2× täglich als Unterstützungs-
mittel angezeigt.
Die homöopathische Behandlung solcher Sehnen- und Bänderzerrungen setzt
hierbei nicht nur an der Überwindung
der Schmerzhaftigkeit an, sondern will
vor allem zu einer wirklichen Ausheilung der erkrankten Sehnenfasern führen, das heißt, die Elastizität wieder in
vollem Umfang herstellen. Eine solche
Behandlung erscheint oberflächlich be-
trachtet oftmals langwierig. Sie verhindert aber, daß durch die vordergründige
Beseitigung des Schmerzes das Pferd zu
früh die Sehne oder den Bandapparat
des Gelenkes belastet und damit eine
erneute Distorsion auslöst. Zur medika-
mentösen Behandlung gehört deshalb
auch bei jeder Erkrankung in diesen Bereichen die ausgeprägte Ruhephase, die
dem Organismus eine volle Ausheilung
ermöglicht. Man muß hierbei immer
wissen, daß, auch wenn scheinbar keine
äußeren klinischen Krankheitssymptome mehr feststellbar sind, die geschädigte Sehne den ungeheuren Belastungen,
denen sie beim Reiten und Fahren ausgesetzt ist, noch nicht gewachsen ist und
bei der ersten Überbeanspruchung das
gleiche Krankheitsbild erneut auftritt
und die Abheilung dann um so schwieri-
ger und langwieriger, ja unter Umständen unmöglich ist.
Eine beim Sportpferd sehr häufig auftre-

tende Erkrankung sind leichte bis
schwerwiegende Prellungen im Huf- und
Fesselbereich. Besonders oft ist das Ab-
werfen der schweren Turnierstangen
hierbei die Ursache. Sowohl am Huf wie
an der Fessel kommt es in und unter der
Hufwand oder der Haut zu Hämatomen
oder Defekten am Knochen, besonders
an der Knochenhaut, dem Periost. Es
sollte deshalb ein ehernes Gebot der
Springreiterei sein, solche Verletzungen durch Vorbeugemaßnahmen wie
Sprungkappen und geeignete Bandagie-
rung zu vermeiden. Der Reiter sollte
dabei auch immer das Leistungsvermö-
gen seines Pferdes realistisch einschätzen und es nicht über Sprünge jagen, die
es einfach überfordern.
Sind solche Schäden aber aufgetreten,
haben sich Arnica und Hamamelis gut
bewährt. Ist die Knochenhaut mitge-
schädigt, oder sind gar Verletzungen am
Knochen aufgetreten, was im Fesselbereich leicht passieren kann, da die Haut
fast unmittelbar über dem Knochen liegt
und der Knochen nicht durch eine dik-
kere Bindegewebsschicht, Fett oder
Muskulatur geschützt ist, ist Symphytum
officinale, die Beinwurz oder der Beinwell, angezeigt. Sie unterstützt die Heilung der Knochenhaut oder des Knochens und verhindert die Entwicklung
von Überbeinen, also das unphysiologische Wachstum von Knochengewebe.
Symphytum officinale, der Beinwell, ist
ein Mittel, das schon sehr lange in der
Naturmedizin wie auch in den traditio-
nellen Heilkünsten der Naturvölker eine
wichtige Rolle bei allen Frakturen spielt.
Der Beinwell fördert nicht nur die Heilung der Periostitis, sondern bewirkt vor
allem eine Intensivierung der Kallusbildung. Der Kallus ist das Gewebe, das die
frakturierten Stellen des Knochens wie-

der zusammenfügt und dem geschädigten Knochen seine alte Funktion und Festigkeit wiedergibt. Natürlich darf dabei die Problematik einer Fraktur beim Pferd nicht übersehen werden, wo es auch heute nur bei einer sehr eingeschränkten Zahl von Knochenbrüchen möglich ist, eine Heilung in Gang zu bringen. Nur da, wo es gelingt, die Bruchstellen so zu entlasten, daß die Fixierung der Bruchenden verträglich und dauerhaft möglich ist, die Position des Pferdes physiologisch über die Zeit der Heilung erhalten werden kann, die knochenchirurgischen Maßnahmen den Belastungen standhalten und Komplikationen ferngehalten werden können, gelingt es, eine Fraktur zu heilen. Das Abwehrverhalten ist zu groß, das Temperament zu heftig, das Gewicht zu groß, so daß es bei vielen Frakturen, trotz enormer Fortschritte der Osteosynthese, nicht gelingt, eine Knochenheilung zu erreichen. Um so mehr hilft Symphytum officinale, die behandelbaren Frakturen, die Schädigungen an der Knochenhaut, aber auch Fissuren aller Art einer Heilung zuzuführen.

Die **Sprunggelenksgalle**, auch Kreuzgalle, Wassergalle, Wasserspat, Hydarthrose genannt, ist beim Pferd eine relativ häufig auftretende Erkrankung, die erworben, aber auch angeboren sein kann und schwer behandelbar ist. Die gesundheitliche Auswirkung von Gallen ist gering und nur da gegeben, wo die Größe der Gallen die mechanische Gelenksfunktion stört. So sind die Gallen eher ein kosmetisches Problem, das sich aber erheblich auf den Wert eines Pferdes auswirkt.

Bei Entzündungen der Gelenkkapseln bilden sich mit Synovia, der Gelenksflüssigkeit, gefüllte Vergrößerungen, die, wenn sie nicht möglichst schnell fachgerecht behandelt werden, verhärten und bindegewebig durchwachsen können und dann oftmals nur noch chirurgisch therapierbar sind. Ursachen sind vielfach eine zu frühe Belastung des Pferdes und Mangelerscheinungen bei der Fütterung, besonders Mineralstoff- und Vitaminmangel, wobei das Kalzium-Phosphor-Verhältnis eine bedeutende Rolle spielt. Die homöopathische Behandlung muß deshalb schon früh im akuten Stadium einsetzen. Hier ist äußere und innere Arnicagabe angesagt. Unterstützend gibt man im akuten Fall Apis D 30, 4× im Abstand von 1 Stunde, und Kalium bichronicum D 30, 1× täglich 5 Tage lang.

Die als **Steingallen** bezeichneten Entzündungen im Eckstrebenwinkel der Hufe sind Entzündungen der Huflederhaut und des Horngewebes, die ihre Ursache meist in schlechter Hufpflege, in Hufanomalien wie z. B. Zwanghuf, in spröder Hornbildung oder durch Druck, wie durch das Eintreten von Steinen, haben. Es zeigen sich rötliche Flecken bis hin zu nässenden, eitrigen Entzündungen. Der Huf, besonders die Hufkrone, ist vielfach vermehrt warm und druckempfindlich, und meist ist eine mittelgradige bis starke Lahmheit die Folge. Es kommt zu Ringbildungen am Huf, zu Vereiterungen der Huflederhaut und zu Abszeßbildungen an der Krone mit all ihren Folgen bis hin zu allgemeiner Sepsis.

Hier ist die Entfernung des entarteten Gewebes notwendig. Feuchte Umschläge helfen, den Hufschuh elastischer zu machen, um den Druck auf die Entzündung zu mildern. Arnica D 30, 2× im Abstand von 2 Stunden gegeben, ist das Mittel der Wahl. Bei der eher trockenen Steingalle ist das fachgerechte Ausschneiden der Eckstrebe und der ordnungsgemäße Beschlag die Voraussetzung für jede Behandlung, die mit Calcium fluoratum D 30, 1× wöchentlich 20 Tropfen, Hepar sulfuris D 30, 1× täglich 20 Tropfen über 4 Tage, und mit Silicea D 30, 10 Tage lang täglich 1× 20 Tropfen, durchzuführen ist. Bei der Rückbildung nicht zu alter, noch nicht „kalter" Gallen fördert Symphytum D 4 den Regenerationsprozeß.

Ganz allgemein ist aber anzumerken, daß auch hier die **Hufpflege** eine wichtige Voraussetzung für jede Behandlung ist. Das Pferd hat sich in seiner Entwicklung zum schnellen Fluchttier immer stärker spezialisiert, so daß es zum Einzeher wurde und sein ganzes Gewicht, seine Kraft und seine Schnelligkeit auf dem Huf lasten. Der Huf beschützt dabei die für hohen Druck entwickelten Huf-, Kron- und Strahlbeine sowie auch die dazugehörenden Gelenke. Die Abnützung des Hufes wird durch das Hornwachstum, das monatlich ca. ein Zentimeter beträgt, ausgeglichen. Dabei hängt die Hufabnützung stark von der Bewegung und dem Gelände, in dem das Pferd sich bewegt, ab.

Um das Durchlaufen der Hufsohle zu verhindern, ist der regelmäßige Beschlag notwendig. Er ist also ein wesentlicher Teil der Hufpflege, darf aber auf keinen Fall die Physiologie des Hufes stören, d. h. der Hufmechanismus, das Dehnen und Zusammenziehen der Trachten muß erhalten bleiben. Unkorrekter Hufbeschlag belastet nicht nur den Huf, sondern führt bei ungleichmäßiger Belastung der Gliedmaße zu Erkrankungen an Knochen, Gelenken, Bändern und Sehnen. Wird der Hufschuh spröde und brüchig und zeigt mürbes Horn, das am Tragrand leicht ausbricht, muß die Hufpflege überprüft werden. Regelmäßiges Säubern und Einfetten ist unerläßlich, ebenso wie eine trockene Streu und hochwertiges Futter. Ist das **Hornwachstum** gestört, helfen Sulfur D 3, 2× täglich 3 Tabletten, und Silicea D 30, 1× täglich 20 Tropfen. Bei **Druckempfindlichkeit** des Hufes hilft Hepar sulfuris D 6, 3× 20 Tropfen bis zur Besserung. Bei schlechter Hornstruktur sind Silicea D 4, 3× täglich 3 Tabletten, und Hekla Lava D 4 angezeigt. Verdichtet sich die Hornstruktur zur unelastischen Härte, hilft Graphitis D 30.

Natürlich gibt es eine ganze Reihe von **Huferkrankungen**, die durch mangelnde Pflege, schlechten Beschlag, Quetschungen, eingetretene Steine, Vernagelungen, Prellungen usw. ausgelöst werden können. Das deutlichste Krankheitsanzeichen ist dann immer eine Lahmheit unterschiedlichster Stärke, die auch Störungen des Allgemeinbefindens, verminderte Freßlust und Abmagerung zur Folge haben kann. Erste Symptome sind dabei die vermehrte Wärme im Huf und die Pulsation. Auch deutlich sichtbare Veränderungen am Hufhorn wie Rinnenbildung, Risse, säulenartige Verdickungen bis hin zum Ausschuhen sind Zeichen mangelhafter Haltung, Fütterung und Pflege, und nur wenn diese Ursachen abgestellt werden, hat eine Behandlung die Chance der Heilung. Das Auftragen von Hypericum-Lotion auf die betroffenen Stellen und die Gabe von Hepar sulfuris D 30 im Abstand von 2 Stunden tun gute Dienste. Gleichzeitig sollte ein fachgerechter Hufverband mit feuchter Watte die Heilung unterstützen.

Zu den relativ schweren Erkrankungen am Bewegungsapparat zählt beim Pferd der Nageltritt, weil dabei nicht nur immer die Gefahr einer Tetanusinfektion besteht, sondern auch das Hufgelenk, das Huf- und Strahlbein oder Sehnen verletzt werden können, Verletzungen, die im Huf nie leicht zugängig sind und deshalb zu schweren Entzündungsprozessen neigen. Dazu ist die Diagnose, wenn man nicht selbst den eingestochenen Nagel oder sonstigen spitzen Gegenstand sieht und nach vier oder fünf Tagen entfernt, oftmals erst zu stellen, wenn sich durch den entstandenen Entzündungsprozeß oder Abszeß Schmerzen einstellen und die Schmerzstelle mittels der Hufuntersuchungszange fixiert werden kann. Diese genaue Fixierung ist deshalb wichtig, weil bei starker Entzündung mit Eiterbildung immer chirurgisch für einen Abfluß des Sekrets gesorgt werden muß. Geschieht dies nicht, besteht die Gefahr, daß die Entzündung auf Sehnen, Gelenk und Knochen im Hufschuh übergeht und es zum Ausschuhen kommt, was fast immer zum Verlust des Pferdes führt. Gerade bei den oft harmlos erscheinenden Nageltrittverletzungen ist deshalb die fachkundige Diagnose und Behandlung unumgänglich. Bei der Wundbehandlung sind Arnikatinktur, Jodtinktur und Wundsteinessenz gute Helfer, verbunden mit feuchtwarmen Umschlägen und der Gabe von Hypericum D 3.

Beim Huf besteht bei falscher Fütterung und schlechter Pflege auch immer wieder die Gefahr einer Erkrankung an **Hornfäule, Strahlkrebs und Hufkrebs**. Es handelt sich hierbei nicht um einen Krebs im medizinischen Sinne, sondern um Stoffwechselstörungen an der Lederhaut, der Sohle und dem Strahl, die zu krebsartigen Hornbildungsstörungen und Wucherungen führen, die oftmals blumenkohlartige Symptome aufweisen.

Auch hier gilt es, die Ursachen abzustellen, die Wucherungen chirurgisch soweit wie möglich abzutragen und homöopathisch den Gesundungsprozeß in Gang zu bringen. Bewährt haben sich hierbei Natrium muraticum D 30 und Graphites D 30, 2× täglich 20 Tropfen. Um das Hufhorn zu festigen und die Demarkation zu den schwammigen, entarteten Hornteilen, die nicht entfernt werden konnten, anzuregen, ist Silicea D 200 angezeigt. Es ist dann auch gegebenenfalls durch geeignete Druckverbände bzw. Hufbeschlagsergänzungen wie das Einlegen einer Metallsohle, wobei der Zwischenraum fest mit Werg ausgepolstert wird, starken Druck auf die Hornhaut auszuüben, um das unphysiologische Wuchern zu verhindern. Hier tun Calendula- oder Arnicalotion gute Dienste. Die häufig auftretenden phlegmonösen Schwellungen sind mit Lachesis D 8 und Arnika D 3 zu behandeln. Bei der **Hornfäule** in der Strahlfurche haben sich die alten Volksmittel Holzkohle und Holzteer bewährt und die Gabe von Sulfur D 4, 3× täglich 20 Tropfen, oder Silicea D 30, 3× täglich 20 Tropfen. Natürlich muß auch hier wieder die Haltung und Fütterung überprüft werden, da beispielsweise eine sehr eiweißreiche Fütterung, die eine Folge von Stickstoffüberdüngung der Futterpflanzen sein kann, die Erkrankung begünstigt.

Die **Hufrollenentzündung, die Podotrochlose**, ist in der Reitpferdehaltung eine der größten Sorgen. Es sind fast immer die Vorderbeine, die daran erkranken. Dem Pferd ist äußerlich nichts anzusehen. Da meist beide Vordergliedmaßen, aber in unterschiedlichem Grade, erkranken, besteht eine Bewegungsstörung und meist keine Lahmheit. Die Aktion der Vorderbeine wird eigenartig klamm, flacher und kürzer. Die Gangveränderung ist wenig ausgeprägt. Manchmal besteht deutlicher Wendeschmerz, manchmal nicht. Meist ist diese Bewegungsstörung beim noch nicht warmgerittenen Pferd deutlicher zu sehen, um sich dann später zu verlieren. Der Gang bleibt aber wenig raumgreifend, und das Pferd zeigt sich beim Springen zögerlich, ja ängstlich. In der Ruhe setzt es die Vorderhufe abwechselnd weit nach vorn, um das Hufgelenk zu entlasten. Man beobachtet gewissermaßen ein Stumpferwerden der Zehenstellung und des Hufes. Bei überwiegend einseitiger Hufrollenentzündung kann es aufgrund dieser Schonstellung zu **Muskelatrophien**, ja zur **Hufatrophie** kommen.

Für die **Hufrollenentzündung** sind mehrere Faktoren verantwortlich. Eine genetische Komponente gilt als sicher. Haltungs-, Aufzucht- und Beschlagsschäden begünstigen das Entstehen der Krankheit. Der wichtigste Grund dürfte aber die reiterliche Nutzung sein. Die Pferde kommen zu früh, oftmals nicht ausgewachsen, in den Leistungssport, sie haben beachtliche Konditionsmängel. Ebenso führt der Springeinsatz leicht zu rascher Abnutzung der Hufrolle. Man kann sagen, daß ein großer Teil der Springpferde früher oder später an einer Entzündung der Hufrolle leidet, wobei neuere Untersuchungen den Gedanken nahelegen, daß auch mangelnde Durchblutung infolge zu kurzer Bewegung eine Rolle spielen könnte. Die Podotrochlose kann gewissermaßen als eine „Berufskrankheit" des Springpferdes eingestuft werden, das oft nach relativ kurzer Aufwärmphase Hochleistung erbringen soll und sonst „geschont" im Stall steht. Das Hufbein-Strahlbeinband reagiert mit bindegewebigen Verstär-

kungen, die Hufgelenksfacette mit Formveränderungen, die Ansatzflächen der tiefen Beugesehne und der Bänder mit Knochenzubildungen, **Exostosen**. Am Hufbein können sich Randwulsterscheinungen bilden und am Strahlbein Absprengungen von der *Facies flexoria*. Die pathologischen Veränderungen treten also am Bandapparat des Strahlbeins, an der tiefen Beugesehne und an der Struktur und Kontur des Strahlbeins auf. Man sieht darin eine altersabhängige Knochenstruktur des Strahlbeins, die beim über 10 Jahre alten Springpferd als normal angesehen wird, bei der Ankaufsuntersuchung eines Dreijährigen aber als pathologisch klassifiziert wird. Eine Behandlung, die zur Heilung führt, gibt es nicht. Der **Nervenschnitt**, die Neurektomie, beseitigt nicht die Krankheit, sondern schaltet nur den Schmerz aus. Im frühen Stadium kann man mit Bryonia D 30, 2× täglich 20 Tropfen, und mit Calcium fluoraticum D 30, 2× täglich 20 Tropfen über längere Zeit, sowie mit Symphytum Hekla Lava, 2× täglich 20 Tropfen, das Fortschreiten des Prozesses allenfalls verzögern.

Die **Hufrehe**, eine akute oder chronische Entzündung der Huflederhaut, kann durch Haltungs- oder Fütterungsfehler, insbesondere durch zu eiweißhaltiges Futter, durch Allergien, große Anstrengungen, langes Stehen oder als **Geburtsrehe** bei Nachgeburtsverhaltungen und andere Faktoren ausgelöst werden. Sie ist außerordentlich schmerzhaft und schwer behandelbar. Bei längerer Entzündung bildet sich der Rehehuf mit weit nach vorne gestreckter Zehe und Ringen im Wandhorn, und schließlich kann es zur Hufbeinsenkung kommen. Begleitsymptome sind hoher Blutdruck, Temperaturanstieg um 1 bis 2 Grad, starke Pulssteigerung, steifer Gang mit vorgeschobenen Hufen, wobei die Trachten zuerst auffußen, starke Druckempfindlichkeit, erheblich gestörtes Allgemeinbefinden, gewölbter Rücken bei Vorstrecken des Kopfes. Im Stehen werden die Vorderbeine weit vorgestreckt, und die Hinterhand wird weit untergeschoben, um die schmerzhafte Belastung der Vorderzehe zu vermeiden.

Die Therapie muß möglichst schnell mit der Abnahme der Eisen einsetzen. Homöopathisch können Aconitum oder Belladonna, dann Gingko bilabo D 1, 3× täglich 25 Tropfen, helfen, die Durchblutung zu fördern und die „Stoffwechselgifte" auszuschwemmen. Wichtig ist auch die richtige Fütterung. Das Anlegen feuchter Verbände oder die Unterbringung in einer feuchtnasssen Torf-/ Lohebox sind hilfreich. Nux vomica D 6 kann in Verbindung mit Sulfur D 4 gute Dienste leisten. Man muß sich aber immer über die Schwere jeder Hufrehe-Erkrankung im klaren sein und so schnell wie möglich tierärztliche Hilfe in Anspruch nehmen.

Sehnenscheidenentzündungen kommen recht häufig vor. Auch sie sind eine Faktorenkrankheit, bei der die reiterliche Überforderung mit zur wichtigsten Ursache gehört. Sie sind immer auch mit **Erkrankungen der Sehnen**, die sie umgeben, zu sehen. In schweren Fällen ist meist eine pyogene Allgemeininfektion mit starken Störungen des Allgemeinbefindens vorhanden. Die Tiere haben Schmerzen, verweigern oft das Futter, magern ab, stehen mit aufgezogenem Leib und entlasten so gut es geht die erkrankte Gliedmaße. Die Ursache liegt häufig in äußeren Verletzungen wie z. B. Gabelstichen oder Verletzungen durch Weidedraht. Aber auch auf dem Blutwege erfolgt die Infektion der Sehnenscheiden und Sehnen, zum Beispiel als Folge von Druse.

Natürlich können Sehnenfaserrisse, Zerrungen, Ernährungsfehler oder Stellungsfehler Ursache solcher Entzündungen sein. Druck und andere traumatische Einflüsse von außen sind ebenso häufige Auslöser. Man muß wissen, daß die Sehnen und Sehnenscheiden relativ schwach durchblutetes Gewebe haben und die Heiltendenz deshalb weit weniger ausgeprägt ist als bei den stark durchbluteten Muskeln. Es sind deshalb vielfach auch schwer heilende Erkrankungen mit langer Behandlungsdauer. Eine schnelle, fachgerechte Diagnosestellung und Behandlung ist deshalb geboten. Ist die Sehnenscheide und die geschädigte Sehne erst einmal bindegewebig durchwachsen, hat sie ihre Elastizität weitgehend verloren, kann die Therapie, auch wenn der Tierarzt z. B. eine Carbonfaser einzieht, unter Umständen erfolglos sein. Die homöopathische Therapie muß deshalb immer mit den sonstigen notwendigen Maßnahmen abgestimmt werden. Bewährt hat sich hier eine Lotion aus Ruta graveolens D 4 und Arnica. Innerlich gibt man Arnica D 6, 3× täglich 20 Tropfen, unter Umständen auch stündlich, und 3× täglich 15 Tropfen Rhus tox. D 12.

Die häufig bei diesen Erkrankungen auftretenden **Phlegmonen** werden je nach Entzündungsgrad mit Lehm- oder Acetatanstrichen, mit Prießnitzumschlägen oder Heilerdepackungen oder dem bewährten Beinwellumschlag behandelt.

Gelenksentzündungen, Arthritis und Arthrosen führen beim Pferd oftmals zur Unbrauchbarkeit als Sportpferd. Man muß dabei zwischen Gelenksentzündungen und Arthritis/Arthrose unterscheiden; während bei der Entzündung äußere, innere, infektiöse, stoffwechselbedingte, akute Entzündungserscheinungen auftreten, die meist sehr schmerzhaft sind und so früh wie möglich fachgerecht behandelt werden müssen, um nicht in ein chronisches, schwer heilbares Stadium überzugehen, stehen bei der Arthritis und Arthrose die vermehrte Abnutzung durch Fehlstellung, Fehlbelastung, Überbelastung, Stoffwechselstörungen und das Mißverhältnis zwischen Belastbarkeit und tatsächlicher Belastung im Vordergrund. Es kommt zu Bewegungsstörungen mit stumpfem, unfreiem, gebundenem Gang und häufigem Wendeschmerz. Oftmals kommt es zu umfangreichem Abbau oder Zerstörung des Gelenkknorpels, und im Röntgenbild zeigen sich Veränderungen in der Knochenstruktur mit Randwulstbildungen am Gelenkrand und ähnlichem. Ausgelöst wird die Arthritis/Arthrose vielfach durch Fehlstellungen der Gliedmaßen mit bodenweiter, bodenenger, X-beiniger, O-beiniger, struppierter, vorbiegiger, rückbiegiger, kuhhessiger, faßbeiniger, säbelbeiniger oder stuhlbeiniger Stellung. Dadurch kommt es auf hartem Boden, besonders beim Springen, immer wieder zu Mikrotraumen, zur Überbelastung und Überanstrengung bestimmter Gelenkbereiche und zu Knorpeldefekten. Es kann durch starken Knorpelverlust zur sogenannten Knochenglatze kommen, die in eine Ankylose, eine Gelenksversteifung, übergeht. Die Arthritis entwickelt sich dann stetig zur Arthrose, es bilden sich unphysiologische Knochenzubildungen wie zum Beispiel die arthrotische Hufgelenksschale. Der Prozeß wird durch Überbelastung, aber auch durch Bewegungsman-

gel gefördert. Pferde sind Lauftiere, und gerade arthrotische Pferde brauchen entsprechende Bewegung, sonst versteifen die Gelenke sehr schnell. Die Heilungschance bei Arthrosen ist ungünstig. Es ist meist ein fortschreitender Prozeß, und es gilt, das Fortschreiten des Krankheitsprozesses zu verlangsamen.

Homöopathisch kann hier mit Bryonia D 2–D 3 und mit Nux vomica D 6 die Bewegung erleichtert werden. Äußerliche Einreibungen mit Beinwellessenz oder Heilerdeumschläge und eine Behandlung mit Symphytum- und Teufelskrallenumschlägen unterstützen die Behandlung. Bewährt haben sich auch Rhus tox. oder Ruta graveolens. Wichtig sind bei allen diesen Entzündungen und Veränderungen im Gelenkbereich immer wieder die Überprüfung der Fütterung und die Stimulierung der Stoffwechselvorgänge. Hierbei kommt der Leberfunktion besondere Bedeutung zu, die Lycopodium aktivieren kann.

Erkrankungen der Augen

Bindehautentzündungen sind die häufigsten Erkrankungen am Auge des Pferdes. Durch äußere Einflüsse wie Wind, große Kälte, Staub, Sand, Pollen, Zweige von Bäumen, Stroh u. ä. kann die Bindehaut gereizt werden, und aus dieser Reizung kann sich eine Entzündung entwickeln. Rötung, Tränenfluß, Juckreiz und Ödembildung sind die Folgen. Neben diesen physikalischen sind oft auch chemische oder infektiöse Noxen der Auslöser, oder die Conjunctivitis entsteht sekundär, durch Übergreifen entzündlicher Prozesse aus der Umgebung des Auges oder als Begleitsymptom beispielsweise von Influenza oder des ansteckenden Katarrhs der oberen Luftwege. Erstes Symptom ist dabei immer die Hyperämie, die Rötung der Bindehaut. Für die Behandlung einer solchen Bindehautentzündung beim Pferd wendet man statt Augentropfen besser eine Augensalbe an, da Pferde am Auge sehr empfindlich gegen das Eintropfen sind und Salben im allgemeinen eine längere Einwirkung haben. Man gibt die Salbe dabei auf den Zeigefinger und streicht sie dann, von innen nach außen, im äußeren Augenwinkel ab. Die Salbe verteilt sich durch die Lidbewegung allmählich über das ganze Auge. Als homöopathische Augensalbe hat sich Euphrasia compositum bewährt. Sie lindert den Juckreiz und den Schmerz und wirkt entzündungshemmend. Daneben sind Conjunctisan B-Augentropfen und Actihaemyl-Augengel bewährte Conjunktivitismittel. Sind die Augen stark mit Exsudat verschleimt oder verklebt, ist eine Reinigung vor der Behandlung angezeigt. Hier hat sich Euphrasia extern, 10 Tropfen auf einen Eierbecher Wasser, bewährt. Von der Anwendung von Kamille oder auch Borwasser möchte ich beim Pferd abraten. Die äußere Behandlung der Bindehautentzündung kann mit der Gabe von Euphrasia officinalis, dem Augentrost, täglich 3× 1 Dosis Euphrasia D 2, intensiviert werden. Das alte Volksheilmittel Augentrost ist besonders bei Bindehautentzündungen mit stark angeschwollenen Lidern und starker Rötung angezeigt. Sind die Bindehäute eher hellrosa, gibt man 4× täglich 1 Dosis Apis D 4. Apis wird aus Apis mellifica, der Honigbiene, hergestellt; sein Arzneimittelbild spiegelt sich im Krankheitsbild akuter, schmerzhafter,

ödematös geschwollener Erkrankungen wider, wie sie auch bei einem Bienenstich auftreten.

Als weiteres homöopathisches Heilmittel für die Bindehautentzündung tut Mercurius solubilis D 8, 2× täglich 1 Dosis, gute Dienste. Besonders bei tiefergehendem Entzündungsprozeß, mit kleinen Geschwüren und eitrigem, weißlichem Wundsekret, ist dieses Mittel angezeigt. Gerade bei solchen Conjunctividen ist es aber auch immer wieder notwendig, die Behandlung mit Antibiotika einzuleiten, um keine irreparablen Schäden sich entwickeln zu lassen. Bei eitriger Bindehautentzündung besteht die Gefahr der Krustenbildung und offener, kleinster Wunden, die sich zu einem **Follikelkatarrh** entwickeln können. Kennzeichen sind dabei stecknadelkopfgroße, glasige, meist hellrote Knötchen auf der Bindehaut. Es ist dabei unbedingt notwendig, daß diese von einem Fachkundigen mit dem Augenlöffel entfernt werden. Die Gabe von Vitamin A, dem Epithelschutzvitamin, und von Mercurius solubilis D 6, unterstützt die Heilung. Leicht kann hier die Entzündung auf den Tränenkanal übergreifen. Die Tränen können dann durch den **verstopften Tränenkanal** nicht mehr abfließen, und es bildet sich eine meist bräunliche, verklebte Sekretbahn, die leicht zu Hautschädigungen und Ekzemen führen kann. Der verstopfte Tränenkanal muß in vielen Fällen fachgerecht vom Tierarzt freigespült werden. Helfen kann bei dieser Therapie Staphysagria D 6 oder Silicea D 12. Kommt es immer wieder zu neuer Verengung des Tränenkanals oder gar zu einer **Tränenkanalfistel**, bessert Natrium muraticum D 200 oder Acidum hydrofluoricum D 30 das klinische Krankheitsbild.

Selbstverständlich sollte man das Pferd während einer Bindehautentzündung im, möglichst abgedunkelten, Stall ruhen lassen. Die notwendige Bewegung sollte in der Dämmerung – und keinesfalls bei windigem Wetter – geschehen, um die Empfindlichkeit und Lichtscheu nicht zu reizen.

Als Komplikation ist auch immer ein **Nickhautvorfall** möglich, der mit Vitamin A und Mercurius solubilis D 6 positiv beeinflußt werden kann.

Die **Hornhautentzündung** kann eine weitere Folge von Bindehautentzündungen sein, ist aber meist oberflächlicher Art und durch kleine Verletzungen verursacht. Die sonst glatte, glänzende, eben und durchsichtig erscheinende Hornhaut spiegelt die Umwelt mit unregelmäßigen Reflexbildern. Der Glanz erscheint trübe, es deuten sich Unebenheiten an, winzige Zusammenhangstrennungen des Epithelzellverbandes, Läsionen, Wunden, Infiltrationen, Einschmelzungsprozesse oder Geschwüre. Da diese kleinen Hornhautverletzungen meist erst dann erkannt werden, wenn das verletzte, lichtscheue Pferdeauge tränt, leicht ödematös geschwollen und die Lidspalte krampfhaft geschlossen ist und das Tier ein ängstliches, scheues Benehmen an den Tag legt, ist dem Reiter anzuraten, nach jedem Geländeritt durchs Gebüsch die Augen seines Pferdes zu kontrollieren. Sind deutlich sichtbare Verletzungen erkennbar, ist unbedingt tierärztliche Hilfe notwendig, da die Heilung der Hornhaut meist sehr langwierig ist und eine solche Keratitis bei Wundinfekten zu umfangreicher Hornhauttrübung und zur Erblindung führen kann.

Bei infizierten Augenverletzungen, insbesondere an der Hornhaut, ist die Verabreichung spezifischer Antibiotika immer anzuraten. Bei Entzündungen mit milchiger Trübung und eitrigem Tränenfluß gibt man Mercurius solubilis in der D 8, 2× täglich, unterstützt durch Sulfur D 12, mehrere Tage oder Sulfur D 30 als Einzelgabe, um die Gefäßbildung und Durchblutung in dem geschädigten Gewebe anzuregen. Das Krankheitsbild der frischen Hornhautverletzung wird aber besser von dem Arzneimittelbild Euphrasia, in der Gabe von Euphrasia D 2, 6× täglich 1 Dosis, abgedeckt. Beim Abbau der Eintrübungen der Hornhaut ist Arnica D 30, 1× täglich zwei bis drei Wochen oder 1 Woche lang Calcium carbonicum D 200 angesagt. Um den empfindlichen Schmerz zu vermindern, ist Atropin sulfuricum in 1%iger Salbe oder als 0,5 bis 1%ige wäßrige Lösung angezeigt. Die Dilatation der Pupille setzt dabei nach 20 bis 30 Minuten ein und hält bis zu acht Tagen an. Die Pferde werden dadurch veranlaßt, nicht das juckende Auge an der Boxenwand zu scheuern und damit weitere Verletzungen zu provozieren. Natürlich tut ein sachgerechter Verband des erkrankten Auges gute Dienste, es gibt aber keine Garantie, daß ein solcher Verband vom Pferd nicht als störend empfunden und entfernt wird. Wichtig ist deshalb, daß ein am Auge erkranktes Pferd sorgfältig betreut wird, denn jede Augenverletzung kann eine Erblindung und damit die Nottötung des Pferdes nach sich ziehen.

Noch ein Wort zur **periodischen Augenentzündung**, einem Entzündungszustand der mittleren Augenhaut, für die die Wiederkehr der Krankheitserscheinungen charakteristisch ist. Weil dies so ist, wird sie in der „Kaiserlichen Verordnung" als Hauptmangel geführt, und bei

jedem Pferdekauf ist darauf im Rahmen der Ankaufsuntersuchung zu achten. Die Ursache der periodischen Augenentzündung ist auch heute nicht endgültig geklärt. Neben hereditären, klimatischen und geographischen Kausalfaktoren spielt eine Vergiftung durch körpereigene, unvollständig abgebaute Eiweißstoffe, im Zusammenhang mit Verdauungsstörungen oder nach Aufnahme von verdorbenem Futter, schädlichen Futterbeimischungen, Schimmelpilzen, Fäulnis- und Gärungsprodukten usw., eine Rolle. Ebenso können Parasiten, wie z. B. Mikrofilarien, die Infektion mit Leptospiren, bakterielle Infektionen und Virusinfektionen, insbesondere Viruserkrankungen der oberen Luftwege, die „Mondblindheit" auslösen. Häufig tritt die Erkrankung auch nach Fohlenlähme oder Druse auf, und der akute Anfall äußert sich in plötzlicher Lichtscheu, Konjunktivitis, Keratitis und Iritis. Nach dem 5. Tag gehen die Symptome langsam zurück, und nach 14 Tagen ist der Anfall meist überwunden; in Ausnahmefällen kann der Anfall sechs bis acht Wochen dauern und zeigt dann eine exsudative Entzündung der Iris. Die Anfälle können sich dann immer wiederholen. Es kommt zu Verwachsungen zwischen Iris und Linse. Die Iris verliert ihr Relief, wird atrophisch, die Pupille ist verzerrt, unregelmäßig und am Rand ausgefranst. Auf der Linsenoberfläche sind braune, unregelmäßige Gewebsfetzen und diffuse, punkt- oder strichförmige Verdichtungen zu sehen; sie wird trüb, es kann zur Linsenluxation kommen, die Retina und der Sehnerv degenerieren, und das Endstadium ist dann die völlige Erblindung.
Eine Heilung ist kaum möglich, man kann aber den Verlauf mit der Gabe homöopathischer Arzneimittel zumindest hinauszögern und das Fortschreiten teilweise zum Stillstand bringen. Bewährt haben sich hierbei Aconitum napellus D 6 und Belladonna D 200, je 5 Tropfen 4× täglich in stündlichem Wechsel. Da bei dieser Erkrankung immer der Stoffwechsel beteiligt ist, bedarf das Futter einer genauen Überprüfung. Die Gabe von Bryonia alba D 30 oder Taraxacum officinale D 30 unterstützt den Leberstoffwechsel, der hierbei besonders wichtig ist.

Der **Graue Star** oder **Cataracta** ist beim Pferd häufig angeboren, wobei Störungen in der Keimanlage selbst oder spätere Schädigungen der normal angelegten Linse zugrunde liegen können. Die angeborenen Linsentrübungen treten bei bestimmten Rassen oder Zuchtfamilien gehäuft auf. Es gilt hier, die genetisch belasteten Tiere aus der Zucht zu nehmen. Erkennbar ist die Erkrankung bei hellem Licht, wo weiße, u. U. auch schwarze oder braune Flecken auf der Linse zu sehen sind; manchmal sind es auch Trübungen in Form eines dreistrahligen Sternes. Je nach Ursache und Ausmaß des Grauen Stars kann operativ versucht werden, die Trübungen auf der Linse zu entfernen, ein Eingriff, der von wenigen Spezialisten erfolgreich durchgeführt wird. Da dies aber die absolute Ausnahme ist, gilt es, besonders beim sogenannten Altersstar, die Sehkraft solange es geht zu erhalten. Bewährt haben sich hierbei Gaben von 2× täglich Calcium fluoratum D 6, Natrium muraticum D 12 und Magnesium carbonicum D 6 über eine längere Zeit, was beim Bedarfsfall immer wieder zu wiederholen ist. Bei weißlicher Trübung kann man auch Causticum D 12, 1× täglich 1 Dosis über zwei bis drei Monate, und

Calcium carbonicum D 30, 1× 1 Dosis pro Woche geben. Besonders beim Altersstar tut Arsenicum album D 6 in täglich einmaliger Dosis gute Dienste, weil hierbei auch der Allgemeinzustand des Pferdes positiv beeinflußt wird.

Die **Ophthalmie**, die Vorverlagerung des Augapfels, wird meist durch Entzündungsprozesse in der Augenhöhle, Verletzungen im Augapfel, Karzinome der Lider und Nickhaut und Narbenbildung in den Nasennebenhöhlen ausgelöst. Die Vorverlagerung des Augapfels ist eine Folge der Drucksteigerung im Bulbus, die den größer gewordenen Augapfel gewissermaßen aus der Augenhöhle hervorquellen läßt. Hier kann man gut mit Belladonna D 30 und Phosphorus D 200 den Augendruck senken und die Ophthalmie, auch Exophthalmus genannt, überwinden. Sind Tumoren die Ursache, muß, wenn möglich, die Entfernung des tumorösen Gewebes vorgenommen werden, ein chirurgischer Eingriff, der bei Tumoren des Knochengewebes oder der Nasennebenhöhlen kaum möglich ist. Eine Therapie bleibt deshalb auf gut zugängliche Tumoren beschränkt. Tumoren, die auf den Augapfel übergegangen sind oder hinter dem Bulbus liegen, machen die Entfernung des Augapfels erforderlich, da sonst die Gefahr des Übergreifens auf das andere Auge besteht. Das Pferd verträgt die Entfernung eines Auges relativ gut und gewöhnt sich schnell an die veränderte Sehwinkeloptik.

Häufig kommen auch **entzündliche Prozesse an der Augenhöhle**, der Orbita, vor. Sie entstehen meist durch das Übergreifen entzündlicher oder eitriger Erkrankungen der Orbitaumgebung wie Nasen-, Kiefer- oder Stirnhöhlenkatarrh, bei Zahnerkrankungen, Entzündungen am Rachensegel oder dem Zahnfleisch. Durch das Venennetz im Orbitale, das mit dem Venennetz der Nase, der Nasennebenhöhle und der Mundhöhle in enger Verbindung steht, können sich solche Infektionen schnell auf die Augenhöhle ausbreiten. Es ist deshalb bei einem entzündlichen Prozeß an der Augenhöhle notwendig, immer auch die Nasenhöhle, die Nasennebenhöhle und die Mundhöhle zu untersuchen und auch einen Blick auf die Gesundheit der Zähne zu werfen. Auch hier gilt, daß vor jeder erfolgreichen Behandlung die primäre Ursache erkannt und beseitigt wird. Nur dann kann die Therapie erfolgreich sein.

Kommt es zu einer **Orbitalphlegmone**, ist durch das gemeinsame Venennetz die Gefahr für das Auge besonders groß. Es können schnell eitrige Einschmelzungen im Orbitalgewebe und ein Durchbruch in den *Sinus cavernosus* entstehen, was dann vielfach zum Verlust des Auges führt. Aber auch ohne diese Komplikation wird der Augapfel vorgedrängt, entstehen Schmerzen bei der Futteraufnahme, kann der Sehnerv eingeklemmt und die Blutzirkulation gestört werden, ja eine Thrombophlebitis entstehen. Homöopathisch kann hier Aluminia D 12 oder Phosphorus D 12, in bestimmten Fällen auch Rhus tox. helfen.

Erkrankungen in der Mundhöhle

Die Mundhöhle des Pferdes ist immer wieder von Entzündungen, Verletzungen und anderen Erkrankungen bedroht, nicht zuletzt durch unsachgemäße Aufzäumung und fehlerhaftes Futter.

An der blaßroten, aber gut durchbluteten Schleimhaut ist die **Schleimhautentzündung** oder **Stomatitis** das häufigste Krankheitsbild. Es kann sich dabei um eine Lippenentzündung, Zahnfleischentzündung, Zungenentzündung oder um eine Entzündung der Mandeln und des weichen Gaumens handeln. Die Ursache kann in physikalischen Faktoren durch traumatische, thermische, aktinische oder auch chemische, toxische und infektiöse Einflüsse liegen. Man erkennt die **Stomatitis** meist an Störungen der Futteraufnahme oder beim Kauen, aber auch durch ungewohnte Widersetzlichkeit beim Einlegen des Mundstückes der Trense oder Kandare, was dem Pferd einfach Schmerzen bereitet. Beim Blick in die Mundhöhle erkennt man dann eine fleckige oder diffuse Rötung, meist mit starker Schwellung der Schleimhäute, teilweise mit grauweißem Belag, der nicht selten übelriechend ist, und Ausfluß von Speichel und dem Sekret der Schleimdrüsen. Das Gaumensegel ist oft bis dreifingerdick geschwollen, und es können sich hanfkorn- und linsengroße Bläschen, oftmals mit Eiter, bilden, die sich zu kleinen Geschwüren entwickeln und dann narbig verheilen. Bei der Diagnosestellung darf man sich aber niemals auf die Untersuchung der Mundhöhle allein beschränken, sondern muß immer auch das Allgemeinbefinden beziehungsweise andere Erkrankungen des Pferdes mitbeachten, da diese Krankheit vielfach die Folge anderer, stoffwechselbedingter oder infektiöser Erkrankungen ist. Das bedeutet also: Es ist nach der Ursache der Stomatitis zu forschen, und sei es nur ein schlecht verschnalltes Mundstück oder unregelmäßige Zahnstellung, diese nach Möglichkeit abzustellen und damit den Weg für die gezielte Behandlung des Krankheitsbildes und die Heilung freizumachen. Gleichzeitig erfolgt eine Futterumstellung auf Kleietrank, eventuell Grünfutter und zartes Heu. Es ist zu prüfen, ob das Pferd infolge der Schmerzen die Selbsttränke bedienen kann, andernfalls ist frisches Wasser mehrmals täglich anzubieten. Es gilt auch, mit Spülungen die entzündete Schleimhaut zu beruhigen. Dazu läßt man mit Hilfe eines Irrigators frisches oder mit Essig angesäuertes Wasser langsam und vorsichtig in die Mundhöhle laufen. Dem Spülwasser kann auch 1%ige H_2O_2-Lösung zugesetzt werden. Bei Geschwürbildung ist eine Abätzung mit Argentum nitricum und anschließende Spülung mit 1%iger Kochsalzlösung angezeigt. Bewährt hat sich auch das Auspinseln der entzündeten Schleimhaut mit Salbeitee, wobei meist das Anlegen eines Maulgatters oder -keils notwendig ist. Bei Entzündungen im vorderen Mundbezirk kann man auch einen mit Salbeitee getränkten Knebel einführen, das Pferd bringt durch sein Kauen den Tee an die gewünschten Stellen. Wichtig ist aber bei allen Entzündungen im Mundbereich, möglichst schnell tierärztlich die Ursache festzustellen, da oft massive Infektionen dahinterstehen und es bei starken Schwellungen, besonders am Gaumensegel, auch zu Atemnot und eventuell zu Erstickungsgefahr kommen kann.

Homöopathisch gibt man bei Fieber im frühen Stadium Belladonna D 6 4× im Abstand von 1 Stunde. Bei reichlichem Speichelfluß mit Eiterabsonderung ist Mercurius solubilis D 8, 3× täglich 20 Tropfen, das Mittel der Wahl. Im Anschluß daran kann man mit Borax D 4, 4× täglich 1 Dosis, eventuelle Schleimhautgeschwüre behandeln. Sind diese über größere Flächen ausgedehnt, tiefgreifend und übelriechend, deutet dies oftmals auf eine organische Erkrankung, z. B. der Nierenfunktion, hin, so daß über die lokale Behandlung in der Mundhöhle die allgemeine Stoffwechsellage in Ordnung gebracht werden muß. Hier tut Kreosotum, der Buchenholzkreosot, in der Anwendung 4× täglich 1 Dosis Kreosotum D 4, gute Dienste. Ist das Zahnfleisch ödematös entzündet, kann die Ursache in rauhem, scharfkantigem oder auch schimmligem Futter liegen. Auch saure Gräser, Chemikalien, Belecken von Körperteilen, die mit scharfen Medikamenten, zum Beispiel Blister, eingerieben wurden, aber auch ständige Reizungen durch Zahnspitzen usw. können zu solchen Symptomen führen. Hier hilft 4× 1 Dosis Apis D 4 täglich und führt besonders die sehr schmerzhafte Berührungsempfindlichkeit zurück. Ist die Schleimhaut spröde und eher trocken, kann Belladonna D 6 und gegen das meist in diesem Stadium auftretende hohe Fieber Aconitum D 6, 4× stündlich, helfen.

Bei den meisten Entzündungen in der Mundhöhle ist die Zunge mit betroffen. Dieses **Glossitis** benannte Krankheitsbild zeigt sich in der Freßunlust, in der schmerzhaften Bewegungseinschränkung der Zunge beim Kauakt, wo die Bissen nicht genügend seitlich verschoben oder durch Druck auf den Gaumen abgeschluckt werden können. Das Futter fällt deshalb oftmals wieder aus der Mundhöhle, und der Pfleger sieht im Trog stark eingespeichelte Futterbrokken liegen. Der typische Speichelfluß fällt dabei als erstes auf. Sind in der Zunge tiefere Querwunden, liegt die Zungenspitze manchmal zwischen den Schneidezähnen, und es kann leicht zur Zungenphlegmone kommen. Die Zunge schwillt dann stark an und quillt bis Handbreit aus der geöffneten Mundhöhle. Man kann Blutergüsse, Wunden, Drucknekrosen oder Geschwüre durch Schneide- und Backenzähne leicht erkennen. Die Atmung ist erschwert, und es kann zum Fehlschlucken in die Luftröhre mit nachfolgender Abschluckpneumonie kommen.

Die Ursachen solcher Zungenentzündungen sind vielschichtig. Neben dem Übergreifen der Mundschleimhautentzündung auf die Zunge sind Infektionskrankheiten wie Petechialfieber, Verletzungen, z. B. durch scharfe Gebisse, Zahnschäden und -anomalien und ungeeignetes Futter, ja sogar manchmal Fremdkörper wie kleine Drahtstücke, daran beteiligt. Wie immer müssen deshalb Fütterung und Pflege überprüft werden. Häufig sind auch scharfe Beschläge und Blechteile an der Futterkrippe die Ursache. Es kommt auch vor, daß Pferde bei anstrengenden Geländeritten die Zunge heraushängen lassen und bei einem Sturz abbeißen, was die gekonnte chirurgische Versorgung der Amputationsstelle erfordert. Scharfkantige spitze Zähne, Zahnfrakturen, Scherengebiß und wackelnde Zähne sind häufige Ursachen von Zungenverletzungen, die Entzündungen und Phlegmonen bis hin zu Zungenlähmungen auslösen können. Hier sollte immer tierärztliche Hilfe den Grad der Zungenerkrankung feststellen, da die Zunge ein wichtiges Organ der Nahrungsaufnahme und des Stoffwechsels ist. Ist eine Amputation von Teilen der Zunge erforderlich, lernen die Pferde relativ schnell, mit dem Zungenstummel die Nahrung aufzunehmen. Sind die Entzündungsschwellungen an der Zunge und in der Mundhöhle so stark, daß Atemnot entsteht, kann es möglich werden, einen Luftröhrenschnitt durchzuführen und einen Tracheotubus einzusetzen. Homöopathisch hilft die Gabe von Mercurius solubilis D 30, 3mal täglich je 20 Tropfen 2 Tage lang. Wichtig ist aber auch die Tetanusimpfung, wenn der Impfpaß nicht einen wirksamen Tetanusschutz nachweist. Die Gabe von 3× täglich 1 Dosis Apis D 4 kann die Schmerzhaftigkeit lindern. Greift die Entzündung der Mundhöhle auf die Ohrspeicheldrüsen über, helfen mit Schöllkraut oder Zinnkrautpulver und Gaben von Aconitum D 6 und Mercurius corrosivus D 6, die meist vorhandenen Schluckbeschwerden zu lindern; die Dosis ist dabei 3× täglich 20 Tropfen 3 Tage lang. Ist der Rachenraum stark entzündet, helfen Phytolacca D 6, 3× täglich 20 Tropfen, 4 Tage lang, und Silicea D 12. Sind die Lymphknoten im Rachenbereich geschwollen, gibt man Hepar sulfuris D 6.

Schlundverstopfungen, Schlundkrampf, Schlundlähmungen: Der Schlund beim Pferd ist nicht unproblematisch. Er ist sehr lang und hat einen verhältnismäßig schmalen Durchmesser. Dadurch kommt es immer wieder zur **Schlundverstopfung.** Schuld daran ist oft der Pferdehalter oder -pfleger. Falsche Fütterung, wie z. B. Rübenschnitzel in größerer Menge, oder zu kurze Zeit für die Fütterung, oder das Zusammenstellen futterneidischer Pferde, die sich gegenseitig zum hastigen Fressen anspornen, oder die Gabe abschluckgroßer Rübenbrokken, die nicht mehr gekaut, sondern gierig hinuntergeschluckt werden – all dies führt dazu, daß das Futter von den Tieren nicht genügend eingespeichelt wird

und im engen Schlund stecken bleiben kann. Der Abschluckvorgang wird gestört, der Schlund beginnt anzuschwellen, das falsche Futter schwillt zu einem Pfropf an, wie z. B. bei Rübenschnitzeln, der dann den Schlund fest verschließt. Die Pferde schütteln den Kopf, versuchen den Pfropf herauszuwürgen, husten, speicheln, werden unruhig, haben kolikartige Erscheinungen, geraten in Angstzustände und kommen, wenn dieser Zustand lange genug dauert, in ein lebensbedrohliches Stadium. Schnelle tierärztliche Hilfe ist unerläßlich, damit schwere Entzündungen im Schlund die Heilung nicht erschweren oder das Tier Speichel in die Luftröhre abschluckt, wodurch eine Abschluckpneumonie ausgelöst werden kann.

Auch hier ist eben Vorbeugen besser als Heilen. Sorgfältige Fütterung und Aufstellung, Rüben ganz geben oder gut zerkleinern, Obstgärten zur Fallobstzeit nicht beweiden sind einige Dinge, die zu beachten sind.

Ist die Schlundschleimhaut nach der Entfernung des Fremdkörpers stark entzündet, empfiehlt es sich, Leinsamenschleim zu geben und fieberhafte Zustände mit Aconitum D 4 oder Belladonna anzugehen. Wichtig ist auch, daß die Wasseraufnahme so schnell wie möglich wieder in Gang kommt und mögliche Entzündungsherde im Lymphgefäßsystem, als Folge der Schlundverstopfung, mit Gaben von 3× täglich 20 Tropfen Alumina D 6 oder Lachesis D 30 in der Dosis 2× täglich 10 Tropfen über 3 bis 4 Tage anzugehen.

Kommt es zu einem **Schlundkrampf,** ist es wichtig, breiiges, gut abschluckbares Futter zu geben und mit Ignatia D 6 oder Asa foetida D 6 die Verkrampfung zu lösen. Ist das Nervensystem dabei beteiligt und ergibt sich eine **Schlund-lähmung**, wird der Zustand des Pferdes kritisch, in vielen Fällen ist eine Heilung dann nicht mehr möglich.

Krankheiten der Zähne

Das Gebiß des Pferdes hat eine wichtige Funktion für die Gesundheit und den Stoffwechsel. Viele Erkrankungen gehen auf fehlerhafte und kranke Zähne zurück. Das fängt bei der **Zahnsteinbildung** an und geht bis zur **Zahnfraktur**. Die **Zahnfachentzündung**, eine vielfach eitrige Entzündung des Halteapparates der Zähne, kann leicht auf die Zähne selbst übergreifen. Sie geht mit deutlichen Störungen des Allgemeinbefindens einher. Das erkrankte Pferd frißt extrem langsam und magert stark ab. Das Haarkleid wird stumpf und struppig. Die Leistung läßt nach, und das Tier kommt schnell ins Schwitzen. Der Haarwechsel verzögert sich oder bleibt aus. Magen- und Darmstörungen, Darmentzündungen und häufige Koliken sind die Folge.
Es gilt, die Zwischenzahnbereiche und Zahnfächer von eingekautem Futter und Faserbüscheln zu reinigen und mit Salbeitee zu spülen. Besserung bringen auch das Auspinseln mit essigsaurer Tonerde und die Gabe von Mercurius solubilis D 8, 2× täglich eine Dosis. Vor allem muß aber das Futter überprüft werden, das heißt, grannenreiches Futter ganz vermeiden und auf weiche Melassefütterung verzichten, da diese leicht zu zersetzenden Prozessen zwischen den Zähnen führen kann und die Infektionsgefahr durch Bakterien fördert. Ist jedoch der Prozeß schon zu weit fortgeschritten, muß der erkrankte Zahn fachgerecht entfernt werden.

Andere Erkrankungen der Zähne, wie die Entzündung der Zahnpulpa, die **Pulpitis**, die **Zahnfraktur**, die **Zahnfäule** oder Gebißfehler wie das **Karpfen-** und **Hechtgebiß**, die Überzahl von Zähnen, **Polidontie** genannt, die Verminderung der Zahnzahl, **Oligodontie** genannt, oder die abnorme Abnützung der Schneidezähne, zum Beispiel beim **Koppergebiß** oder dem **Wetzergebiß**, wo die Pferde durch ständiges Beißen und Reiben der Zähne am Krippen- oder Barrenrand sich die Zahnflächen abschleifen, müssen durch geeignete dentale Maßnahmen behandelt und unterbunden werden. Die im Umfeld der Zähne entstehenden Entzündungsvorgänge lassen sich durch die Gabe von Mercurius solubilis D 30 und Spülungen mit Salbeitee heilend beeinflussen; natürlich ist es wichtig, daß die Ursachen zu diesen Entzündungen beseitigt werden. Auch hier spielen die Haltung, Fütterung und Pflege eine wichtige Rolle und besonders, daß in der Zeit des **Zahnwechsels** das Gebiß und die Fütterung entsprechend überprüft wird.

Erkrankungen der Atemwege

Von den vielfältigen Erkrankungen der Atemwege sollen nur die angesprochen werden, die immer wieder gehäuft auftreten und vom Pferdehalter und -pfleger durch ihre typischen Symptome leicht zu erkennen sind. Beginnen wir mit dem **Nasenbluten**, der **Rhinorrhagie**. Das Nasenbluten kann einmalig, spontan, anfallsweise oder immer wiederkehrend sein. Es kann durch übergroße Anstrengungen, durch Verletzungen am Siebbein sowie durch Verletzungen und

Quetschungen im Bereich der Nasen- und Kieferhöhlen entstehen. Auch können Polypen oder Geschwülste an der Nasenschleimhaut die Ursache sein. Häufig entsteht Nasenbluten durch eingedrungene Fremdkörper. Bei Rennpferden kommt es zu rezidivierenden Blutungen durch angeborenen Fibrinogenmangel, also Störungen in der Gerinnungsfähigkeit des Blutes, die sich bei schnellerer Gangart im Abatmen feinster Bluttröpfchen aus beiden Nüstern äußert. Der Blutverlust beim Nasenbluten ist schwer einzuschätzen, da ein Teil des Blutes abgeschluckt wird. Es ist aber durchaus möglich, daß ein Pferd dabei in 15 Minuten bis zu 1 Liter Blut verliert, ja eine Blutung zum Tode führen kann. Als Erste Hilfe muß man das Pferd völlig ruhigstellen und den Kopf in angewinkeltem Zustand hoch halten. Hebt man nur die Nase an, besteht die Gefahr, daß Blut in die Luftröhre und Lunge gelangt und dort unter Umständen eine Abschluckpneumonie entstehen kann. Homöopathisch helfen Hamamelis D 3 und kühle Umschläge mit Zinnkrautabsud und kaltem Wasser.

Der **Nasenkatarrh**, die **Rhinitis**, tritt häufig als Begleiterscheinung von Erkrankungen der Atemwege auf, aber auch durch Staub oder eingedrungene Fremdkörper. Wässriger oder schleimiger Nasenausfluß sind die deutlichsten Symptome. In vielen Fällen heilt eine Rhinitis von alleine wieder aus; trotzdem ist Vorsicht geboten, da sie auch der Beginn einer schweren Infektionskrankheit wie Druse oder Pferde-Influenza sein kann. Wichtig ist, das Pferd im gut gelüfteten, zugfreien Stall zu halten und möglichst aus einem tief gestellten Trog zu füttern, um den Nasenausfluß zu begünstigen. Bei gutem Wetter ist Weide-

gang angezeigt. Schleimlösende Inhalationen mit ätherischen Ölen helfen, die Atemwege frei zu machen. Wichtig ist dabei vor allem die staubfreie Fütterung, das heißt, nur angefeuchtetes Heu geben und die Boxeneinstreu durch feuchte Sägespäne oder Torf ersetzen. Dabei soll auch die Stallgasse vor dem Fegen angefeuchtet werden, um wenig Staub aufzuwirbeln. Ist das Allgemeinbefinden nicht gestört, kann man das Pferd im Schritt bewegen.

Der **Katarrh der Kiefer- und Stirnhöhle**, Sinusitis maxillaris et frontalis, ist entweder angeboren oder entsteht meistens nach Katarrhen der Nasenschleimhäute. Dabei verkleben sich die schmalen Verbindungsöffnungen zwischen den Nasengängen und der Kieferhöhle, und es kommt zu chronischen Entzündungsprozessen, bei denen die Knochentrennwände schwer erkranken können, bis hin zur Zerstörung des Knochengewebes. Die Behandlung besteht darin, das erkrankte bzw. zerstörte Gewebe chirurgisch zu entfernen, die Höhlenflüssigkeit abzusaugen und die geschädigte Schleimhaut zu heilen. Hier ist Salbeitee ein geeignetes Spülmittel, wirken Eukalyptus- und Kamillendämpfe schleimlösend und hilft Kalium chlor. D 4, 3× täglich 20 Tropfen, in chronischen Fällen Cinnabaris D 4, den Entzündungsprozeß abzubauen. Zusätzlich kann man Echinacea D 4 und in chronischen Fällen Mercurius sublimatus ruber D 12 geben. Auf keinen Fall darf man aber einen eitrigen Katarrh der Kiefer- und Stirnhöhle unbehandelt lassen, da sonst leicht bakterielle Herzmuskelentzündungen und Nierenschäden als Folgeerkrankung ausgelöst werden können. Die tierärztliche Untersuchung und notfalls Trepanation ist deshalb unumgänglich.

Es muß auch als ein Verstoß gegen den Tierschutz angesehen werden, wenn ein Tierbesitzer eine solche Erkrankung so lange unbehandelt anstehen läßt, bis sich durch Eiterungen die Knochen des Gesichtsschädels verändern oder eine erhebliche Atembehinderung mit schleimig-blutig-eitrigem Ausfluß aus den Nüstern entsteht.

Die schnellstmögliche Behandlung ist auch deshalb wichtig, weil neben den erwähnten Herz- und Nierenkomplikationen auch leicht Erkrankungen weiterer Organe in den Luftwegen ausgelöst werden können. Fast immer sind hierbei die **Lymphknoten** beteiligt, die um ein Mehrfaches ihrer natürlichen Größe anschwellen können. Hier kann Echinacea D 1–D 3 helfen und die Gabe von Mercurius solubilis, im chronischen Stadium Jodum D 30.

Das **Kehlkopfpfeifen** wird in der Kaiserlichen Verordnung als Hauptmangel beim Pferd aufgeführt. Es ist eine Erkrankung, die im schweren Stadium zur Unbrauchbarkeit als Reitpferd führt, wobei der Leistungsabfall jeweils vom Grad der Erkrankung abhängig ist. Die Ursache liegt in einer Lähmung oder teilweisen Lähmung des *Nervus laryngeus recurrens*, der die kehlkopfeigenen Muskeln versorgt. Es entsteht dadurch eine Atrophie der Kehlkopfmuskeln, was zum Einsinken eines oder beider Laryngsknorpel in das Kehlkopflumen und zur Funktionsuntüchtigkeit eines oder beider Stimmbänder führt. Die Folge ist eine Atmungsverengung mit Atemnot bei schnellerer Gangart und dem typischen Kehlkopfpfeifen oder Rohren. Das Kehlkopfpfeifen ist meist eine Erkrankung größerer Pferderassen; bei Kleinpferden und Ponys ist es so gut wie unbekannt. Die Krankheit spielt bei Sportpferden eine große Rolle, und es sind meist gerade jüngere Pferde, die daran erkranken. Meist ist die Lähmung der Stimmbänder einseitig, was jedoch genügt, die negativen Folgen für den Gebrauch als Reit- und Turnierpferd in Erscheinung treten zu lassen.

Die Ursachen sind unterschiedlich. Man nimmt an, daß besonders bei großen Pferden die auf den Nerv einwirkenden Dehnungskräfte die Erkrankungsbereitschaft begünstigen. Die Aufnahme von Giftpflanzen oder auch Bleivergiftungen können ebenfalls eine Nervenlähmung auslösen. Die zuvor beschriebenen Luftsackmykosen können nicht nur den *Nervus vagus*, sondern auch den Rekurrensnerv schädigen und das Kehlkopfpfeifen verursachen. Streptokokkeninfektionen, Druse, Katarrhe der oberen Luftwege zählen zu den häufigsten Auslösern von Kehlkopfpfeifen beim Pferd. Auch starkes Überdehnen des Halses bei Kolikschmerzen wurde schon als Ursache von spontan aufgetretenem Kehlkopfpfeifen registriert.

Die Behandlung ist problematisch. Bei akuter Atemnot ist ein Luftröhrenschnitt mit Einlegen eines Tracheotubus notwendig. Die chirurgische Laryngoplastik, das heißt, den gelähmten Laryngsknorpel in der Abduktionsstellung zu fixieren, ist in Verbindung mit der Ventrikelektomie eine brauchbare Operationsmethode zur Überwindung des Kehlkopfpfeifens, die in über 80% der Fälle erfolgreich ist. Die begleitenden

Oben links: Aconitum napellus (Eisenhut)
Oben rechts: Aristolochia clematitis (Osterluzei)
Unten links: Arnica montana (Bergwohlverleih)
Unten rechts: Atropa belladonna (Tollkirsche)

Entzündungsvorgänge kann man mit Mercurius solubilis D 6 positiv beeinflussen.

Das **Lungenemphysem, Lungendampf** oder **Dämpfigkeit** genannt, ist ebenfalls ein Hauptmangel beim Pferd im Sinne der Kaiserlichen Verordnung. Durch Platzen der Lungenbläschen bilden sich größere Kavernen, und die Oberfläche, die den Sauerstoff aufnimmt, nimmt entsprechend ab. Das Pferd ist deshalb gezwungen, schneller und schärfer zu atmen, um genügend Sauerstoff in die Blutbahn aufzunehmen. Je nach dem Grad des Lungenemphysems und abhängig vom Sauerstoffbedarf wird die Atmung forciert. Beim Galopp kommt es unter Umständen zu extrem kurzer Atemfrequenz, bis hin zum Zusammenbruch.

Da die Atmung mittels des Brustkorbes vielfach nicht mehr ausreicht, kommt es zu Bauchatmung. In chronischen Fällen bilden sich sogenannte Dampfrinnen. Die Ursache der Dämpfigkeit liegt meist in einer chronisch obstruktiven Bronchitis und Mikrobronchitis. Neben der strengen Atmung ist der chronische Husten das auffälligste Symptom. Besonders bei staubigem oder gar schimmligem Stroh, bei staubigem Stall oder staubiger Reitbahn wird vermehrter Husten ausgelöst. In schweren Fällen sind beim Einatmen die Nüstern weit aufgerissen, das Pferd blickt ängstlich, steht oft mit lang nach vorn gestrecktem Hals und zeigt beim Ausatmen das sogenannte Afteratmen.

Wenn die Bronchien durch schleimige Exsudatmassen verstopft sind, die Bronchialschleimhaut entzündlich geschwollen ist, wird der Querschnitt der Bronchien verkleinert und der Lufteintritt erschwert. Das Restvolumen der Lun-

genalveolen vergrößert sich bei der extremen Atmung, überdehnt sich, wie auch die Lungenkapillaren, wodurch die Atmungsoberfläche verkleinert und der Gasaustausch vermindert wird. Dieser komplizierte, hier nur sehr vereinfacht dargestellte physiologische Vorgang führt zu einer nachlassenden Elastizität der Lunge, die nicht mehr in der Lage ist, den Schleim auszustoßen. Es kommt zu erhöhten Krampfzuständen der Bronchien, immer mehr Bronchioli füllen sich mit zähem Schleim, es entstehen Einrisse in den Wänden der Lungenalveolen, Bakterien und Pilze siedeln sich an, und die Dämpfigkeit nimmt ihren Lauf bis zum bitteren Ende.

Eine Heilung ist nur im Anfangsstadium möglich. Auch hier spielen die Haltung und Fütterung eine entscheidende Rolle. Verschleppte Influenzainfektionen, ungenügende Ruhigstellung, staubige Einstreu, schlechtes, vor allem sporiges Futter, zugiger Stall, Klimaschwankungen und schlechte Hygiene erschweren die Ausheilung der Erkrankung und lassen sie in ein chronisches Stadium treten. Ist erst einmal eine Schädigung im Sinne einer Dämpfigkeit entstanden, kann mit einer Heilung nur noch in Ausnahmefällen gerechnet werden. Cortison-Antibiotikabehandlung bringt meist nur vorübergehende Besserung. Infusionen mit Kochsalzlösung können nur helfen, wenn das Lungenemphysem noch nicht stark entwickelt ist. Das gleiche gilt für die Inhalationstherapie. Auch die homöopathische Behandlung hat ihre Grenzen, obwohl sie teilweise erstaunliche Wirkungen auf die Funktion der Lungenalveolen hat.

Die Gabe von Acidum formicicum D 6 in die Nervenpunkte auf beiden Seiten des Widerristes, unterstützt durch Verabreichung von Kalium arsenicum D 4 und Veratrum album D 4 macht die Bronchien frei. Durch Silicea D 30 wird die Regeneration der Schleimhäute in der Lunge angeregt. Mit Crataegus oder Laurocerasus unterstützt man die sehr belastete Herztätigkeit. Das klinisch manifeste, pathologisch-anatomisch bestehende Lungenemphysem kann aber nicht mehr ausheilen. Schon aus diesem Grunde ist es angezeigt, grundsätzlich alle Sportpferde einer Influenzaschutzimpfung zu unterziehen, da in den allermeisten Fällen die Dämpfigkeit als Folge nicht ausgeheilter Influenzaerkrankungen auftritt. Gleichzeitig muß immer wieder darauf hingewiesen werden, wie wichtig der gesunde Stall, das geeignete Futter und die richtige Pflege bei der Vorbeuge gegen Dämpfigkeit sind, eine Tatsache, die angesichts der vielen tausend Pferde, die Jahr für Jahr wegen Dämpfigkeit notgetötet werden müssen, nicht deutlich genug immer wieder angemahnt werden kann.

Die **Bronchitis** ist Teil dieser Entzündungsprozesse in den Atmungsorganen, gekennzeichnet mit entzündlichen Veränderungen des Bronchialbaumes. Meist beginnt sie mit trockenem, schmerzhaftem Husten, dem nach wenigen Tagen schleimiger Nasenausfluß folgt. Die Temperatur liegt, ausgenommen vom akuten Herpesvirusinfekt, bei dem schnell 40 bis 42° C erreicht werden, meist bei 38 bis 39,5 °C. Die krank machenden Keime werden primär von der Bronchialschleimhaut fixiert und von deren lymphatischem System vernichtet. Ist die Abwehr ungenügend, wozu Haltungsfehler und mangelnde Stallhygiene beitragen können, wird das wichtige Flimmerepithel der Bronchialschleimhaut geschädigt, die Keime dringen in die Submukosa

vor, vermehren sich schnell, Sekundärinfektionen und Pilzinvasionen können dazu kommen, und die chronische Bronchitis als Eingangsstufe zur Dämpfigkeit ist im Kommen.

Homöopathisch gibt man im beginnenden Stadium Aconitum D 4 oder Lachesis D 8 als spezifisches Fiebermittel. Zur Bekämpfung des Hustens ist Kalium jodatum D 3 angezeigt, 3× täglich 20 Tropfen. Den Sekretabfluß kann man mit der Gabe von Silicea D 4 und Kalium sulfuricum D 8 behandeln, und nach dem Abklingen des Fiebers ist Sulfur D 30, täglich 1× über 5 Tage, angezeigt. Angefeuchtetes Heu, staubfreie Einstreu, frische, zugfreie Stalluft, Weidegang bei gutem Wetter und Inhalationen mit Heublumen, Kamille oder ätherischen Ölen unterstützen diese Behandlung.

Von der Bronchitis zur **Pneumonie**, der **Lungenentzündung**, ist kein weiter Weg. Häufig gehen der Lungenentzündung eine andere Erkrankung der Atemwege wie Bronchitis oder Infektionskrankheiten wie Druse voraus. Erstes Symptom ist die vorsichtige, schmerzhaft erscheinende, beschleunigte Atmung. Die Temperatur ist stets deutlich erhöht, oft über 40° C, und die Pulsfrequenz liegt bei über 50 Schlägen in der Minute. Die Atemgeräusche sind oftmals deutlich als typische Rasseltöne zu hören. Durch die Entzündung entsteht Atemnot, und infolge des meist vorhandenen akuten Sauerstoffmangels treten vielmals erhebliche Kreislaufstörungen auf. Begleiterscheinungen sind Freßunlust, Mattigkeit, Schwäche und deutlich gestörtes Allgemeinbefinden. In vielen Fällen ist die Lungenentzündung von wäßrigem, schleimigem bis eitrigem Nasenausfluß begleitet.

Eine Pneumonie ist immer eine lebensbedrohende Erkrankung. Auf schnelle tierärztliche Hilfe darf man nicht verzichten. In der Regel ist ein gezielter Antibiotikaeinsatz notwendig. Aconitum als Fiebermittel und Acidum sulfuricum D 4 sowie Phosphorus D 6 als Hustenmittel, unter Umständen abwechselnd mit Bryonia D 6, sind angezeigt. Die Sekretabfuhr fördert die 2malige Gabe von Ammonium jodatum D 6.

In vielen Fällen kommt es zu Komplikationen, wobei die **Pleuritis**, die **Brustfellentzündung**, besonders schwerwiegend sein kann. Meist tritt sie bei verschleppten Pneumonien auf und zeigt sich im Wiederanstieg der Temperatur über 40° C, in der deutlichen Verschlechterung des Allgemeinzustandes, in der beschleunigten, aber nur oberflächlichen Atmung und in kurzem, schmerzhaftem Husten. Die Lidbindehäute sind meist verwaschen grau bis blutunterlaufen, und der Puls ist deutlich erhöht. Es kommt in schweren Fällen zu einer deutlichen Stauung der Drosselvene und nur noch schwach hörbaren Herztönen. Pferde mit einer ausgeprägten Pleuritis legen sich oftmals nicht mehr hin, weil sie dadurch erhebliche Druckschmerzen erleiden. Als Folge stellt sich oft ein Ödem an der Unterbrust ein, und die Vorderbeine schwellen an. Die Heilungsaussichten hängen vom Grad der Brustfellentzündung ab. Solange es sich um eingegrenzte Entzündungsherde handelt und keine bakterielle Infektion vorhanden ist, kann eine Heilung innerhalb von 14 Tagen möglich sein. Sind jedoch große Flächen des Brustfells entzündet, haben sich eine massive Exsudation und erhebliche Ödeme gebildet, ist in vielen Fällen der Kreislauf so stark belastet, daß mit einem Kreislaufkollaps und dem Tod zu rechnen ist.

Als Behandlung ist die Stützung der Abwehrkräfte besonders wichtig. Homöopathisch ist hierbei Hepar sulfuris D 3 oder Kalium sulfuricum D 6, 3× täglich 20 Tropfen, angezeigt. Bei einsetzender Heilung gibt man 10 Tage lang Sulfur D 30. Natürlich sind staubfreie, gute Stalluft und staubfreie Streu wichtige Haltungsvoraussetzungen. Der Patient muß warm eingedeckt werden, jedoch ohne zu schwitzen; gut bewährt haben sich dabei immer wieder Prießnitzwickel um die ganze Brust. Zur Nachbehandlung eignet sich Silicea D 30 und zusätzlich Crataegus oder Laurocerasus, um die Herzfunktion zu unterstützen.

Hier soll auch noch ein Wort über die **Druse** gesagt werden, obwohl diese Krankheit keine spezifische Erkrankung der Atemwege ist, sondern eine allgemeine Infektionskrankheit, die sich aber hauptsächlich auch in Form einer katarrhalisch-eitrigen Entzündung der oberen Luftwege abspielt. Typisch ist hierbei die starke Schwellung und Vereiterung der regionalen Lymphknoten. Am häufigsten erkranken Fohlen an der Druse. Sie sind dabei völlig apathisch, haben Temperaturen zwischen 40 und 41,5° C, fressen fast nichts mehr, zeigen vielfach trockenen Husten, gestreckte Kopfhaltung, starken Nasenausfluß und eben die erwähnte starke Schwellung der Lymphknoten. Diese können ihren Eiter in den Rachenraum absondern und dadurch gefährliche Lungenentzündungen hervorrufen. Die Virulenz der Druseerreger ist sehr groß, so daß andere Pferde leicht angesteckt werden und die Krankheit in Form einer Seuche verläuft. Beim Pferdekauf ist deshalb streng darauf zu achten, daß der Händlerstall nicht mit *Streptococcus equi* verseucht ist.

Zeigt sich der Verdacht auf eine Druseinfektion, sind so früh wie möglich hohe Dosen (2× täglich 4 Mio. I. E.) Penicillin und Sulfonamide (2× täglich 4 g) einzusetzen, um eitrige Einschmelzungen und die Gefahr von Metastasierung zu vermeiden. Homöopathisch ist Phytolacca D 30, 3× täglich über mehrere Tage, angezeigt.

Erkrankungen des Luftsacks

Ein gefährdetes Organ ist dabei der **Luftsack** des Pferdes, der durch Katarrhe der oberen Luftwege, aber auch durch Infektionskrankheiten wie Druse schwer geschädigt werden kann. Wir kennen den **Luftsackkatarrh**, bei dem die Luftsackschleimhaut akut oder chronisch entzündet ist, die **Pneumatose des Luftsacks**, bei der eine Ansammlung von Luft oder Gas den Luftsack ballonartig auftreibt, das **Luftsackemphysem**, bei dem sich als Folge eines Luftsackkatarrhs dieser mit eitrigem Schleim gefüllt hat, die **Luftsacksteine**, die aus serös-schleimigem Luftsackinhalt entstehen können, die **Luftsackmykose**, bei der sich in dem entzündeten Luftsack verschiedene Pilze ansiedeln können, die die Schleimhaut sehr schwer schädigen und auch auf größere Blutgefäße übergreifen können. **Tumoren im Luftsack** sind dagegen selten und treten am ehesten bei hellhäutigen Pferden auf, vor allem bei Schimmeln, die zu Melanomen neigen. Die Heilungsmöglichkeiten sind dabei sehr eingeschränkt, da die operative Entfernung aufgrund der anatomischen Verhältnisse kaum möglich ist. Bei Früherkennung hat sich als Mittel zur Hemmung des Tumorwachstums die zweimal wöchentliche Injektion von Ney-Tumorin bewährt.

Erkrankungen der Verdauungsorgane

Die **Gastritis**, der **Magenkatarrh**, ist beim Pferd dort zu finden, wo die Fütterung und Aufstallung nicht in Ordnung ist. Sie zeigt sich in einer Entzündung der Magenschleimhaut, verbunden mit Hyperämie und Ödembildung. Die Folge sind eine Hemmung der Magensaftsekretion und vermehrte Schleimbildung. Der saure Magensaft kann alkalisch werden und seine wichtige Funktion bei der Vorverdauung nicht mehr ausüben. Die Magenschleimhaut kann so stark geschädigt werden, daß sich Geschwüre bilden und es zu, zum Teil starken, Blutungen kommt. Eine Ursache ist auch durch den Befall mit Parasiten wie Gastrophilus zu sehen, die die Magenschleimhaut so stark schädigen, daß sich Blutungen, Geschwüre und Vernarbungen entwickeln können.

Man erkennt den akuten Magenkatarrh an der mangelnden Futteraufnahme, an vermehrtem Lecken, häufigem Gähnen und Flehmen und dem üblen Mundgeruch. Auch breiiger, dunkler, mitunter blutiger Kot kann auf eine Gastritis hinweisen.

Bei der Therapie gilt es wie immer die Ursachen abzustellen. Liegen diese in mangelhafter Fütterung, so ist hier anzusetzen. Futter muß gut verdaulich sein und einen entsprechenden Gehalt an Nährstoffen enthalten; es muß vor allem dem Pferdetyp und den an ihn gestellten Anforderungen entsprechen. Für ein Islandpony reicht Weidegang aus. Heu und Hafer lassen es fett werden, mit allen sich daraus ergebenden Folgen für den Stoffwechsel, den Kreislauf, die Leistungsfähigkeit usw. Ein hochgezüchteter Andalusier benötigt hochwertiges Kraftfutter wie Hafer. Magen und Darm des Pferdes sind für bestimmte Futterarten entwickelt. Rauhfutter ist für Pferde nahezu unentbehrlich, erfordert aber entsprechende Futterzeiten zum Kauen, Einspeicheln und Verdauen. Der kleine Pferdemagen darf nicht überfüttert werden, das heißt dreimal täglich füttern. Futterumstellungen, wie vom Grünfutter beim Weidegang auf Trockenfutter bei der Stallhaltung, dürfen nie abrupt, sondern über mehrere Tage verteilt erfolgen. Gutes Stroh, Heu und Hafer sind immer noch das natürlichste Futter des Reit- und Gespannpferdes, wobei die Futteraufnahmezeiten von 45 Minuten für das Rauhfutter und 15 Minuten für Hafer eingehalten werden sollten. Das heute vielfach angebotene Fertig- oder Alleinfutter bedarf der Gewöhnung. Die Pellets dürfen nicht zu fein gemahlen und zu klein sein, da sie sonst leicht Verdauungsträgheit und Koliken auslösen können. Die Peristaltik vermindert sich, das Sättigkeitsgefühl nimmt ab, der physiologische Verdauungsvorgang wird teilweise eingeschränkt. Ein weiterer Nachteil: Man sieht dem Fertigfutter seine Qualität und seinen Nährstoffgehalt nicht an, während der Kenner die Güte von Heu, Stroh und Hafer gut einschätzen kann. Noch ein Gesichtspunkt ist wichtig. Das moderne Reitpferd steht fast 22 Stunden am Tag in der Box. Bei guter Stroheinstreu ist es lange Zeit davon mit der gemächlichen Strohaufnahme beschäftigt. Die Rohfaser regt den Verdauungsvorgang im Dickdarm an und fördert den Grad der Futterverwertung. Pellets verkürzen die Futterzeiten ungemein. Die Unterbeschäftigung und Langeweile des Pferdes führt zu Untugenden wie Benagen der Boxenwände, Scharren, Weben und Ablecken des Fells. Der unterforderte Darm führt in vielen Fällen zu Freßunlust, Leistungsschwäche, Darmträgheit, Verstopfungen oder auch Durchfall. Deshalb plädiere ich auch heute noch für die klassische Pferdefütterung mit Hafer, Heu und Stroh.

Die wichtigste therapeutische Maßnahme bei der Gastritis des Pferdes ist die Entleerung und Ruhigstellung des Magens. Zwei Tage keine Fütterung, Gaben von Glaubersalz oder Karlsbader Salz in Leinsamenschleim unterstützen den Erfolg dabei. Nach zwei Tagen mit gutem Heu oder leichtverdaulichem Grünfutter wieder beginnen. Wichtig ist dabei, die jeweilige Dosis klein zu halten und öfter zu füttern. Nux vomica D 6, 2× täglich 1 Dosis, entkrampft und stabilisiert die Funktion der Magenschleimhaut. Ist die Gastritis mit einer Verdauungsträgheit verbunden, normalisiert die Gabe von Lycopodium D 10 den Kotabsatz.

Die **Enteritis** oder **katarrhalische Entzündung des Darmes** tritt in den verschiedensten Erscheinungsformen und durch unterschiedliche Ursachen auf. Auch hier muß aber immer an die Überprüfung der Fütterung und der Boxeneinstreu gedacht werden. Vom mild verlaufenden akuten Darmkatarrh, der bei Futterentzug in der Regel innerhalb weniger Tage ausheilt, bis zur chronischen Enteritis mit irreversibler Schädigung der Darmwand, die unheilbar sein kann und oft zum Tode des Pferdes führt, reicht die Palette. Der enorme Wasserentzug und Elektrolytverlust durch den Durchfall belasten den Stoffwechsel und Wasserhaushalt so stark, daß eine Heilung, auch bei entsprechender Infusionstherapie, oft nicht möglich ist. Die häufigste Ursache der Enteritis sind neben Fütterungsfehlern Streß (z. B. bei Transporten oder nach Operationen), Leukopenie und hohes Fieber bei massiven bakteriellen Infekten (z. B. mit dem Erreger *Str. typhimurium*), Parasiteninvasionen, wie z. B. ein starker Strongylidenbefall beim Fohlen, oder starke Allgemeininfektionen. Die Behandlung der katarrhalischen Entzündung des Darmes muß immer der speziellen Erkrankung, ihrer Verursachung und ihrem pathologisch-anatomischen Befund angepaßt sein. Wie bei allen Darmerkrankungen darf das Pferd 1 bis 2 Tage lang nicht fressen. Dazu kann man Paraffinöl oder Leinsamenschleim geben, um den Darm von schädlichen Stoffen frei zu machen. Bei stärkeren Durchfällen können Carbo medicinalis und Cortex querus gegeben werden. Wichtig ist immer die Regulierung des Wasserhaushaltes, da der Wasserentzug, die Dehydration, und damit die Elektrolytverluste mit dem Durchfall einhergehen. Der Tierarzt kann mit spezifischen Infusionen diesen lebensbedrohlichen Zustand überwinden. Eine Acidose kann mit Natriumbikarbonat-Infusionen in 5%iger Lösung korrigiert werden. Bei massiven bakteriellen Infektionen ist ein spezifisch wirkendes Antibiotikum unerläßlich.

Ist ein Parasitenbefall für die Enteritis verantwortlich, muß eine gezielte antiparasitäre Behandlung durchgeführt werden. Homöopathisch hat sich Nux vomica D 12, das die Darmpassage der Futterstoffe positiv reguliert, sehr bewährt.

Ist eine **Darmträgheit** die Folge einer Enteritis, normalisiert Lycopodium D 10 den Ablauf der Verdauung. Einen aktivierenden Einfluß erreicht man auch mit Lachesis D 8. Bei **Durchfällen** in Folge von Erkältungen hat sich Dulcamara D 4, 20 Tropfen in 2 Stunden Abstand, bewährt. Wird der Durchfall durch das Trinken großer Mangen kalten Wassers provoziert, gibt man 3 bis 4 Tage lang 3× täglich Bryonia D 6. Ist der Kot wäßrig-schleimig, übelriechend oder gar blutig, helfen täglich 4× 10 Tropfen Podophyllum D 4. Bei schmerzhaftem schleimig-blutigem Kotabsatz gibt man Mercurius corrosivus D 6, täglich 15 bis 20 Tropfen bis zur Besserung, oder auch Croton tiglium D 6, 3 bis 5× täglich 15 Tropfen. Kommt der Kotabsatz nur noch in kleinen, wäßrigen, sehr übelriechenden Mengen, hat sich Arsenicum album D 4, 3× täglich 20 Tropfen, bewährt.

Bei Durchfällen infolge **Intoxikation, Vergiftungen**, muß versucht werden, die Kausalität herauszufinden und eine entsprechende Entgiftung einzuleiten. Als Behandlung bieten sich Lachesis D 8 oder Nux vomica D 6 an. Kommt es zu einer **gärigen Entzündung** im Dünndarm, hilft Colocynthis D 6, und wechselt der Durchfall immer wieder mit kurzen Verstopfungen, sind Sulfur, 6 Tabletten täglich, und Pulsatilla D 4, 3× täglich 20 Tropfen, oder Flor de Piedra D 3, 5× täglich 20 Tropfen, angesagt.

Eine der gefürchtetsten Erkrankungen beim Pferd ist die **Kolik**, wobei Kolik keine eigentliche Krankheit ist, sondern ein Überbegriff für schmerzhafte Krankheitszustände bei Magen- und Darmerkrankungen, bei Leber- und Gallenerkrankungen, bei Krankheiten der Harn- und Geschlechtsorgane, bei Erkrankungen im Brust- und Schlundbereich, bei bestimmten Infektionskrankheiten wie Wundstarrkrampf, Tollwut, Salmonellose oder Milzbrand, bei stark juckenden und schmerzhaften Hauterkrankungen bei Krankheiten des Bewegungsapparates wie Lumbago oder Rehe und bei akutem Wasser- und Futtermangel. Die häufigste Kolikform geht dabei auf Erkrankungen des Magen- und Darmtraktes zurück. Das hat verschiedene Gründe: Das Pferd kann nicht erbrechen. Es ist sehr vorsichtig bei der Nahrungsaufnahme; hat es aber einmal verdorbenes Futter abgeschluckt, kann es nicht wie wir Menschen oder der Hund dieses wieder ausspucken. Ist es futterneidisch und frißt zuviel, kommt es in dem relativ kleinen Magen zu einer **Magenüberladung**, die im Extremfall zu einer **Magenruptur** und zum Tod führen kann. Der Dünndarm des Pferdes ist 19 bis 30 Meter lang. Das dabei lange Dünndarmgekröse läßt dem Darm so viel Bewegungsspielraum, daß sich dieser unter Umständen selbst strangulieren, invaginieren und verknoten kann, was zum gefürchteten **Ileus**, der **Darmverschlingung** führt. Das 3 bis 4 Meter lange Kolon mit seinem Fassungsvermögen von 60 bis 130 Liter Inhalt kann sich nach allen Richtungen drehen und wenden und sich z. B. mit dem Milznierenband abschnüren. Dieser lebensbedrohende Zustand kann nur überwunden werden, wenn rechtzeitig ein erfahrener Tierarzt mit Hilfe einer großen Bauchoperation die Darmverschlingung löst und den schon geschädigten Darmteil entfernt, immer ein Eingriff mit einem großen Risiko, der in den letzten Jahren aber stets verbessert wurde und vielen Pferden das Leben rettet. Die Übergänge von weiten zu engen Darmteilen können sich mit Futterbrei verstopfen und damit schwere Koliken auslösen. Durch **parasitären Befall** werden häufig Koliken ausgelöst. Dabei können Ga-

strophiluslarven im Magen oder häufiger Strongylidenlarven im Bereich der vorderen Gekrösewurzel schmerzhafte Entzündungen oder bei den letzteren schwerwiegende Koliken auslösen. Auch entzündliche **Gefäßveränderungen** wie **Thrombosen, Stenosen** oder **Aneurysmen** können eine chronische **Durchblutungsmangelsituation** auslösen, die zu Gewebeinfarkten, Nekrosen und damit zu heftigen, schwer heilbaren Koliken führen können.

Bei der Kolikauslösung spielt auch die physiologische Labilität der Pferde eine wichtige Rolle. Wetterumschwung, Fehler in der Fütterungstechnik, der Futterqualität oder -menge, Haltungsfehler, Überanstrengungen, Erkältung usw. oder das gestörte Verhältnis zwischen Reiter und Pferd können **vegetative Koliken** auslösen, woran man wieder sieht, wie wichtig die Haltung, Fütterung und Pflege bei der Vermeidung von schmerzhaften Koliken ist. So runden sich die Kolikursachen ab in einer ganzen Palette möglicher Ursachen wie Gebißfehler, Luftabschlucken, Darmparasiten, Sandaufnahme, Abschlucken von Steinen, Magen-Darmentzündungen, Embolien, Thrombosen, Strongyluslarven, Wurmaneurysmen, Schädigung der sympathischen Nervenganglien, Futterschäden, Haltungsschäden, Erkältungen, Witterungseinflüssen usw. bis hin zu Angstzuständen infolge falscher Pflege. Die Kolikformen zeigen sich in der Krampfkolik, der Verstopfung, der Magenüberfüllung, der Magendilatation, in Gasansammlung und Tympanien, der Obturation, der Darmdrehung, in Einklemmungen und im Darmverschluß. Als zusätzliche Komplikationen kommt es zu chronischen Darmentzündungen, zu Rupturen, zu Bauchwandkrämpfen, zu

Lähmungserscheinungen oder zur Hufrehe. Alle diese Kolikformen sind durch vagosympathische Störungen des psychischen Gleichgewichts auslösbar und hängen direkt oder indirekt mit der Pferdehaltung zusammen. Der Pferdebesitzer, Pfleger, Reiter oder Fahrer muß das wissen. Er sollte sich bei der Kolik seines Pferdes immer auch fragen: Was habe ich falsch gemacht? und seine daraus gewonnenen Erkenntnisse in seine Pferdehaltung einbringen.

Die Schmerzen bei einer Kolik können furchtbar sein. Vom wiederholten Umsehen nach dem Bauch, dem Hin- und Hertrippeln, dem Scharren mit den Vorderbeinen, Schlagen mit den Hinterbeinen, häufigen Niederlegen und Aufstehen bis zum rücksichtslosen Sichniederwerfen und Wälzen ist alles möglich. Tierärztliche Hilfe ist immer geboten. Das Pferd verharrt manchmal in dramatischen unphysiologischen Stellungen zur Schmerzverminderung, so daß der Tierarzt, selbst bei Mißachtung seiner eigenen Sicherheit, kaum in der Lage ist, den Patienten zu untersuchen bzw. zu behandeln. Der Heftigkeit der Kolik entspricht auch ein plötzlicher Schweißausbruch, so daß die Pferde dampfen und triefend naß werden. Wird dieser Schweiß kalt und tritt eine schnelle Beruhigung ein, ist dies häufig ein Zeichen, daß eine Magen- oder Darmruptur entstanden ist, was in der Regel einem Todesurteil gleichkommt.

So differenziert die Kolikursache sein kann, so differenziert ist auch die Behandlung. Sie sollte immer dem erfahrenen Tierarzt überlassen bleiben. Unterstützend sollte man für eine trockene, gute Einstreu sorgen, das Pferd gut eindecken, mit rauhen Strohbüscheln die Flanken massieren und trockenreiben

und für genügend Bewegungsraum sorgen. Bei schmerzhaften Krämpfen können Bryonia D 6 oder Mercurius corrosivus D 6 helfen. Bei Verstopfungen ist Nux vomica D 6, 3× täglich 20 Tropfen, angezeigt und tut Pulsatilla D 4, 3× täglich 20 Tropfen, gute Dienste.

Erkrankungen der Leber

Erkrankungen der Leber sind beim Pferd fast immer im Zusammenhang mit Erkrankungen im Stoffwechselbereich, beim Magen- und Darmtrakt, mit Vergiftungen verschiedener Ursache, mit Nierenerkrankungen oder schweren Infektionskrankheiten zu sehen. Dieses wichtige Stoffwechselorgan wird durch alle solche Krankheitslagen des Organismus belastet und verliert dabei unter Umständen seine Entgiftungsfunktion teilweise oder gänzlich, was zum Tod des Pferdes führt. Viele Leberschäden sind dabei futterbedingter Herkunft, vom verdorbenen Futter bis zu Vergiftungen durch toxische Pflanzengifte, wie zum Beispiel aus der Gattung *Senecio*. Aber auch chemische Toxine, Bakteriengifte, alimentäre Toxine und Stoffwechselgifte sowie Mangel an Eiweiß, Vitaminen oder Spurenelementen können zur **Leberdegeneration** oder **Leberdystrophie, Lebernekrose** und **Hepatosis** führen. Beim Fohlen kommt immer wieder ein Leberschaden durch Selenmangel im Verlauf einer Muskeldystrophie vor.

Die Symptome entsprechen in der Regel der Schwere des Leberschadens. Die **Gelbsucht**, der **Ikterus**, ist bei den meisten Lebererkrankungen besonders in den Lidbindehäuten charakteristisch. Wenn dabei ein hoher Bilirubinspiegel bei der Blutuntersuchung festgestellt wird, muß man von einer tieferreichenden Schädigung der Leberzellen ausgehen. Weiter können abgestumpfter, schwankender Gang und allgemeine Schwäche auf Leberfunktionsstörungen hinweisen. In schwereren Fällen bilden sich kleine, punktförmige Blutungen auf der Nickhaut, der Puls beschleunigt sich auf 100 bis 120 Schläge pro Minute, der Harn kann sich dunkel färben, manchmal mit Blutungen, und es kann zum **Leber-Gehirn-Syndrom** kommen mit Ataxie, Senken des Kopfes, Anlehnung an der Wand, Kontraktion der Gesichts- und Backenmuskeln, Richtungsabweichungen sowie Freß- und Trinkunlust. Weitere Symptome sind Abmagerung, kolikartige Schmerzen, Empfindlichkeit gegenüber Lichteinwirkungen, starkes Schwitzen und Temperaturanstieg im Anfangsstadium der Erkrankung.

Die **Leberamyloidose** ist eine Form der **Leberdegeneration**, bei der eine Entartung des Lebergewebes infolge Störungen des Eiweißstoffwechsels auftritt. Die **Leberlipoidose**, die **Fettleber**, kann durch Eiweißmangel, Unterernährung, Sauerstoffmangel, chronische Durchfälle und schwere Infektionskrankheiten ausgelöst werden. Der Hauptfaktor, der in diesen Fällen den Leberschaden bewirkt, ist der Eiweißmangel. Die physiologisch benötigte Eiweißmenge im Futter ist für die Leberfunktion unentbehrlich. Eiweißarmes Futter oder lange Mangelernährung schädigen die Leberzellen und fördern die Verfettung. Auch eine Kreislaufinsuffizienz mit anschließender Blutstauung kommt als Ursache in Frage. Gifte wie Toxine von Phosphor, Antimon, Arsenverbindungen, Chloroform, Jodoform, Tetrachlorkohlenstoff und bestimmte Pflanzengifte,

zum Beispiel aus Lupinen und Wicken, sowie pathogene Pilze sind häufige Auslöser einer Leberlipoidose.

Natürlich spielt auch die **Leberentzündung**, die **Hepatitis**, beim Pferd eine Rolle. Sie ist Begleiterscheinung und Folge einer großen Zahl von Einflüssen, von Infektionskrankheiten bis zur Serumhepatitis. Ihr Verlauf kann akut bis chronisch sein und zur **Leberatrophie** und **Leberzirrhose** führen, wobei die Leberfunktion so weit geschädigt werden kann, daß es zum Tod des Pferdes kommt.

Immer wieder treten beim Pferd **parasitäre Erkrankungen der Leber** auf. Es sind eine ganze Reihe von Parasiten daran beteiligt, wie der Leberegel, *Fasziola hepatica*, der Lanzettegel, der die Dikrozöliose verursacht, der Bandwurmfinnenbefall, die Strongylidose durch Strongyloiden ausgelöst, die Askaridose durch Askariden, die Leishmaniose durch Stechmücken übertragen, und die Zungenwurmkrankheit.

Die Behandlung muß natürlich wie überall zuerst die Ursachen ausschalten. Wieder ist die einwandfreie Fütterung und Pflege die Grundvoraussetzung zur Erhaltung der Gesundheit und Vermeidung von Erkrankungen. Dies gilt besonders bei dem so wichtigen Stoffwechselorgan, der Leber. Sind Leberschäden schon aufgetreten, kommt es entscheidend darauf an, wie stark die Leberzellen schon geschädigt sind und die Leberfunktion geschwächt ist. Ganz allgemein gilt, daß Lebererkrankungen auch immer ein lebensbedrohendes Stadium erreichen können. Hochakute Leberentzündungen können innerhalb von Stunden zu einer **gelben Leberdystrophie**, zum Zusammenbruch der Leberfunktion und damit unweigerlich zum

Tode führen. Bei jedem Verdacht auf eine Lebererkrankung ist schnelle fachkundige, tierärztliche Hilfe angezeigt. Die Leber ist dabei aber auch ein Organ, das sich selbst bei starker Erkrankung wieder regenerieren kann, wenn dieser Prozeß auch oftmals sehr lange dauert. Hier bietet die Homöopathie wirksame Hilfe. *Chelidonium majus,* das Schöllkraut, regt die Leberfunktion und insbesondere die Gallesekretion an. Man kann es auch bei Verdauungsstörungen mit Nux vomica D 6 kombinieren und gibt 2× täglich 1 Dosis Chelidonium D 6. Auch Cardus marianus D 4, Lycopodium und Taraxacum D 3 sind Leberarzneimittel.

Erkrankungen der Nieren und Harnwege

Erkrankungen der Nieren und Harnwege sind beim Pferd nicht sehr häufig, kommen aber bei vielen infektiösen Erkrankungen, Intoxikationen und Allgemeinkrankheiten, bei denen die Nieren in Mitleidenschaft gezogen werden, immer wieder vor. Es kommt, gewissermaßen als Begleiterscheinung, zu **Ödembildung, renalem Hochdruck, Linkshypotrophie** und zur gefürchteten **Nierenentzündung,** der **Nephritis.** Bei der akuten diffusen Nephritis kommt es zu deutlichen Störungen des Allgemeinbefindens mit Fieber, Abgeschlagenheit und Inappetenz. Die Pferde lassen oft leichte kolikartige Unruheerscheinungen erkennen und bewegen sich unlustig und vorsichtig mit eigentümlich steifem Gang. Der Puls ist in der Frequenz erhöht und fühlt sich hart an. Es besteht häufiger Harndrang, bei dem aber nur geringe Mengen

Harn abgesetzt werden können. Der Harn ist meist getrübt bis dunkel und in hochgradigen Fällen blutig.
Bei der **chronischen Nierenentzündung** magern die Pferde ab, und es kann zu einer **chronischen Herzinsuffizienz** kommen. Bei der **eitrigen Nierenentzündung,** die vorwiegend bei jüngeren Pferden und Fohlen vorkommt, kann es zu einem Durchbruch des Abszesses in die Harnwege kommen und der Harn eitrig und übelriechend sein. Die Ursache dieser eitrigen Nephritis liegt häufig in **Metastasen von Druseabszessen.** Die Nieren, als wichtigstes Ausscheidungsorgan, werden sonst durch die verschiedensten Mikroorganismen bei schweren Infektionskrankheiten, durch toxische Substanzen und durch Stoffwechselprodukte angegriffen, und es kommt immer auf die allgemeine Gesundheitslage des Pferdes, also auch auf die Haltung, Fütterung und Pflege an, wie es mit solchen Belastungen fertig wird. Eine Nierenerkrankung mit akuten, diffusen Entzündungen, die sich zur **Urämie,** zur **Harnvergiftung,** entwickeln kann, endet gewöhnlich in 1 bis 2 Wochen tödlich. Auch bei anderen Formen der Nephritis ist die Prognose für eine völlige Ausheilung ungünstig. Chronische und auch eitrige Nierenentzündungen können über Monate dauern. Die Pferde sind kaum einsetzbar, magern ab, und neue Belastungen führen zur deutlichen Verschlechterung.
Schon beim Verdacht einer Nierenentzündung ist deshalb rechtzeitig tierärztliche Hilfe notwendig. Es gilt hierbei besonders die Ursache zu diagnostizieren und zu beseitigen. Neben der Behandlung ist die Ruhigstellung und Diätfütterung besonders wichtig. Homöopathische Arzneimittel wirken, wenn sie

rechtzeitig angewandt werden, bei der Erkrankung der Niere besonders nachhaltig. Die homöopathische Wirkung zielt besonders intensiv auf die Wiederherstellung der Gewebefunktion. Sie sind dabei besonders im Frühstadium, solange die geschädigten Gewebszellen noch regenerationsfähig sind, wichtig, wobei man aber wissen muß, daß die Niere, im Gegensatz zur Leber, nur eine schwache Erneuerungskraft hat. Bei der Therapie ist deshalb immer Apis angezeigt. Harntreibend und damit funktionsfördernd und entgiftend wirken frische Birkenblätter, Brennessel und Petersilie, in der Dosis von 50 g täglich. Zusätzlich kann man in Form von Tee, als Trank oder als Extrakt 2× täglich je 25 Tropfen Bärentraubenblätter, Birkenblätter, Goldrute, Schafgarbe, Ehrenpreiskraut und Lindenblüten geben. Besonders bei alten Pferden, die häufig erhebliche Probleme im Harnstoffwechsel, mit chronischen Nierenschädigungen haben, sind die Naturheilmittel eine wichtige Stoffwechselhilfe.

Bei akuten Fällen hilft Apis D 3, unterstützt von Lachesis D 8 als Kreislaufstütze, oder Cantharis D 4 bei gleichzeitiger Entzündung des Harnleiters und der Blase. Den Bewegungszwang kann man mit Berberis D 3 günstig beeinflussen und in chronischen Fällen Silicea D 4, 3× täglich 2 Tabletten, und Sulfur D 8 einsetzen. Mercurius corrosivus D 6 kann das stark gestörte Allgemeinbefinden positiv beeinflussen und die Gefahr der Urämie mildern. Man sollte sich aber niemals über die ernste Gefahr, die eine Nierenentzündung für das Leben des Pferdes bedeutet, hinwegtäuschen. Kommt es zu einer Nierendegeneration, der Nephrosis, sind also Teile des Nierengewebes schon entartet oder zerstört und können ihre Funktion nicht mehr ausüben, muß man versuchen, die Funktionstüchtigkeit des verbleibenden Gewebes in Gang zu halten. Wichtig ist die Ursache - meist unverträgliche Giftstoffe wie Giftpflanzen oder Quecksilber, Wismut, Kupfer, Arsen, Phosphor, chlorierte Kohlewasserstoffe oder Phenotiazin - abzustellen. Bei hohen Eiweißverlusten ist die Fütterung eiweißreich zu gestalten. Es muß genügend Tränkwasser angeboten werden, und es müssen Gaben von harntreibenden Tees, beispielsweise aus Birkenblättern oder Brennesseln, zusätzlich verabreicht werden. Dazu hilft die Gabe von Apis D 4 und Sulfur.

Bei der **Harnblasenentzündung**, der **Zystitis**, handelt es sich um einen akuten oder chronischen Katarrh der Schleimhaut der Harnblase, der meist sehr schmerzhaft ist und häufiger bei älteren Stuten vorkommt. Die Tiere verharren dabei längere Zeit in der für das Harnen typischen Stellung, wobei nur geringe Mengen Harn meist tropfenweise herausgepreßt werden. Leichte und sogar heftige Kolikerscheinungen können damit verbunden sein. Spätestens dann muß der Pferdehalter oder Pfleger zur Erkenntnis kommen, daß eine Erkrankung der Blase oder der Harnröhre im Gange ist. Die Zystitis kann dabei, besonders wenn sie chronisch wird, eine schwere Erkrankung sein, die auch tödlich verlaufen kann. Die Ursache liegt oft in vorausgegangenen schweren Infektionskrankheiten, in Nierenerkrankungen, in mechanischen Reizen durch **Blasensteine** oder **Harngrieß**, in mechanischen Reizen durch Katheterisieren oder auch in Entzündungen der Vagina oder des Uterus, die bis zur Harnblase vordringen.

Bei der Therapie ist das Abstellen der Ursache vordringlich und gegebenenfalls eine Erregerbestimmung im Mittelstrahlharn erforderlich. Unterstützend wirken reichliche Flüssigkeitszufuhr und warme Klysmen oder Scheidenspülungen. Es muß streng darauf geachtet werden, daß der Harn abgesetzt wird, da es sonst im besonders schweren Fall zu einer Blasenüberfüllung mit Blasenruptur kommen kann, ein lebensbedrohender Zustand. Harnfördernd wirkt ein Sud mit Wacholderbeeren in Verbindung mit Nux vomica D 6. Homöopathisch wirken weiter Belladonna oder Berberis D 3 bei der Lösung der Krampfzustände. Man kann diese im Wechsel mit Sabal D 3 und Lycopodium D 30 anwenden, indem man alle Stunde 10 Tropfen und bei D 30 1× täglich 20 Tropfen gibt. Sepia D 6, 2× täglich 1 Dosis bei altersbedingter Schwäche des Bindegewebes und des Blasenschließmuskels mit Entzündung der Blasenschleimhaut oder Einzeldosis D 30 von Zeit zu Zeit, macht die Blase widerstandsfähiger und fördert die Heilung. Liegt eine Innervierungsschwäche vor, hilft Caustium D 12, 3× täglich 1 Dosis. Bei **nymphomanen Stuten**, bei denen häufig eine gleichzeitige Blasen- und Harnwegsentzündung vorliegt, bewirkt Bufo D 30 eine psychische Lockerung. Kommt es zu einer **Harnblasen-Lähmung**, kann Apis D 6 als Hauptmittel, dazu Lachesis D 8 als Kreislaufstütze oder Cantharis D 4 bei gleichzeitiger Blasenentzündung verabreicht werden. Im fortgeschrittenen Zustand, wenn die Gefahr einer Urämie besteht, ist Mercurius corrosivus D 6 angezeigt, wobei man sich aber im klaren sein muß, daß solche Fälle schwer heilbar sind. Mit Silicea D 4 und bei verschleppten Fällen

Sulfur D 30 werden die natürlichen Abwehrkräfte des Pferdes aktiviert, der Krankheitszustand wird wesentlich verbessert. Conium D 6, 3× täglich 20 Tropfen über mehrere Tage, und Gelsemium D 3 in Verbindung mit Caustium D 6 fördern den Harnabfluß und wirken günstig gegen eine vorhandene Blasenlähmung. Unterstützend wirken auch Hagebuttenkerne, 3 bis 5 Eßlöffel pro Tag.
Immer wieder kommt es bei schweren Geburten zum **Vorfall der Harnblase**. Hier ist sofortige tierärztliche Hilfe notwendig. Der Tierarzt muß vorsichtig die vorgefallene Harnblase reponieren und meist mit einer Tabaksbeutelnaht einen erneuten Harnblasenvorfall unmöglich machen. Hier ist eine vorsichtige Reinigung der Harnblase mit physiologischer Kochsalzlösung angezeigt und eine Nachbehandlung mit Natrium muraticum D 30 oder Terebinthina D 6 geboten. Zur Unterstützung können täglich warmes Honigwasser, Brennessel- oder Salbeitee als Trank oder 3 bis 5 grüne Blätter der Kapuzinerkresse gegeben werden.
Bei Hengsten kommt immer wieder das **Umschlagen der Harnröhre** vor. Das ist ein lebensbedrohender Zustand, meist mit starken Kolikerscheinungen verbunden, der nur in tiefer Narkose fachgerecht behandelt werden kann. Auch hier können harntreibende Mittel, vor allem Nux vomica D 6, die Behandlung unterstützen. **Entzündungen** der **Harnröhre** sind meist Folgeerscheinungen einer Zystitis oder auch durch mechanische Verletzungen beim Katheterisieren ausgelöst. Auch sie können zu einem Umschlagen der Harnröhre beim Wallach im Bereich des Sitzbeinausschnittes führen und müssen schnell behandelt wer-

den. Man muß darauf achten, daß es in dem geschädigten Harnröhrenbereich nicht zu einer **Stenose**, einer **Harnröhrenverengung**, kommt, die dem Pferd vielfach ständig Schwierigkeiten beim Harnabsatz macht und erneute Ursache für Entzündungen im Bereich der Blase und der Harnwege sein kann.

Eine für das Pferd typische Erkrankung ist die **Harnblasenkolik**. Die Ursache kann in den verschiedensten Erkrankungen der Harnwege liegen. Ihre Symptome zeigen sich im kolikartigen Hinlegen und Aufspringen, in vergeblichen, schmerzhaften Versuchen, Wasser zu lassen, und im Schlagen und Stampfen mit den Hinterbeinen. Auch hier gilt es immer, den Harnstau zu lösen, womit die Kolikerscheinungen meistens beendet sind. Natürlich sind dann vor allem die Ursachen abzustellen.

Homöopathisch ist auch hier ein Sud aus Wacholderbeeren oder aus Kamille, versetzt mit 10 g Hoffmannstropfen, angezeigt. Die häufigen Krampfzustände sind mit Belladonna oder Berberis D 3 oder auch Sabal D 30 zu beeinflussen. Nux vomica D 6 gehört auch hier zu den Mitteln der Wahl, um das Harnen in Gang zu bringen.

Bei Schwierigkeiten beim Harnabsatz muß man beim Pferd auch immer an **Harnsteinbefund**, die **Urolithlasis**, denken. Lange Zeit verläuft diese Erkrankung symptomlos und wird nicht erkannt. Erst wenn es zu schmerzhaften Schädigungen der Blasenschleimhaut oder Störungen der Durchgängigkeit der Harnleiter kommt, wird die Urolithiasis wahrgenommen. Oftmals wirkt sie sich in einer schweren Kolik aus, deren Ursache schwer zu erkennen ist. Beim Reiten zeigen Pferde mit Harnsteinen zum Teil einen steifen Gang und versuchen bei jeder Gelegenheit, meist erfolglos, zu stallen. Sie weigern sich dabei auch, in eine schnellere Gangart zu wechseln. Verdächtig ist außerdem, wenn beim Harnabsatz Blut bemerkt wird. Die Ursachen der Urolithiasis sind vielfältig und oftmals nicht abzuklären. Faktoren wie Wassermangel und Bildung von sehr konzentriertem Harn, Harnstauung oder -zersetzung, Mangel an Vitamin A und dadurch bedingte Epithelabschilferung, entzündliche und degenerative Veränderung in den Harnorganen, überwiegende Grünfütterung, die zu einem Überangebot von Kalziumkarbonat führt, oder sehr hohe Kraftfuttergabe und Kleiefütterung, die die Phosphatsteinbildung fördert, sind an der Harnsteinkrankheit beteiligt. Die Prognose bei dieser Erkrankung ist zweifelhaft, oft ungünstig. Liegen Fütterungsfehler vor, müssen diese abgestellt werden. Sind andere, oftmals schwer zu diagnostizierende oder zu lokalisierende Ursachen im Spiel, kann es immer wieder zu neuer Steinbildung kommen. Dabei ist nie die Gefahr eines plötzlichen Verschlusses der Harnwege auszuschließen, was zu einem Nierenversagen oder auch zur Ruptur der Harnblase führen kann und meist den Tod des Pferdes zur Folge hat. Wie beim Menschen wird auch beim Pferd der Harnsteinbefall chirurgisch behandelt. Bei der Stute ist eine Extraktion der Steine mit der Steinzange möglich. Beim Wallach oder Hengst geht es über eine Urethrotomie im Sitzbeinausschnitt. Die Entfernung der Harnsteine ist aber noch keine Heilung. Immer wieder können sich neue Steine bilden. Es ist deshalb die Nachbehandlung mit Hyaluronidase zu empfehlen, für reichliches Wasserangebot bei Flüssigkeitsverlusten durch starkes Schwitzen zu sorgen und vor allem durch eine chemische Futteranalyse festzustellen, ob ein Überangebot von Kalziumkarbonat oder Phosphaten Auslöser der Steinbildung ist. Homöopathisch helfen Gaben von Sabal D 3, alle 30 Minuten 10 Tropfen, wodurch größere Harnmengen freigesetzt werden und der Blasenhals sich erweitert. Auch Berberis tut gute Dienste. Lycopodium D 12 hilft bei der Vorbeugung neuer Steinbildung, ebenso wie Tee aus Klettensamen und Waldmeister.

Erkrankungen von Herz und Kreislauf

Die **Konditionsschwäche** ist zwar keine klassische Erkrankung von Herz und Kreislauf, ist aber eines der häufigsten Erscheinungsbilder des Sportpferdes. Die Ursache ist hierbei nicht nur mangelndes Training, sondern in vielen Fällen steckt eine unerkannte Erkrankung des Herz-Kreislaufsystems dahinter. Der funktionelle Zustand des Herzens und des Kreislaufs hat einen entscheidenden Einfluß auf die Leistungsfähigkeit des Pferdes. Sind hier krankhafte Veränderungen vorhanden, wird das Pferd großen Belastungen ausgesetzt, ist es nahezu unmöglich, die notwendige Kondition anzutrainieren, um das Pferd im Reit- und Fahrbetrieb oder gar im Leistungssport einzusetzen. Die Leistungsfähigkeit des Pferdes hängt von einem gut funktionierenden Herz- und Kreislaufsystem ab. Bei leichteren Fehlern kann das Pferd noch Defizite überspielen, so daß erst bei hoher Beanspruchung die mangelnde Leistungsfähigkeit mit Kurzatmigkeit, schneller Ermüdung,

Verweigerung, in eine schnellere Gangart überzugehen, starkem Schwitzen und Verweigerung von Sprüngen als Konditionsmangel registriert wird. Mancher Reiter faßt die physische Unfähigkeit als Unwilligkeit auf und drängt das Pferd zu Leistungen, die sein Organismus nicht geben kann, will ihm gewissermaßen Kondition antrainieren, die das geschädigte Herz-Kreislaufsystem überfordert. Bei einer auftretenden Leistungsschwäche ist deshalb immer die mögliche Ursache abzuklären. Ist das Pferd organisch gesund, kann man davon ausgehen, daß Trainingsmangel, unter Umständen im Verbund mit Fütterungsfehlern, hierfür verantwortlich ist. Ergibt aber die Untersuchung Schwächen und krankhafte Veränderungen im Herz-Kreislaufsystem, kann jede reiterliche Überforderung zu unheilbaren Schäden führen, die den weiteren Einsatz des Pferdes unmöglich machen. Deshalb ist hier immer ein erfahrener Fachmann gefragt.

Eine Leistungsschwäche kommt dabei fast immer auch nach schweren Allgemeinerkrankungen, Operationen und Infektionskrankheiten vor. Für die Aufklärung dieser Ursachen ist es notwendig, die wichtigsten Symptome der Herz- und Kreislaufinsuffizienz, wie **Störungen** des **Herzrhythmus, Dyspnoe, Zyanose** und **Ödeme,** genau zu beachten. Bei ausgeprägten pathologischen Veränderungen des Blutkreislaufes kann der erhöhte Sauerstoffbedarf nicht gedeckt werden, und es kommt zu akuter Muskelschwäche und Durchblutungsstörungen. Von den Krankheiten des Kreislaufapparates kommen bei Sportpferden am häufigsten Erkrankungen des Herzmuskels vor, wie die **Myokarditis, Myokardose, Myokardfibrose, Myohypertrophie** sowie **Dilatation des Herzens und seiner Kammern.** Seltener werden Erkrankungen des **Herzbeutels** und der **Blutgefäße** festgestellt, wobei die **Herzbeutelentzündung**, die **Pericarditis**, typische Merkmale zeigt: Die Pferde legen sich nicht hin, weil sie den Druck auf das Herz fürchten; der Herzstoß ist so deutlich, daß man ihn leicht erkennen kann; es besteht Inappetenz und Abgeschlagenheit; beim Beklopfen der Herzgegend haben die Pferde starke Schmerzen; die Herztöne sind leise und gedämpft, so, als würden sie aus der Ferne kommen; an der Jugularis, der großen Halsvene, kommt es zu Stauungserscheinungen; die regionalen Lymphknoten sind häufig geschwollen; es kommt zu Ödemen an der Unterbrust und den Vorderbeinen. Es kann sich eine **Herzbeutelwassersucht,** ein **Hydroperikardium,** entwickeln, die die äußeren Erscheinungen noch erhöht, aber fast immer fieberfrei ist und kaum Schmerzen in der Herzgegend verursacht.

Eine solche Erkrankung, die meist Folge schwerer vorangegangener Erkrankungen ist, muß in der Prognosestellung vielfach ungünstig beurteilt werden. In der Therapie muß die Ursache geklärt und möglichst abgestellt werden. Der Anteil an voluminösem Futter und Kochsalz muß in der Ration verringert und das Tränken eingeschränkt werden. Herzmittel sowie harn- und schweißtreibende Mittel sind angezeigt. Infusionen von Kalziumchlorid und Glukose haben sich bewährt. Arnica D 6, bei fieberhaften Erkrankungen Crataegus D 1 und bei starkem Schwitzen Natrium muraticum D 12 sind angezeigt, unterstützt von Hirtentäschel, Liebstöckel und Wacholderbeeren auf Brot, 1× täglich 20 Tropfen.

Kommt es nach schweren Infektionskrankheiten oder Vergiftungen zu Gefäßerkrankungen, kann Veratrum album D 4 eingesetzt werden.

Häufige Erkrankungen beim Pferd sind die **Herzrhythmusstörungen.** Wir unterscheiden dabei vier Gruppen von Herzarrhythmien: Arrhythmen infolge Störung der Automatik, infolge Reizbildungsstörungen, infolge Erregungsleitungsstörungen und infolge Störungen der Kontraktionsfähigkeit. Feststellen kann man diese Erkrankungszustände am unregelmäßigen Puls und mittels des Elektrokardiogramms. Erstaunlich ist, daß immer wieder Pferde bei Routineuntersuchungen erhebliche Herzrhythmusstörungen zeigen, ohne daß der Reiter etwas davon weiß und irgendwelche Beeinträchtigungen in der Rittigkeit und Leistung feststellen konnte. Zur Behandlung der Rhythmusstörungen sind gezielte Arzneimittel, die den Sinusrhythmus wieder in Takt bringen, notwendig. Homöopathisch hat sich unterstützend *Crataegus oxycantha* und *Crataegus monogyna,* der Weißdorn, bewährt.

Die **Myokardose**, eine nichtentzündliche Erkrankung des Herzmuskels, die zu einer Verringerung der Kontraktionsfähigkeit des Muskels und damit zu allgemeinen Durchblutungsstörungen führt, ist immer wieder Anlaß zu Leistungsschwächen bis zum vollständigen Versagen des Sportpferdes. Meist entwickelt sich eine solche Myokardose als Folge anderer schwerer Erkrankungen. Sie

Oben links: Berberis vulgaris (Berberitze, Sauerdorn – Blüte)
Oben rechts: Berberitze – Früchte
Unten links: Bryonia dioica (Zaunrübe)
Unten rechts: Bryonia alba (Weiße Zaunrübe, Schwarzbeerige Zaunrübe – Früchte)

kann aber auch durch nicht vollwertige, einseitige Fütterung, die Störungen des Stoffwechsels im Gefolge hat, ausgelöst werden. Physische Überanstrengungen, anämische Zustände, die ebenfalls futterbedingt sein können, Autointoxikation bei Darmerkrankungen, Parasitenbefall und hartnäckige Pilzerkrankungen, sogenannte Mykosen und Mykotoxikosen, können ebenfalls eine Myokardose zur Folge haben. Im Unterschied zur Myokarditis ist bei der Myokardose der Allgemeinzustand des Pferdes weniger stark beeinträchtigt und der Verlauf fieberfrei. Auch die Herzfrequenz ist meist nur gering erhöht und liegt noch im physiologischen Bereich.

Bei der Behandlung ist dem Pferd Ruhe zu gönnen; es sollte nur leicht im Schritt bewegt werden. Es gilt, die Ursache aufzufinden und nach Möglichkeit abzustellen. Die Futterration muß alle Grundnährstoffe wie Vitamine und Spurenelemente in der richtigen Menge und Relation zueinander enthalten. Glukose, Askorbinsäure und Oleum camphoratum sind bewährte Mittel. Präparate wie Fingerhut, Maiglöckchen und Hederich können kurmäßig angewandt werden. Bei Angstzuständen und Schwitzen hilft Natrium muraticum D 12.

Bei der **Myokarditis**, der **Herzmuskelentzündung**, ist das Verhalten des Pferdes stark abgestumpft, die Futteraufnahme deutlich herabgesetzt bis zur völligen Futterverweigerung und die Körpertemperatur erhöht. Sie kann sich langsam entwickeln, vielfach auch in Folge schwerer Infektionskrankheiten und Vergiftungen, kann aber auch hochakut auftreten. Die äußerlich erkennbaren Symptome zeigen sich in der Pulsbeschleunigung, den verstärkten Herztönen, die man meist auch gut hören kann, gestauten, aus dem Fell tretenden Adern, bläulich gefärbten Schleimhäuten, verringertem Harnabsatz, Müdigkeit, Anschwellen der Gliedmaßen und vielfach Ödemen am Schlauch und der Unterbrust. Es ist immer fachkundige tierärztliche Hilfe erforderlich. Heilt die Herzmuskelentzündung nicht frühzeitig ab, ist mit irreparablen Schäden am Herzen zu rechnen, die die Unbrauchbarkeit des Pferdes nach sich ziehen. Auch hier gilt es, die Ursachen der Erkrankung abzustellen. Homöopathisch haben sich Crataegus D 1, Extrakt von Arnica und Natrium muraticum D 12 bewährt. Crataegus verbessert dabei die Sauerstoffversorgung des Herzens und kräftigt langfristig den Herzmuskel. Das Mittel eignet sich besonders für die Behandlung altersbedingter Herzstörungen mit zunehmender Leistungsschwäche und Kurzatmigkeit. Gegenüber den vielgebrauchten Digitalispräparaten hat es den Vorteil, daß es frei von Nebenwirkungen ist. Die Dosierung muß individuell, dem jeweiligen Zustand entsprechend, erfolgen. Wegen der hierbei angewandten niedrigen Potenz ist die Wirkung stark von der Dosis abhängig. Für den Beginn sind 3× täglich 5 Tabletten Crataegus D 1 angezeigt, für etwa 2 bis 3 Wochen, bei eintretender Besserung kann man auf 3× täglich 3 Tabletten zurückgehen oder bei der Dosierung der Dilu-

Oben links: Calendula officinalis (Ringelblume)
Oben rechts: Cinchona succirubra (Chinarindenbaum)
Unten rechts: Chelidonium majus (Großes Schöllkraut)
Unten links: Cimicifuga racemosa (Wanzenkraut)

tion entsprechend verfahren. Man kann auch das Handelspräparat Crataegutt als alkoholische Lösung verabreichen; es ist aber dabei sinnvoll, 3× täglich 20 bis 30 Tropfen in etwas Wasser zu lösen und mittels einer kleinen Spritze am Maulwinkel in die Mundhöhle bringen.

Bei Schwellungen und Ödembildung hat sich Kalium carbonatum D 3 bewährt. *Kalium carbonicum* fördert die Flüssigkeitsausscheidung durch die Nieren und wirkt gleichzeitig kräftigend auf das Herz. Die nach etwa 14 Tagen eintretende Besserung erkennt man vor allem an der Bewegungssteigerung und am Rückgang der Kurzatmigkeit. Man kann Kalium carbonatum sehr gut mit Crataegus kombinieren und gibt, je nach Zustand des Pferdes, 3 bis 4× täglich 15 bis 20 Tropfen.

Digitalis purpurea, der Rote Fingerhut, unterstützt die Herztätigkeit besonders dann, wenn es zu einer Verlangsamung der Herzfrequenz kommt. Man gibt 2× täglich 1 Dosis Digitalis D 3, über einen Zeitraum von 14 Tagen und länger. Unter Umständen ist auch eine Dauerbehandlung erforderlich und ohne Nebenwirkung möglich. Ist eine auffallende Schwäche die Folge einer Herzerkrankung, hat *Convallaria,* das Maiglöckchen, eine nachhaltige Wirkung auf die Herztätigkeit. Auch bei begleitenden Herzrhythmusstörungen hat es sich bewährt, besonders auch vorbeugend bei extremem Klimawechsel. Man gibt 3× täglich 1 Dosis Convallaria D 3 über 14 Tage.

Immer wieder beobachten wir beim Pferd die **Myokardfibrose**, eine Erkrankung des Herzmuskels, bei der sich fibrinöses Gewebe zwischen den Muskelfasern bildet und damit die Herzmuskeltätigkeit erheblich einschränkt und belastet. Bei leichteren Fällen ist den Pferden in der Ruhe kaum etwas anzumerken, aber schon bei leichter Belastung im Trabe kommt es zu Kurzatmigkeit, Sauerstoffmangel und arterieller Hypertonie. In schwereren Fällen stehen die Pferde schon mit typischer Kurzatmigkeit, aufgeblähten Nüstern und glasigen Augen im Stall. Der kleinsten Aufregung folgt bereits eine Ruheinsuffizienz des Herzens, wobei der erste Herzton gedämpft, schwach, häufig verlängert, gespalten oder verdoppelt ist, der zweite auch schwach und gedämpft, aber bei arterieller Hypertonie verstärkt erscheint. Meist ist die Myokardfibrose die Folge einer Myokarditis, sie kann aber auch als Altersbild auftreten. Solche Pferde sind natürlich nicht mehr einsatzfähig.

Die Behandlung schließt die Haltung des Pferdes mit ein. Für vollwertige Fütterung, gute Pflege und regelmäßigen Auslauf oder Bewegung an der Hand ist unbedingt Sorge zu tragen. Therapeutisch sind Herzglykoside, Glukose, Kampfer, harntreibende Mittel und Massage der Extremitäten mit rauhem Strohbausch angesagt. Sachgemäße Fütterung und planmäßiges Training sind die wichtigsten prophylaktischen Maßnahmen. Crataegus D 1, 3× täglich 1 Dosis, in Verbindung mit *Veratrum album,* die weiße Nieswurz, als Veratrum D 4, hilft Kreislaufschwäche und Müdigkeit überwinden.

Kommt es beim Pferd zu einer **Herzerweiterung,** der **Dilatatio cordis,** sind gute Pflege und völlige Ruhe sowie leicht verdauliches Futter Grundlagen jeder Behandlung. Bei schweren Fällen kann es nötig sein, daß der behandelnde Tierarzt Sauerstoffinhalationen und beim Überdruck einen Aderlaß vornehmen muß. Des weiteren können **Glukose-**

und NACL-Lösungen intravenös gegeben werden.

Die zahlreichen **Herzfehler, Vitia cordis,** entstehen beim Pferd überwiegend als Komplikationen einer **Herzinnenentzündung.** Die Schädigung der Herzklappen ist dabei sehr vielfältig, wie beispielsweise eine Verdickung, Deformation, Perforation, Verwachsung, Neubildung oder eines Abrisses der Flügel der Herzklappe. Die **Endokarditis** ist dabei das häufigste Krankheitsbild. Die dadurch auftretenden Störungen im Blutkreislauf beeinträchtigen stets die Funktion anderer Organe und Systeme. Es kann bis zu Blutungen in der Haut und auf den sichtbaren Schleimhäuten sowie zu Schädigungen der Hirnhäute und des Gehirns kommen. Auch durch allergische Reaktionen und rheumatischen Ursprung entsteht dieses Krankheitsbild. Jede Behandlung muß sehr differenziert eingeleitet werden. Es geht vor allem darum, Komplikationen zu verhüten und die Widerstandskraft des Organismus zu mobilisieren. Hier leistet die Homöopathie gute Dienste. Je nach Befund können Arnica D 6, Crataegus D 1, Extrakt von Hirtentäschel, Liebstöckel oder Wacholderbeeren, bei **Gefäßschwächen** Carbo vegetabilis D 6 in Kombination mit Veratrum album D 4 eingesetzt werden.

Immer wieder werden bei Pferden Herzfehler festgestellt, die teilweise angeboren, teilweise erworben sind. Die Herzklappen spielen dabei eine wichtige Rolle. Kleinere Fehler kann das Herz des Pferdes kompensieren, so daß die Arbeitsfähigkeit solcher Tiere oftmals der von gesunden Tieren nicht nachsteht. Zum besseren Verständnis will ich stichwortartig die wichtigsten Herzfehler nennen:

Die **Mitralstenose,** bei der das Ostium zwischen der linken Vorkammer und der linken Kammer verengt ist,

die **Trikuspidalstenose,** bei der das Ostium zwischen dem rechten Vorhof und der rechten Kammer verengt ist,

die **Insuffizienz der Bikuspidalklappe,** bei der das Blut teilweise aus der linken Kammer in den linken Vorhof zurückkehrt,

die **Insuffizienz der Trikuspidalklappe,** bei der bei der Systole der rechten Kammer das Blut teilweise in den rechten Vorhof zurückgepreßt wird,

die **Stenose der Aorta,** bei der es zu Stauungen in der linken Herzkammer kommt,

die **Stenose der Lungenarterie,** die zu Stauungen in der rechten Kammer führt,

die **Insuffizienz der Aortenklappe,** die dazu führt, daß ein Teil des Blutes in die linke Herzkammer zurückfließt,

und die **Insuffizienz der Klappen der Lungenarterie,** bei der ein Teil des Blutes in die rechte Herzkammer zurückfließt.

Alle diese krankhaften Zustände führen zu einer Belastung des Herzens, was sich in einer Herzerweiterung manifestieren kann, und zur mangelhaften Durchblutung des Organismus, die sich in massiver Leistungsschwäche darstellt und bis zur sportlichen Unbrauchbarkeit des Pferdes führen kann. Es ist deshalb, besonders beim Pferdekauf, darauf zu achten, daß mit einer eingehenden Untersuchung solche Herzfehler ausgeschlossen werden, da viele dieser Erkrankungen irreparabel sind und den Gebrauchswert ganz erheblich einschränken. Die Homöopathie kann die organischen, anatomisch-pathologischen Veränderungen relativ wenig beeinflussen, sie ist aber in der Lage, die körpereigenen Abwehrkräfte zu mobilisieren, die Herzfunktion zu stärken und da, wo eine Heilung möglich ist, den Heilungsprozeß in Gang zu setzen. Hand in Hand mit einer sorgfältigen Fütterung und Pflege gibt sie den Erkrankten Erleichterung und viele Heilungschancen. Als ein Mittel der Wahl ist hier immer *Crataegus* als „Hauptpflegemittel" des Herzens zu erwähnen, unterstützt durch *Kalium carbonicum, Veratrum album, Digitalis purpurea, Convallaria majalis, Prunus laurocerasus* u. a.

Die Krankheiten der Blutgefäße, wie die **Arteriosklerose**, sind beim Pferd seltener. Bemerkt wird eine solche Gefäßerkrankung meist durch die schnelle Ermüdbarkeit, den erhöhten Blutdruck und die Verringerung der Hautelastizität. Ursache sind meist durch Fehlfütterung entwickelte Stoffwechselstörungen sowie Komplikationen nach schweren Erkrankungen. Als Behandlung bietet sich strenge Diät in Kombination mit Veratrum album D 4 an. Eine Heilung ist in schweren Fällen kaum möglich, da die bereits manifesten Cholesterinablagerungen in den Gefäßendothelien zu einer Entartung und Verdichtung der Gefäßwände führen, den Blutdurchfluß einschränken und eine spezielle oder allgemeine Durchblutungsstörung zur Folge haben. Die Ausbildung der krankhaften Veränderungen erfolgt allmählich. Die zuerst verfettete Gefäßwand wird mit festem Bindegewebe durchsetzt, das sich im chronischen Verlauf mit Kalkeinlagerungen verhärten kann. Der Blutstrom wird behindert, der Blutdruck erhöht und die Herztätigkeit beschleunigt und verstärkt. Sind solche sklerotischen Veränderungen in den Herzkranzgefäßen, in der Aorta, der Hauptschlagader, oder in Gefäßen des Gehirns eingetreten, kann es bei starken Anstrengungen zum Sekundentod kommen. Immer wieder hat die Sektion bei Pferden, die auf der Rennbahn oder im schweren Parcours plötzlich tot zusammenbrachen, eine fortgeschrittene Arteriosklerose ergeben, die vorher nicht erkannt worden war. Pferde mit großem Kämpferherzen können solche Zustände kompensieren.

Die **Thrombose**, der teilweise oder vollständige **Gefäßverschluß**, ist beim Pferd gar nicht so selten. Auslöser können Verletzungen, Parasitenbefall, Entzündungen der Gefäße, Blutgerinnsel nach Operationen, Endokarditisfolgen, Arteriosklerose, Herzschwäche und krankhafte Erhöhung der Gerinnungsfähigkeit des Blutes sein. Bei Pferden werden häufiger Venen als Arterien betroffen. Bei der Thrombose der Pfortader kommt es zu Stauungserscheinungen im Magen- und Darmtrakt und meist zu schweren Koliken. Sind die Gefäßzuführungen zu einzelnen Organen verschlossen, kann es zum Ausfall dieser Organfunktion kommen.

Funktionelle Veränderungen des Herz-Kreislaufsystems hängen viel vom Trainingszustand des Pferdes ab. Das Pferd ist ein Lauftier, ein Fluchttier. Sein Organismus braucht die Bewegung und auch die Anforderung an sein Herz-Kreislaufsystem. Untrainierte Pferde, die 23 Stunden am Tag in der Box stehen, gut gefüttert werden, kaum richtig bewegt und schon gar nicht gefordert werden, neigen zu Störungen und Erkrankungen des Herzens und der Blutgefäße. Jeder Pferdehalter und Reiter muß das wissen und seiner Verpflichtung zur ausreichenden Bewegung seines Pferdes nachkommen.

Noch ein Wort zur **Anämie**, zur **Blut-**

armut des Pferdes, die beim Sportpferd immer wieder vorkommt. Sie kann durch fehlerhaftes Futter, eklatanten Eisenmangel, Störungen des Oxidationsprozesses im Organismus, Sauerstoffmangel, starken Blutverlust, Blutungen in inneren Organen wie Lunge, Magen, Darm, Leber, Nieren oder Uterus und starken Parasitenbefall ausgelöst werden. Die Therapie muß die Ursachen abstellen, notfalls Blutersatzmittel geben und im Futter reichlich Eiweiß, Vitamine und Spurenelemente wie Eisen, Kobalt und Kupfer anbieten.

Untugenden des Pferdes

Wissenschaftler streiten sich immer wieder darüber, ob das Tier ganz allgemein und das Pferd im besonderen eine Seele hat, nicht nur von den natürlichen Körperabläufen und dem Instinkt geprägt und gesteuert wird, sondern zu Gefühlen, Erfahrungen, Zuneigung und Stimmungen fähig ist. Jeder Pferdebesitzer und Reiter, der wirklich mit seinem Pferd verbunden ist, hat darüber keinen Zweifel. Das Schweif- und Ohrenspiel, das freudige Wiehern sind eine Art Seelenspiegel des Pferdes, mit dem es die Zuneigung zum Ausdruck bringt. Die Reize, die solche Verhaltensweisen hervorbringen, können dabei positiver und negativer Art sein. Sind sie für das Pferd unangenehm und lästig, widersprechen sie seinem angeborenen Instinktverhalten, können sie zu einem negativen Stimmungsbild umschlagen. Ein Pferd, das zum Beispiel dauernd allein im Stall steht, keinen Partner hat, und sei es nur eine Ziege oder ein Kaninchen, langweilt sich entsetzlich. Aus lauter Lange-

weile beginnt es zu **Weben** oder **Koppen**, Untugenden, die zur Krankheit werden können. Das Pferd, das beim Erscheinen seines Pflegers an die Boxenwand donnert oder sich beim Ausmisten angstvoll mit der Hinterhand dem Betreuer zudreht, hat meist negative Erfahrungen in seiner Mensch-Tier-Beziehung gemacht und reagiert entsprechend mit sogenannten Übersprungbewegungen wie **Scharren, Stampfen** oder **Schweifschlagen**. Ein falsches oder scharfes Gebiß oder die harte Hand des Reiters können zum **Kopfschlagen** oder **Kopfhochwerfen** führen. Ein schlecht angepaßter Sattel kann **Buckeln, Rückenwegdrücken** oder **Durchgehen** zur Folge haben. Schlechter Hufbeschlag und Schmerzen in der Fesselbeuge führen zum **Schlagen gegen die Stallwand**. Dorniges, schlechtes Futter kann **Zungenstrecken** auslösen. **Schlagen gegen den Bauch** ist ein Zeichen von Schmerzen durch zu scharfe Sporen oder schlechten Gurtsitz, usw. usw.

Die Homöopathie bietet hierbei eine vielfältige Therapie an, aber natürlich müssen gleichzeitig die Ursachen, die zu solchen Untugenden geführt haben, ausgemerzt werden.

Bei großer Angst, Berührungsangst und ängstlicher Erregung haben sich Hypericum D 6, Arsenicum album und Arnica bewährt. Bei Erschrecken durch ungewohnte Geräusche kann Nux vomica gegeben werden. Die Angst vor dem Alleinsein und das Kleben können mit Natrium muriaticum und Prunus laurocerasus angegangen werden. Bei Quietschen, Überempfindlichkeit und gestörter Psyche helfen Platin, Ignatia und Natrium muriaticum. Ängstlichkeit und gefährliches Davonstürmen beeinflußt Glonoinum (Nitroglyzerin).

Stute und Fohlen

Alle Pferdezüchter sind an der Fruchtbarkeit und Gesundheit ihrer Stuten interessiert und stehen immer wieder vor dem Problem, trotz aller Bemühungen keine trächtigen Stuten und keine Fohlen zu bekommen. Wie immer sind auch hier Haltung und Fütterung ganz entscheidende Faktoren. Mangel bei der Ernährung, Mangel bei der Haltung und Pflege können zu Störungen im Fruchtbarkeitsgeschehen führen. Die Stute sollte deshalb nicht nur einen geräumigen, gut klimatisierten Stall, sondern nach Möglichkeit einen Auslauf oder eine Weide haben. Vor Zuchtbeginn sollte jede Stute tierärztlich auf Zuchtfähigkeit untersucht werden. Gleichzeitig sollte eine Tupferprobe darüber Auskunft geben, ob die Gebärmutter frei von pathogenen Keimen ist, was sonst eine Ansteckungsgefahr für den Deckhengst bedeutet und in der Regel zu Unfruchtbarkeit führt.

Liegt eine **Uterusentzündung** oder ein **Katarrh der Geburtswege** vor, muß unbedingt gehandelt werden, da sonst mit einer Unfruchtbarkeit zu rechnen ist. Solche Entzündungen können das Krankheitsbild der leichten Schleimhautreizung bis zur totalen Gebärmuttervereiterung haben. Im leichten Stadium verläuft die Krankheit oft unerkannt, in der fortgeschrittenen Phase bemerkt man vermehrten Sekretausfluß, Sekrettropfen am unteren Schamwinkel. Bei stärkerem Befund zeichnen sich oftmals schleimig-eitrige Sekretbahnen an den Innenschenkeln und entsprechende Verkrustungen und Verklebungen am Schweif ab.

Die Ursachen sind verschiedener Natur. Fütterungs- und Haltungsfehler, die zur allgemeinen Schwächung der körpereigenen Abwehr führen können, wurden schon erwähnt. Oft sind organische Fehler wie schlechter Schluß der Vagina, Pneumovagina, Verletzungen von vorhergehenden Geburten oder beim Deckakt, schlecht verheilte Dammrisse, Infektionen, mangelhafte Pflege, Nachgeburtsverhalten, starke Abmagerung u. v. a. m. die Ursache. Neben dem Ausfluß aus der Scham sind Symptome wie Fieber, Pulsbeschleunigung, mangelnde Freßlust, gestörtes Allgemeinbefinden und Schwellungen der Schamgegend bis zu Ödemen an den Hintergliedmaßen in unterschiedlichem Erscheinungsbild erkennbar.

Homöopathisch kann man bei dickflüssigem, eitrigem Ausfluß mit Echinacea- und Calendulalösungen sowie mit Pulsatilla D 30, 3× täglich 20 Tropfen, helfen. Ist der Ausfluß übelriechend, grüngelb und mit Blutungen in der Scheidenschleimhaut verbunden, ist Kreosotum D 30, 3× täglich 20 Tropfen, angezeigt. Bilden sich Geschwüre, hilft Acidum nitricum D 6, täglich 30 Tropfen. Bei fieberhaften Zuständen gibt man Belladonna und bei stark eitrigem Ausfluß Sabina D 3 und Pulsatilla D 4, 5× täglich. Bei blutigem Ausfluß und dem Verdacht auf eine allgemeine Blutvergiftung sind Lachesis D 8 und Sabina D 3, unter Umständen gemeinsam mit Echinacea D 4 und Pyrogenium D 12, angezeigt, bei bedenklichem Zustand stündlich je 10 Tropfen im Wechsel. Gleichzeitig muß streng darauf geachtet werden, daß der Vitamin-, Mineralstoff- und Spurenelementgehalt des Futters optimal dem Bedürfnis der Stute angepaßt ist.

Tritt die Gebärmutterentzündung als Folge einer Geburt auf, sind die Entzündungszustände und Fieber mit Echinacea D 4 und Pyrogenium D 12, mehrere Gaben alle Stunde, eventuell unterstützt durch Belladonna D 6, 4× täglich 15 Tropfen, und bei Blutungen Sabina D 6, 3× täglich 20 Tropfen, zu behandeln.

Liegen hormonelle Störungen vor, hat die Stute einen verkümmerten Geschlechtstrieb und kommt nicht oder nur schwach in die Rosse, kann man mit Pulsatilla D 4, unter Umständen kombiniert mit Calcium carbonicum, nachhelfen. Aristolochia D 15, ergänzt mit Calcium phosphoricum D 4, beeinflußt den Hormonhaushalt positiv. Bei stiller Rosse kann Formidium helfen oder Pulsatilla D 4. Kann man die Stute in der Fohlenrosse nicht zum Hengst führen oder besamen, und läßt die zweite Rosse auf sich warten, gibt man Pulsatilla D 2 und Sepia D 4. Ist die Stute antriebslos und macht einen erschöpften Eindruck, kann Murex D 30 helfen.

Immer wieder kommt es auch zu hormonellen Störungen der Eierstockfunktion, was bis zur Nymphomanie ausarten kann. Hier ist immer eine tierärztliche Eierstockbehandlung notwendig, die Funktionsstörungen, oftmals Eierstockzysten, beseitigt. Homöopathisch kann hier Colocynthis D 6, 3× täglich 20 Tropfen, Aurum jodatum D 6, 3× täglich, oder Jodum D 6, 3× täglich 20 Tropfen, helfen. Ist dabei das gesamte harnableitende System miterkrankt, ist Aurum muriaticum D 30 angezeigt.

Der Reiter und Züchter erkennt solche Tiere meist an ihrem veränderten Wesen. Gutartige Tiere werden kitzelig, manchmal sogar bösartig, quietschen, blitzen, setzen häufig Harn ab und halten oftmals den Schweif schief zur Seite. Beim Reiten gehen sie gegen den Schenkel oder bleiben bei Vorwärtshilfen stehen, ja gehen sogar rückwärts und drücken als Gespannpferde gegen die Deichsel. Hier kann die Gabe von Aurum metallicum D 6 oder Aurum aceticum D 6 mit Bufo D 10 helfen. Bei Pferden mit hohem Vollblutanteil empfiehlt sich Platinum D 3, morgens und abends je 20 Tropfen über eine Woche lang. Auch bei Überempfindlichkeit und Drücken der Scham gegen die Boxenwand empfiehlt sich die Gabe von Platin. Die Stuten brauchen dabei auch viel Bewegung.

Ist die Stute tragend und die Trächtigkeit durch eine Ultraschall- oder eine manuelle Frühträchtigkeitsuntersuchung bestätigt, kann immer noch, meist zwischen dem 30. und 40. Tag, ein **frühembryonaler Fruchttod** eintreten, vielfach unbemerkt, da die Frucht durch die Gebärmutterschleimhaut resorbiert wird. Auch beim später auftretenden **Frühabort** wird dies durch die geringe Größe des Fötus oft nicht bemerkt. Ein gutes Vorbeugemittel gegen die Resorption sind Pulsatilla D 4 und Sepia D 4. Besteht bei Toxikationen, schweren Erkrankungen und massiven Infektionen Gefahr für das Leben des Fötus, ist die Gabe von Lachesis D 8 angezeigt. Auch Verletzungen, Aufregungen, schwere körperliche Anstrengungen, Fütterungs- und Haltungsfehler, schmerzhafte Koliken mit Niederwerfen, unvernünftiger reiterlicher Einsatz u. dgl. können eine Frühgeburt auslösen. Hier gibt es eine ganze Reihe homöopathischer Arzneimittel, wie zum Beispiel bei Verletzungen Arnica D 30, 20 Tropfen im Abstand von je 1 Stunde, Sabina D 6, 20 Tropfen alle 2 Stunden bei Blutungen, China D 30 bei hohem Blutverlust, Chelidonium D 30 bei starken Schreckreaktionen oder Pyrogenium D 30 bei einem Abort.

Der **Abort**, insbesondere der **Virusabort**, kommt bei der Stute immer wieder vor. Die Ursachen sind vielfältig und liegen oftmals im Verschulden des Pferdehalters. Pferdezucht ist eine Tätigkeit, die nicht leichtfertig als Hobby betrieben werden kann, sondern fundierte Kenntnisse voraussetzt. Der Zucht- und Abfohlstall muß den Erfordernissen genügen. Eine brüchige Holzhütte auf einer abgelegenen Koppel ist kein Abfohlstall. Wichtig ist immer die Überwachung der Trächtigkeit, die gute Zugänglichkeit des Stalles, Licht, eine trockene Einstreu und Wasser. Gerade bei einem Virusabort, der meist spontan erfolgt und vielfach die Folge einer Rhinopneumonitis ist, kommt man um hygienische Maßnahmen nicht herum. Aber auch andere Erreger, besonders Schimmelpilze im Futter und modrige, schimmlige Streu, können Frühgeburten auslösen. Es ist deshalb unumgänglich bei jedem Abort, u. U. durch Untersuchung des Fötus in einem Untersuchungsinstitut, tierärztlich die Ursache zu ergründen. Beim Virusabort ist jeder Kontakt mit anderen Pferden zu vermeiden und der Stall mehrfach speziell zu desinfizieren.

Kommt die Stute schon vor der Geburt in die Laktation, kann es zu einer Unterversorgung des Fohlens im Mutterleib mit Antikörpern gegen Infektionen kommen. Die sogenannte Kolostralmilch der ersten 36 Stunden enthält eine Fülle unentbehrlicher Schutzstoffe. Es ist deshalb wichtig, eine solche hormonelle Störung möglichst schnell mit Pulsatilla D 4 oder Sepia D 4 zu beheben.

Die **Geburt** ist die natürlichste Sache der Welt und keine Krankheit. Wenn das Umfeld stimmt, der Stall frisch eingestreut ist, die Geburtsanzeichen, wie die Zäpfchen am Euter und die Schwellung der Scheide, normal verlaufen, ist jeder Eingriff überflüssig. Erkennt man das Einschießen der Milch im Euter und das Einsinken der Mutterbänder an der Kruppe, fühlt man die gering erhöhte Hauttemperatur, beginnt die Stute unter Umständen leicht zu schwitzen, stellt sie sich öfters zum Harnabsatz und wird unruhig, kann es nicht mehr lange dauern. Beim Pferd ist der Geburtsverlauf meist schnell. Von den ersten Anzeichen der Wehen, dem Platzen der Wasserblase bis zur eigentlichen Geburtsphase, dem Auspressen des Fohlens, vergehen meist weniger als zwei Stunden, wobei dann zwischen dem Erscheinen der Vorderfüße, dem Platzen der Blase, dem Austreiben des Fohlens und dem Abnabeln selten mehr als 30 Minuten vergehen. Dauert es länger, ist die Stute sehr unruhig, legt sie sich wie bei einer Kolik ständig hin und springt auf, kommt sie sehr stark ins Schwitzen, sind die Preßwehen sichtbar schwach, ist Vorsicht geboten. Man muß feststellen, ob das Fohlen richtig liegt, ob die Vorderbeine oder gar der Kopf umgeschlagen sind oder ob es sich um eine Hinterendlage handelt und das Fohlen rückwärts kommt. Ist das der Fall, sollte man seine Möglichkeiten nicht überschätzen und möglichst schnell einen erfahrenen Tierarzt zuziehen. Gerade weil eine Geburt bei der Stute meist relativ rasch verläuft, ist die Zeit, ein gesundes Fohlen zur Welt zu bringen, oft schnell abgelaufen. Steckt das Fohlen in den Geburtswegen und kommt nicht weiter, ist zu kontrollieren, ob die Fruchtblase schon geplatzt ist. Ist das nicht der Fall, muß man die Blase öffnen, damit das Fohlen nicht erstickt.

Auch wenn die Geburt ein ganz normaler Vorgang im Leben ist, sollte immer ein erfahrener Helfer dabei sein, damit nicht aus Unkenntnis oder Leichtsinn am Ende langer Zuchtbemühungen und der dabei entstehenden Kosten ein totgeborenes Fohlen oder gar eine schwerkranke Stute stehen.

Auch die Homöopathie kann helfen. Bei Übertragen und dem Verdacht auf ein sehr großes Fohlen schaffen Pulsatilla D 4 und Caulophyllum D 4 neue Energie für den Geburtsablauf. Man gibt etwa 8 Tage vor dem erwarteten Geburtstermin 1× täglich 20 Tropfen, nach drei Tagen 3× täglich 20 Tropfen, was auch den normalen Nachgeburtsabgang fördert. Auch bei akuter Wehenschwäche hat sich Pulsatilla D 4 als Wehenmittel und Regulativ bewährt. Setzen die Wehen ganz aus, gibt man Caulophyllum D 30 dazu. Ist Zughilfe bei der Geburt notwendig, darf nie grobe Gewalt angewendet werden, sondern der Zug muß im Rhythmus der Wehen erfolgen. Zu starkes Ziehen ist schädlich für Stute und Fohlen und kann zu Verletzungen in den Geburtswegen und vor allem an den Beinen des Fohlens führen. Hier kann man Arnica oder Hypericum D 4, 3× täglich 15 Tropfen, geben. Sehr wichtig ist bei der Geburt der normale **Abgang der Nachgeburt**, der in der Regel innerhalb einer Stunde geschehen sein sollte. Hier kann Caulophyllum D 4 eingesetzt werden. Ist die Nachgeburt innerhalb dieser Frist nicht abgegangen, empfiehlt es sich immer, einen Tierarzt zu Rate zu ziehen, da Nachgeburtsverhaltung bei der Stute erhebliche Erkrankungen, u. a. die gefürchtete **Geburtsrehe**, nach sich ziehen kann.

Immer wieder zeigt sich nach der Geburt bei der Stute ein rötlichbrauner **Ausfluß**. Ist das Allgemeinbefinden nicht gestört, frißt die Stute normal, gibt sie genügend Milch und kümmert sie sich um ihr Fohlen, kann man diesen Ausfluß als eine natürliche Reinigung einstufen. Hier helfen Pulsatilla D 4, 3× täglich 20 Tropfen, und Sabina D 3, 3× täglich 20 Tropfen.

Bei **Milchmangel** muß immer an Ernährungsmängel gedacht werden, und in vielen Fällen ist eine exakte Futteranalyse notwendig, ebenso wie die Überprüfung der Haltungsbedingungen. Geht der Milchmangel auf eine hormonelle Störung zurück oder ist er Folge einer schweren Erkrankung, muß ein kompetenter Fachmann zugezogen werden. Hilfreich ist hierbei auch immer die Gabe von Asa foetida D 3 und Phytolacca D 4. Bewährt hat sich auch die Fütterung von Brennesseln oder Bockshornkleesamen sowie die Verabreichung eines Suds von Kümmel, die alle die Milchsekretion steigern.

Ist das Euter gereizt, vermehrt warm oder entzündet, kann die **Euterentzündung** mit Arnikasalbe angegangen werden. Phytolacca D 12, 3× täglich 20 Tropfen, Phellandrium D 6, 3× täglich 20 Tropfen, und Phytolacca D 3, 3× täglich 20 Tropfen, sowie Apis D 4, 3× täglich 20 Tropfen sind hier angezeigt. Ist das Allgemeinbefinden stark gestört, das Euter sehr hart und schmerzhaft, helfen Apis D 4 und Lachesis D 6, in Verbindung mit Phellandrium D 3, das für stärkeren Sekretabgang in den entzündeten Milchkanälen sorgt.

Selten kommen Stuten nach der Geburt zum **Festliegen**. Hier ist immer die Ursache zu ermitteln und eine entsprechende Behandlung durch den Tierarzt einzuleiten, da festliegende Pferde sehr schnell an einem allgemeinen Stoffwechselversagen oder einer Leberdystrophie sterben können. Homöopathisch haben sich, je nach Ursache, Rhus tox., Belladonna, Arnica und Hypericum bewährt, jeweils D 6, 3× täglich 20 Tropfen, außerdem China D 12, ebenfalls 3× täglich 20 Tropfen.

Erkrankungen des Fohlens

Die Erkrankungen des Fohlens sind vielschichtig und umfassen die ganze Palette der Krankheiten von heranwachsenden und ausgewachsenen Pferden. Dieser Abschnitt soll sich deshalb auf die speziellen Erkrankungen der **neugeborenen Fohlen** beschränken. Da ist einmal die **Hypoxämie**, die **mangelhafte Sauerstoffversorgung**, nach der Geburt. Die Symptome sind leicht zu erkennen und zeigen sich im Luftschnappen bei der Atmung, in der Aspiration von Flüssigkeit, in einer teilweise völligen Erschlaffung, im Heraushängen der anämischen Zunge und in zyanotischen, bläulichen Schleimhäuten.
Die Ursache kann in der Anämie der Mutterstute, im vorzeitigen Lösen der Plazenta oder Riß der Nabelschnur, in der Geburt, ohne daß die Plazenta eröffnet war, in der Aspiration von Fruchtwasser oder im langen Eingeklemmtsein in den Geburtswegen liegen. Schnelle Hilfe tut not. Man hält das Fohlen an den Hinterbeinen hoch, um das Fruchtwasser aus der Lunge auslaufen zu lassen. Kalte Duschen auf den Brustraum und Hinterkopf und Abreiben mit Stroh setzen Hautreize, die Kreislauf und Atmung anregen. Atmungsmassage durch Anheben der Vordergliedmaßen und Mund-zu-Mund-Beatmung können helfen, müssen aber meist 15 Minuten durchgeführt werden. Ist ein Tierarzt bei der Geburt zur Stelle, wird er eine künstliche Sauerstoffzufuhr einleiten. Unterstützung des Kreislaufs durch *Crataegus* oder *Digitalis purpurea* und *Convallaria majalis* unterstützen diese Maßnahmen.
Die **Lebensschwäche** des Fohlens kommt immer wieder vor. Die Fohlen sind physiologisch unreif, zeigen sehr geringe Vitalität, können nur schwer oder gar nicht aufstehen und sind oft nicht in der Lage, an der Mutter zu trinken. Ursache ist meistens eine Mangelernährung der Stute in der Tragezeit, wobei der Mangel an Vitamin A eine wichtige Rolle spielt. Die Behandlungsmöglichkeit ist eingeschränkt. Gaben von Vitaminen, Spurenelementen und Mineralstoffen, Crataegus D 1, Calcium carbonicum D 30 können helfen.
Die **Darmpechverhaltung** macht besonders in den ersten 36 Lebensstunden vielen Fohlen zu schaffen. Trotz Pressen erfolgt kein Kotabsatz. Die Tiere werden matt und phlegmatisch, sie zeigen Saugunlust und oft leichte Kolikerscheinungen, die Lidbindehäute weisen Stauungserscheinungen auf, und die Pulsfrequenz steigt an. Die Ursache liegt in der anatomischen Weitlumigkeit des Darmtraktes des Fohlens, wo sich große Mengen Darmpech ansammeln können, an Mangelernährung der trächtigen Mutterstute, an Infektionen und an der ungenügenden oder verspäteten Aufnahme der Kolostralmilch. Helfen können Paraffinöleinläufe, Nux vomica D 6, 4× täglich 7 Globuli auf die Zunge, und Kümmeltee.
Fohlenenteritis oder **Durchfall** ist eine häufige Erkrankung mit vielen Ursachen. Die **Diarrhoe** ist immer gefährlich, da sie das Fohlen sehr schnell und stark schwächen kann, was innerhalb weniger

Tage zu einem Kreislaufversagen und zum Tode führen kann. Der Durchfall kann durch die Rosse der Stute ausgelöst werden, es kann zuviel Cholesterin in der Kolostralmilch sein, oft ist auch ein starker Wurmbefall der Grund. Hypovitaminosen der Stuten, stark leguminosehaltiges Futter, reichliche Fütterung mit sehr jungem Gras, Aufnahme von Jauche oder Pfützenwasser durch das Fohlen, Haltungsfehler, Erkältung u. v. a. m. können daran beteiligt sein. Der geschädigte Darm ist dann besonders empfänglich für bakterielle Besiedelung, z. B. durch *Actinobacillus equi*, was zur **Fohlenlähme** führt, oder durch *Escherichia coli*, die **Koliruhr**, oder eine Klebsiella-pneumoniae-Infektion, eine Salmonellose oder eine Streptococcus-zooepidemicus-Infektion, eine klassische Form der Fohlenlähme, und viele andere bakterielle und virale Infektionen.

Hier ist immer schnelle tierärztliche Hilfe notwendig, um die Ursachen der Erkrankung zu diagnostizieren und fachmännische, spezielle Gegenmaßnahmen einzuleiten. Es ist aber besonders wichtig, die körpereigene Abwehr des Tieres zu mobilisieren, um die Durchfallerscheinungen zu überwinden. Neben *Carbo vegetabilis,* der Holzkohle, als Carbo vegetabilis D 8, 3× täglich 1 Dosis, tut *Podophyllum peltatum,*

der Maiapfel, in der Dosis D 6, 4× täglich eine Dosis, gute Dienste. Mercurius solubilis D 6, 4× täglich 1 Dosis, ist besonders da gefragt, wo schon die Darmschleimhaut erheblich geschädigt ist. Ist der Durchfall übelriechend oder gar schaumig, ist Magnesium phosphoricum D 6, 3× täglich 1 Dosis, angezeigt, und kommt es zu ständigen Blähungen, hilft *Cinchona succirubra,* der Chinarindenbaum, in der Dosierung D 6, 2× täglich 1 Dosis.

Infolge der verschiedensten Fehler, Nachlässigkeiten und Zwischenfälle verliert die Mutterstute immer wieder bei der Geburt oder kurz danach das Leben, so daß das Fohlen von Hand aufgezogen werden muß. Hier ist viel Mühe und eine ständige Betreuung gefragt. Der Nabel ist optimal zu versorgen, um Infektionen vorzubeugen. Das Fohlen ist in einer sauberen Box zu halten und mindestens 8× zu tränken. Als Ersatzmilch kann Kuhmilch genommen werden. Um den hohen Fettgehalt, den das Fohlen nicht benötigt, zu senken, ist die Milch abzurahmen und wegen des hohen Eiweißgehaltes mit Wasser zu verdünnen. Einfacher geht es natürlich mit anerkanntem industriellem Stutenmilchersatz. Im allgemeinen kann bei sorgfältiger Vorgehensweise eine mutterlose Fohlenaufzucht problemlos durchgeführt werden.

Die Arzneimittelbilder

Diagnose, Symptome, Modalitäten und Konstitutionen in der Homöopathie

Die Homöopathie kennt in der praktischen Anwendung eine Reihe von Begriffen, die einer Erklärung bedürfen. Alles Leben läuft in einem harmonischen Wechsel-, Gegen- und Zusammenspiel zwischen dem Einzelorganismus und seiner Umwelt ab. Die Krankheiten sind die Disharmonien bei diesem Zusammenspiel. An den meisten Krankheiten der Pferde, wie natürlich auch bei allen anderen Lebewesen, sind Außen- und Innenfaktoren mit mehr oder weniger starker Prägung beteiligt. Der homöopathischen Behandlung kann deshalb die Diagnosestellung allein nicht genügen. Sie muß durch die Wertung der Gesamtkonstitution des erkrankten Pferdes differenziert und untermauert werden. Es geht also nicht nur um die Behandlung einer speziellen Krankheit oder der von der Krankheit betroffenen Organe, sondern es geht immer um das kranke Tier als Ganzes. Jeder Organdefekt wird im Fließsystem des Organismus nicht ohne Auswirkungen auf andere Organe bleiben. Unter diesem Gesichtspunkt kann deshalb eine besondere, spezielle Organbehandlung nur bei Berücksichtigung des Gesamtorganismus erfolgreich sein. Ja, die Erfolge der Homöopathie erklären sich geradezu in der therapeutischen Erfassung dieser Zusammenhänge.

Die Grundlage alles speziellen homöopathischen Handelns sind dabei die **Arzneimittelbilder**. Sie wurden durch Prüfung der homöopathischen Arzneimittel an gesunden Menschen und Tieren und durch die praktische Erfahrung bei der Behandlung gefunden, analysiert und festgeschrieben. Sie sind den Vergiftungsbildern oder Krankheitsbildern gleichzusetzen, die ein Stoff im Organismus auslöst und durch spezielle Vergiftungserscheinungen, sprich Krankheitssymptome, dokumentiert. Neben der körperlichen klinischen Diagnose kommt bei der homöopathischen Behandlung der Erstellung einer **Arzneimitteldiagnose** eine entscheidende Bedeutung zu. Dazu ist eine gewissenhafte und objektive Erfassung aller am kranken Tier erkennbarer Krankheitssymptome unerläßlich. Es gilt, aus der Vielzahl der Symptome das sogenannte **Leitsymptom** zur Findung des entsprechenden **Similes** zu erkennen. Da dies nicht immer gelingt, ist in zweifelhaften Fällen der Einsatz mehrerer Einzelmittel oder die Anwendung von Kombinations- oder Komplexmitteln empfehlenswert. Bei der Mittelwahl darf die Art und Weise, in der das kranke Pferd auf die Bedingungen seines Umfelds reagiert hat, nicht unberücksichtigt bleiben. Diese Art des Krankheitsablaufes sind in der Homöopathie die **Modalitäten**, die die Krankheitssymptome durch äußere Einflüsse oder auch psychische Faktoren im Sinne einer Besserung oder Verschlechterung beeinflussen. Oftmals

können diese Modalitäten den letzten Ausschlag für die Wahl des Mittels geben.
Grundsatz der Arzneimitteltherapie muß immer sein:
Es muß die größtmögliche Ähnlichkeit zwischen dem Symptombild des kranken Tieres und dem Vergiftungsbild des Arzneimittels erreicht werden. Je optimaler diese Abdeckung erfolgt, desto sicherer ist der Behandlungserfolg.
Man kann auch sagen: Die Toxikologie der Medikamente muß dem Krankheitsgeschehen entsprechen. *Similia similibus curentur.* Mit allopathischen Kriterien ist ein homöopathisches Arzneimittel nicht wäg- und vergleichbar, denn es ist weder stark noch schwach, auch nicht gut oder schlecht, sondern es kommt allein auf die richtige „Wellenlänge" an. Homöopathische Mittel wirken durch ihre stoffliche Potenzierung rein informativ ein auf die Regelkreise des Organismus, die alle Lebensvorgänge steuern. Es treten deshalb die Potenz und die Verabreichungsart und -menge hinter die Wirkung des Similes, der Ähnlichkeit, zurück.
Durch den „krankmachenden Reiz" nach der Einnahme eines Homöopathikums tritt gelegentlich eine **Erstverschlimmerung** auf. Sie ist das sichtbare Zeichen, daß das Mittel absolut passend gewählt wurde. In der Therapie reagiert man in diesem Fall mit der Wahl einer höheren Potenz oder mit längeren Eingabeintervallen.
Die Wirkungsgrenzen der homöopathischen Behandlung werden immer dann erreicht, wenn die durch das Mittel gesetzte Information von den Steuerungsmechanismen des Organismus nicht mehr angenommen und beantwortet werden kann.

Im vielseitigen Arzneimittelschatz der Homöopathie sind noch zur Abrundung die Mittel zu nennen, die einen großen, breiten Wirkungskreis besitzen. Diese vielnützigen Mittel werden **Polychreste** genannt und kommen, wie zum Beispiel Sulfur, bei der Erkrankung der verschiedensten Organsysteme erfolgreich zum Einsatz. Man nennt Sulfur deshalb auch den „großen Katalysator" in der Homöopathie, wobei viele Lebensvorgänge, vor allem die Anregung der Stoffwechselvorgänge in den Organen, positiv beeinflußt werden können.
Daneben gibt es die **Konstitutionsmittel,** die bei bestimmten Konstitutionstypen unserer Pferde eingesetzt werden können. Sie sind nicht einfach mit den Konstitutionstypen der Schulmedizin gleichzusetzen, denn sie sind viel zahlreicher, individueller und exakter in ihrer Ausdeutung. Der erfahrene Homöopath bezeichnet denn auch seine kranken Pferde oftmals nach ihrem Konstitutionstyp und spricht von einem Phosphor-Typ, einem Pulsatilla-Typ, einem Nux-vomica-Typ oder einem Calcium-carbonicum-Typ usw. Diese Konstitutionsmittel eignen sich dabei besonders als Basistherapeutikum für Pferde, deren Typ und Wesensart sie entsprechen. Besonders wenn es große Schwierigkeiten macht, eine Arzneimitteldiagnose mit einem entsprechenden Simile abzudecken, kann mit dem passenden Konstitutionsmittel erfolgreich therapiert werden.
Die nachfolgend genannten Arzneimittelbilder umfassen einen wichtigen Teil der in der Praxis angewandten Homöopathika. Auf ihrer Kenntnis beruhen das Wissen, die Erfahrung und der Erfolg jedes homöopathisch tätigen Therapeuten.

Arzneimittelbilder

Acidum formicicum
Ameisensäure

Die Ameisensäure wird in der Homöopathie vor allen Dingen als unspezifische Reiztherapie angewendet und gilt als Umstimmungsmittel bei Erkrankungen der Haut, der Lunge, der Gelenke, des Magens und Darmes, besonders aber beim allergischen Geschehen.

Hier sind zu nennen die akuten und chronischen Hautallergien, die allergischen Bronchialerkrankungen und das Lungenemphysem. Auch bei rheumatisch-arthritischen Schädigungen (Kniegelenk) und bei Neuralgien kann mit Ameisensäure erfolgreich behandelt werden. Es sei auf die gezielte segmentale Quaddelung in die hyperallergetischen Punkte hingewiesen.

Acidum formicum D 6 in die entsprechenden Nervenpunkte des Widerristes.

Aconitum
[Aconitum napellus]
Sturmhut, Eisenhut

Das zu Beginn der Blütezeit aus den oberirdischen Pflanzenteilen und Wurzelknollen gewonnene Aconitin ist ein außerordentlich stark wirksames Gift. Bereits Milligrammdosen sind ausreichend, um ein Pferd zu töten.

Das Vergiftungsbild wird von der starken Reizung des Zentralnervensystems beherrscht, wobei die Erscheinungen plötzlich und heftig auftreten und mit großer motorischer Unruhe und Angst des Tieres verbunden sind. Alle Organe werden beeinflußt: Herzklopfen mit hartem Puls, hohes Fieber, schwere Atemnot, Äußerung von Angst, von Durst und Frösteln mit kaltem Schweiß.

Aconitum ist das Initialmittel der akuten und hochfieberhaften Entzündung (Erkältung), besonders dann angezeigt, wenn sie durch schädigende äußere Noxen, wie bei Erkältung durch harten trockenen und kalten Wind, ausgelöst wurde (rheumatische Kolik).

Zu den besonderen Symptomen neben der außerordentlichen Ängstlichkeit gehört der heftige Durst auf große Mengen Wasser.

Außer seinen Wirkungen in akuten Entzündungsfällen hat Aconitum noch besondere Wirkung auf chronische Erkrankungen, die sich vorwiegend in nervösen Zusammenhängen äußern.

Verschlimmerung tritt abends und nachts ein. Auch in der Wärme wird alles schlimmer.

Aesculus
[Aesculus hippocastanum]
Roßkastanie

Die Wirkung von Aesculus erstreckt sich vornehmlich auf die venösen Stasen im Gebiet der Kleinbeckenvenen, der Pfortader und der peripheren Nerven. Die venösen Stauungen zeigen deutlich Schmerzhaftigkeit.

Die Wirkung des Mittels geht vom Kopf bis zum After, umfaßt alle venösen Atonien und dadurch bedingte Stauungen. Besonders sei auf die lumbagoähnlichen Schmerzen hingewiesen, wie sie bei Stuten nicht selten während der Trächtigkeit auftreten.

Nach neueren Untersuchungen kann Aesculus Permeabilitätsstörungen der Gefäßendothelien beheben.

Bewegung fördert den intensiven Blutumlauf besonders in den Gliedmaßen.

Im allgemeinen soll mit tiefen Potenzen behandelt werden, die mehrmals am Tage zu verabreichen sind.

Alumina
Aluminiumoxyd (Tonerde)
In der klinischen Anwendung ist vor allen Dingen die essigsaure Tonerde als Adstringens und Antiseptikum für die äußere Haut bekannt. Das Mittel ist besonders bei älteren Tieren angezeigt, die unter atonischen Magen- und Darmlähmungen leiden. Die Tiere zeigen keinerlei Stuhlgang. Mutterstuten während der Trächtigkeit leiden besonders unter diesem Umstand.
Die äußere Haut fühlt sich kalt an und ist trocken und rissig. Auch kann Haarausfall auftreten.
Auch die Schleimhäute (Auge, Nase, Maulhöhlen) zeigen diese Trockenheit mit festsitzendem zähem Sekret.
Die Gesamtkonstitution ist im allgemeinen mager, matt bis kachektisch. Es besteht große Empfindlichkeit gegen Kälte und Wetterwechsel.

Antimonium
[Antimonium crudum]
Schwarzer Spießglanz
Das Mittel hat zwei spezielle Zielrichtungen: den Magen- und Darmkanal und die äußere Haut. Pferde, die Antimonium crudum benötigen, sind meist recht gefräßig und tendieren zu Magenüberladung. Es können aber auch Durchfälle mit viel Schleim und Tenesmen mit hartnäckigen Obstipationen wechseln.
Auf der Haut finden wir Urtikaria und Pusteln und eine starke Neigung zu hornartigen, schmerzhaften Schwielen. Haarausfall, brüchiges Hufhorn und Hornspalt treten auf. Typisch bei den Magen- und Darmerkrankungen ist eine dick weiß belegte Zunge.
Charakteristisch ist die Verschlimmerung der Beschwerden in der Sommerhitze. Auch die Hautsymptome verstärken sich im Sommer (Sommerekzem).

Apis mellifica
Honigbiene
Das aus der ganzen Honigbiene hergestellte Homöopathikum ist das Mittel gegen Ödeme jeder Art, ob es sich um einen akut-entzündlichen Vorgang wie nach einem Bienenstich handelt oder um Ödeme infolge von Niereninsuffizienz bei Glomerulonephritis oder kardialer Insuffizienz. Es können aber auch seröse Ergüsse in den Körperhöhlen Indikation für Apis sein.
Apis hat besondere Beziehung zur rechten Körperseite und organspezifische Wirkung auf das rechte Ovar bei groß- und kleinzystischer Degeneration.
Auch bei akuten Exanthemen und Urtikaria ist Apis indiziert.
Typisch für Apis ist die Durstlosigkeit der Tiere.
Wärme wird nicht vertragen – aber der krankhafte Zustand bessert sich durch Kälte und Bewegung in frischer Luft.

Argentum nitricum
Silbernitrat – Höllenstein
Der Höllenstein findet seine homöopathische Anwendung bei Erkrankungen der Schleimhäute des Magens und Darms sowie bei Erkrankungen des Zentralnervensystems einschließlich des Vegetativums, wobei besonders vagotone Zustände beeinflußt werden. Die Pferde sind ängstlich und unruhig, zeigen deutliche Platzangst beim Verladen und beim Einführen in die Startboxen der Rennbahn. Durchfälle mit grünem, schleimigem Abgang verbunden mit starker Aufblähung. Die Atmungsschleimhaut zeigt schleimig-eitrigen Auswurf (chronische Laryngitis).

Argentum nitricum ist auch einzusetzen bei Erkrankungen der Harnwege wie z. B. Nephritis mit blutigem, eiweißhaltigem Urin, Blasen- und Harnleiterentzündung. Die krankhaften Zustände bessern sich beim Führen in der frischen Luft – verschlechtern sich aber deutlich nach Aufregung und Überanstrengung. Typisch für Argentum nitricum ist das dauernde Verlangen nach Zucker oder nach anderen Süßigkeiten.

Aristolochia
[Aristolochia clematitis]
Osterluzei
Die Anwendung der Aristolochia kann bei Pferden innerlich und äußerlich erfolgen. Zur äußeren Anwendung bietet sich Aristolochia-Tinktur in Form feuchter Umschläge als Wundheilungsmittel bei schlechtheilenden Wunden an.

Bei Stasen im venösen Kreislauf der Gliedmaßen hat sich Aristolochia bei Ödemen und Phlegmonen bewährt.

Eine wesentliche Indikation für Aristolochia ist die hormonähnliche funktionsregulative Steuerung im Genitalbereich bei Anaphrodisie und Ovarialdegeneration. Aristolochia ist dem Pulsatillabild sehr ähnlich.

Auch bei entzündlichen katarrhalischen Schleimhautentzündungen, die sich in zäh schleimig-eitrigen Sekreten zeigen, kann Aristolochia sehr hilfreich sein.

Lokale Wärme bessert, wie auch die eintretende Sekretion. Besserung tritt auch durch Bewegung in der frischen Luft ein.

Arnica
[Arnica montana]
Bergwohlverleih
Im frühen Mittelalter wurde Arnica schon als Volksheilmittel bei Wunden und Verletzungen eingesetzt (Hildegard von Bingen).

Die Urtinktur wird aus dem vorsichtig getrockneten und gepulverten Wurzelstock der Pflanze gewonnen. Die Hauptwirkung liegt in der Heilung traumatischer Läsionen wie Quetschungen, Stauchungen, Wunden, Hämatomen usw. und kann sowohl innerlich wie äußerlich Anwendung finden. Arnica hilft bei Muskelschmerzen (Muskelkater) nach Überanstrengung, und seine tonisierende Beeinflussung des Gefäßsystems im venösen und kapillaren Gebiet fördert dadurch den Säfteaustausch und den Abtransport von Entzündungsprodukten aus dem Entzündungsbereich.

Arnica hat sich auch bei der Schockbehandlung bewährt und sollte routinemäßig vor und nach Operationen oder auch bei der Unverträglichkeit von Impfungen eingesetzt werden. Besonderes Leitsymptom: Mattigkeit des Patienten.

Vom Konstitutionstyp her ist Arnica auf schwere, stark bemuskelte Pferderassen gerichtet.

Verschlimmerung: jegliche Bewegung und Erschütterung des Tieres.

Arsenicum album
Arsentrioxyd
Arsenicum album steht für Abmagerung, Entkräftung und Erschöpfung in Verbindung mit großer Unruhe und Angst. Die Pferde laufen verängstigt hin und her und nehmen vermehrt stets nur kleine Mengen Wasser auf. Arsenicum album ist kein Mittel des Anfangs, sondern ist mehr zur Nachbehandlung bei Infektionskrankheiten oder schweren chronischen Organkrankheiten indiziert.

Arsen wird oft bei chronischen Hautkrankheiten eingesetzt, die sich durch Schuppung und Trockenheit bei erheblichem Juckreiz dokumentieren. Gut bewährt hat sich Arsen bei chronischen wässrigen Durchfällen, die periodisch auftreten, übelriechend und ätzend sind. Arsen hat quälenden nächtlichen Husten bei trockener Schleimhaut und das Auftreten von Atemnot zur Folge, besonders wenn sich die Pferde hinlegen. Gute Wirkung zeigt Arsen bei anämischen Zuständen, wenn die Blutzellen geschädigt sind.

Typisch für Arsen ist das Bedürfnis nach Wärme, das Durstgefühl, die Unruhe und Schwäche und die Verschlimmerung des Zustandes nach Mitternacht und in der Ruhe.

Aurum
[Aurum metallicum]
Goldpuder
Aurum zeigt besondere Beziehung zum Zentralnervensystem, wo es bei weiblichen Tieren eine psychisch regulative Wirkung hat.

Das Mittel kann sowohl aggressive wie auch depressive psychische Phasen auslösen.

Aurum zeigt am Herzen länger stehenbleibende Herzschlagarrythmien, wobei die schweren Pferderassen stärker betroffen sind. Die Palpation ist hart und pumpend. Die Halsschlagadern treten deutlich hervor. Angstgefühle.

Auch degenerative Erkrankungen an Ovarien lassen sich durch Aurum günstig beeinflussen.

Modalitäten: Besserung durch Bewegung in der frischen Luft (nicht in der Kälte). Nächtliche Verschlimmerung.

Belladonna
[Atropa belladonna]
Tollkirsche
Die besondere Wirkung von Belladonna liegt im Synergismus seiner Inhaltsstoffe wie Hyoscyamin, Scopolamin und Atropin. Der therapeutische Effekt von Belladonna ist also nicht mit Atropin gleichzusetzen. Die Hauptwirkung von Belladonna entfaltet sich im akuten hochfieberhaften Entzündungsgeschehen, im Stadium infiltrationis, wobei besondere Affinität zu den großmaschigen Geweben wie denen der Lunge und des Euters festgestellt werden kann.

Belladonna ist das spezielle Fiebermittel für das Pferd, besonders für den Vollblüter, und ist als das Mittel der Krisis anzusehen.

Die fieberhaften Zustände sind von arterieller Hyperämie begleitet und führen zu einem starken Blutandrang zum Kopf mit heißer, dampfender Haut, erweiterten Pupillen und deutlicher Karotispulsation. Schweißausbrüche – aber trockene Schleimhäute – und kalte Extremitäten.

Die krampfartigen starken Schmerzen treten ganz plötzlich und in Intervallen auf, wobei durch Überreizung aller Sinnesorgane schon geringes Licht oder Geräuscheinwirkung einen neuen Krampfanfall auslösen können. Die Berührungsempfindlichkeit ist stark ausgeprägt. Pferde, die ansonsten ganz umgänglich sind, werden unleidlich und aggressiv.

Belladonna ist ein grundlegend wirksames Heilmittel auch bei allen lokalen Entzündungserscheinungen an der Haut, an den Schleimhäuten, serösen Häuten und Drüsen.

Es ist ein exzellentes Mittel bei der spastischen Kolik oder Windkolik, besonders wenn eine Erkältung vorausgegangen ist. Es kommt sehr schnell zur Beruhigung, wenn von den Tieren jegliche Reizwirkung ferngehalten wird. Bei Sonnenstich ist Belladonna das Mittel der Wahl.

Modalitäten: starker Durst, Verschlimmerung des Krankheitszustandes durch Berührung, durch Licht und Geräusche, durch Kälte und Zug.

Berberis
[Berberis vulgaris]
Sauerdorn, Berberitze

In der Homöopathie wird die Wurzelrinde angewendet, die das Alkaloid Berberin enthält. Berberin ist das Mittel bei Reiz- und Entzündungszuständen im oberen Bereich des Urogenitaltraktes. Berberis ist angezeigt bei harnsaurer Diathese, beim Auftreten von Nieren-, Blasen- und Gallensteinen mit dadurch bedingter Gelbsucht.

Auffallend bei Berberis sind die mit Steifigkeit verbundene Schmerzhaftigkeit in den Lenden und in der Kreuzbeingegend und eine große Schwäche des Rückens.

Auch bei Muskel- und Gelenkrheumatismus kann das Mittel mit gutem Erfolg verwendet werden.

Auf der äußeren Haut zeigt Berberis juckende Bläschen und Pusteln.

Modalitäten: Bewegung verschlimmert den Zustand.

Bryonia
[Bryonia alba]
Zaunrübe

Die Hauptwirkung von Bryonia erstreckt sich auf alle trockenen Entzündungen mit stechenden Schmerzen, vor allem an Schleimhäuten und serösen Häuten. Typisch für Bryonia ist die Austrocknung der Schleimhäute in Verbindung mit einem außerordentlichen heftigen Durst der Tiere und dem Auftreten fibroseröser Infiltrationen in die Körper- und Synovialhöhlen. Durch die Ergüsse in die Gelenkhöhlen kommt es zu starken Gelenkschmerzen besonders in der Bewegung.

Bryonia ist das Mittel nach dem entzündlichen Erguß. Neben Belladonna bietet sich Bryonia als Entzündungsregulans bei allen akuten und fieberhaften Erkrankungen des Atmungsapparates an (katarrhalische Pneumonien, Laryngitis, Bronchitis). Es ist bei der Pleuritis das Mittel der Wahl. Trockener, quälender Husten, der immer dann eintritt, wenn die Pferde in den Stall geführt werden, d. h. in die Wärme kommen, Muskel- und Gelenkrheumatismus und Lumbago sprechen auf Bryonia an, wenn zusätzlich schmerzhafte Gelenkschwellungen bestehen.

Bryonia erregt die Peristaltik des Dünn- und Dickdarmes und verdünnt durch vermehrte Exsudation in das Darmlumen den Kot, so daß Durchfälle mit Kolikschmerzen auftreten können. Die Schmerzen verschlimmern sich durch die Bewegung und durch Wärme, am Abend und frühmorgens. Kalte Anwendungen bessern den Zustand. Besserung durch Druck auf die erkrankten Stellen.

Cactus
[Cactus grandiflorus]
Königin der Nacht

Cactus grandiflorus ist ein in Mittelamerika wild wachsender großblumiger Säulenkaktus, der nur wenig Harze, aber keine Alkaloide oder Glykoide enthält und daher ungiftig ist.

Medizinisch verwertet werden nur Stengel und Blüten.

Cactus entfaltet eine digitalisähnliche Wirkung, besonders am geschädigten Herzmuskel, und kann dadurch regulierend bei organischen und funktionellen Herzerkrankungen wirksam werden.

Das Mittel wirkt gefäßentkrampfend und löst das Spannungsgefühl in der Herzgegend auf. Es kann auch bei Mitralklappeninsuffizienz und beim Auftreten von Schmerzsymptomen in der Bewegung erfolgreich eingesetzt werden.
Besonders werden Herzstörungen nach septischen Erkrankungen, wie z. B. Perikarditis, Myokarditis oder Endokarditis, von diesem Mittel erfaßt.

Calcium carbonicum Hahnemanni
Austernschalenkalk
Dieses Mittel ist typisch für die schwerfälligen und plumpen Pferde, die rasch ermüden und eine lange Erholungszeit benötigen.
Calcium carbonicum spricht aber auch bei jungen Pferden an, die oftmals an einem gestörten Knochenstoffwechsel leiden (Rachitis). Bei diesen Pferden treten auch vermehrt Entzündungen der oberen Luftwege und generalisierte Drüsenschwellungen auf.
Die Tiere sind phlegmatisch und zeigen wenig Bewegungsdrang. Sie neigen zu Fettansatz und Blähbauch.
Die homöopathische Calcium-Therapie ist nicht als Substitution zu sehen, sondern sie stimuliert katalytisch den Kalkstoffwechsel im Organismus. Dadurch kommt der Ca-Ionen-Haushalt wieder in Ordnung.
Die für Calcium carbonicum typischen Knochenveränderungen können an der Wirbelsäule und den langen Röhrenknochen im Sinne einer Rachitis sichtbar werden.
Die äußere Haut zeigt vielfach ein nässendes, seborrhoisches Ekzem.
Modalitäten: Verschlimmerung durch Kälte und Nässe und nach der Futteraufnahme, Besserung an der frischen Luft.

Calcium fluoratum
Kalziumfluorit
Calcium fluoratum ist ein Konstitutionsmittel für bindegewebige Strukturen, elastische Fasern und die Knochen und fördert in diesen Geweben die Resorption verhärteter Exsudate.
So fördert es eine mangelhafte Bindegewebsreaktion bei Eiterungen, Fisteln, Indurationen und Exostosen. Auch Lumbagoschmerzen können durch ossale Veränderungen an der LWS eintreten.
Schienbeinschmerzen bei jungen Pferden bei Überanstrengung.
Calcium fluoratum bietet sich auch gegen Induration der Sehnen nach Verletzungen an.
Auch bei Drüsenverhärtung ist Calcium fluoratum ein wertvolles Mittel.
Modalitäten: Kälte verschlimmert, Bewegung bessert.

Calendula
[Calendula officinalis]
Ringelblume
Zur medizinischen Anwendung gelangt das zur Zeit der Blüte gesammelte Kraut.
Calendula kommt sowohl innerlich wie äußerlich bei rissigen, frischen und alten, schlechtheilenden Verletzungen zur Anwendung.
Calendula eignet sich besonders bei Wunden und Geschwüren, die keine Granulation zeigen, an den Rändern gerötet sind und zur Eiterung neigen.
Riß- und Quetschwunden, wie man sie nach Satteldruck oder Kettenhang vorfindet, können mit Calendula-Umschlägen (1–2 Teelöffel auf $1/4$ Liter Wasser) oder auch mit Calendula-Salbe zur Ausheilung gebracht werden.

Cantharis
[Lytta vesicatoria]
Spanische Fliege (Käfer)
Zur Anwendung kommt der ganze getrocknete Käfer, der einen campherartigen Stoff – das Cantharidin – enthält.
Cantharis ist das Mittel der heftig brennenden Entzündung der Haut und der Schleimhaut, der serösen Häute und der Drüsen, besonders der Blasenreizung.
Bei der Reizblase wirkt Cantharis sehr zuverlässig, gleichgültig, ob sie von einer Infektion oder Erkältung herrührt.
Ebenso sprechen alle Affektionen der harnableitenden Wege (Nierenbecken, Harnleiter, Blase und Harnröhre) sehr gut auf das Mittel an.
Im Vordergrund steht der empfindliche, brennende Schmerz, der zu dauerndem Harndrang Veranlassung gibt.
Auf der äußeren Haut verursacht Cantharis brennende Bläschen mit wundmachendem Sekret.

Carbo vegetabilis
Holzkohle aus Buchen oder Birken
Die Wirkung bei der homöopathischen Anwendung der Holzkohle beruht nicht auf dem Absorptionspotential von Giften oder Bakterien, sondern geht vom Kohlenstoff aus, besser gesagt von der freiwerdenden Kohlensäure. Sowohl bei Kohlensäuremangel als auch bei der Kohlensäureüberladung im Blut kommt es zu einer lebensbedrohenden Störung des Gasaustausches.
Beim Pferd steht die große Schwäche infolge des Kreislaufkollapses als Leitsymptom deutlich im Vordergrund.
Bei lebensbedrohenden Schockzuständen mit Versagen von Atmung und Kreislauf ist Carbo vegetabilis ein bewährtes Mittel.
Auch asthmatische Zustände, Kolik durch Magenüberladung und starke Gärung, Kreislaufkollaps bei Hitzschlag sind als Indikation für Carbo vegetabilis geeignet.
Modalitäten: Verschlimmerung in feuchtwarmer Luft abends und nachts, Besserung durch frische Luft.

Causticum Hahnemanni
Frisch gebrannter Kalk
Causticum spricht besonders die Nerven des peripheren Bereiches an, wobei sich eine chronische Lahmheit langsam entwickelt und immer mit Bewegungsunsicherheit verbunden ist. Diese Pferde kommen leicht aus der Gangart und zeigen große Unsicherheit in der Bewegung.
Das Mittel zeigt örtliche Paresen, z. B. Parese der Stimmbänder (Kehlkopfpfeifen), der Schlingmuskeln und der Augenlider.
Auch die Facialislähmung kann durch Causticum sehr gut behandelt werden.
Bei der Blasenmuskelschwäche ist Causticum das Mittel der Wahl.
Die Reaktion des Bindegewebes wird angeregt. So empfiehlt sich der Einsatz bei neuralgischen und rheumatischen Erscheinungen, chronischen Arthrosen mit Krachen in den Gelenken.
Bei harten, trockenen Warzen und Papillomen, besonders am Kopf, sollte Causticum eingesetzt werden.
Modalitäten: Verschlimmerung in den frühen Morgenstunden, Besserung bei trübem, feuchtem Wetter; Verschlimmerung bei klarem, schönem Wetter.

Chamomilla
[Matricaria chamomilla]
Echte Kamille
Als Volksmittel ist die Kamille schon seit alten Zeiten bekannt und bereits von Hippokrates und Galenus medizinisch eingesetzt worden.

Das auffallende Symptom für die Anwendung der Kamille liegt in der Diskrepanz zwischen den vom Patienten geäußerten übertriebenen Schmerzen zu den festgestellten klinischen Befunden. Dieser Umstand läßt sich aus der Wirkung der Kamille auf das sensorische und sensible Nervensystem erklären, wo eine Überempfindlichkeit gegen Reize der verschiedensten Art, sowohl psychischer als auch physischer Ursache, besteht.

Besonders junge Pferde (Fohlen und Jährlinge) sprechen außerordentlich gut auf Chamomilla an. Es muß aber aufgrund seiner kurzen Wirkungszeit in mehreren Abständen verabreicht werden.

Gute Wirkung bei Nabel- oder Blähkoliken junger Pferde. Es ist verbunden mit einer besonderen Unruhe während der Nacht und dauerndem Umherlaufen in der Boxe. Bei den Koliken können warme Packungen recht hilfreich sein.

Aber auch über die entzündungsregulierende Wirkung auf die Schleimhautkatarrhe sollte berichtet werden. So empfiehlt sich die Kamille bei der katarrhalischen Entzündung des Auges, bei fieberhaften Entzündungen der oberen Luftwege sowie bei der Erkrankung des Magens und Darmes mit Blähungen und Durchfällen.

Modalitäten: Verschlimmerung abends und nachts, durch Kälte und durch Aufregung.

Chelidonium
[Chelidonium majus]
Großes Schöllkraut
Chelidonium wurde schon im Altertum eine große Heilkraft zugeschrieben. Damals wurde es gegen Gelbsucht, Wechselfieber und Wassersucht eingesetzt.

Das Mittel hat eine ausgesprochene spasmolytische Wirkung auf die glatte Muskulatur von Darm und Bronchien, die dem Morphium ähnelt. Es wirkt auch, wie neuere Untersuchungen ergeben haben, zentral schwach beruhigend, hat aber keine eindeutige narkotische, analgetische oder lokalanästhetische Wirkung.

Bei den für den Einsatz von Chelidonium sprechenden akuten Darmerkrankungen der Pferde sind meist auch Leber und Galle mitbeteiligt (Ikterus). Die Pferde verweigern jedoch das Futter nicht. Die Leber zeigt Schmerzen und Druckempfindlichkeit über dem rechten Schulterblatt. Die Schleimhäute sind gelblich verfärbt.

Höhere Potenzen erweisen sich oftmals als wirkungsvoller.

Alle Beschwerden treten vorwiegend auf der rechten Seite auf.

China
[Cinchona succirubra]
Chinarindenbaum
Das Mittel hat Neigung zu Abmagerung und Erschöpfungszustände nach Infektionskrankheiten, nach größeren Blutverlusten, nach Eiterungsprozessen und nach der Trächtigkeit. Es besteht Freßunlust und sekundäre Anämie. Das Leber- und Gallensystem ist gestört. Es können profuse Blutungen aus der Nase auftreten, aber auch Durchfälle mit Blutabgängen. Die Pferde sind überempfindlich gegen frische Luft und Kälte.

Alles bessert sich durch Wärme.

Cimicifuga
[Cimicifuga racemosa]
Wanzenkraut
Dieses Mittel zeigt sich besonders wirksam bei tragenden Stuten, wobei Schmerzen vorwiegend von der Musku-

latur der Wirbelsäule ausgehen. Betroffen sind die großen Rumpfmuskeln, wie z. B. der *Musculus longissimus dorsi.* Die Schmerzhaftigkeit liegt im Bereich der Muskelbäuche. Der Halsteil der Wirbelsäule ist recht druckempfindlich. Die Schmerzen verlaufen links und rechts der Wirbelsäule und verursachen eine allgemeine Steifigkeit in der Bewegung. Verschlimmerung des Zustandes durch Kälte und Nässe und in der Rosse und Trächtigkeit.

Colocynthis
Koloquinte
Die Koloquinte wird in der Pferdepraxis gern gegen krampfartige Zustände der glatten Muskulatur des Magens und Darmes eingesetzt. Die periodisch auftretenden Schmerzen sind schneidend und von so großer Heftigkeit, daß sich die Pferde zusammenkrümmen oder sich im Stroh hin und her wälzen. Colocynthis ist ein gutes Mittel bei Magenüberladung mit Blähsucht. Ruhrartige Kotabgänge mit viel Flatulenz können eintreten. Besserung nach Kotabgang, durch Ruhe und Wärme. Auch Massage des Bauches ist vorteilhaft.

Crataegus
[Crataegus oxyacantha]
Weißdorn
Weißdorn war schon im Mittelalter als Heilmittel bekannt und wurde als Herzmittel eingesetzt. Es hat sich als ausgezeichnetes Mittel bei beginnender Herzmuskelschwäche und leichteren Herzstörungen, vor allem im Rückbildungsalter, bewährt.
Crataegus bringt einen verbesserten Blutdurchfluß in den Koronargefäßen. Es wirkt aber auch direkt auf die Herzmuskulatur ein, in dem es die Ener-

gielieferung für die Muskelfibrillen erhöht.
Auch hat es eine gute Wirkung auf das Reizleistungssystem des Herzens.
Bei der Einarbeitung junger Pferde im Reit- und Rennsport kann einer Herzschädigung infolge von Überanstrengung durch regelmäßige Verabreichung von Crataegus vorgebeugt werden. Crataegus bietet sich auch bei postinfektiösen Herzschäden an und kann speziell beim Altersherz zur Dauerbehandlung verwendet werden.

Cuprum metallicum
Kupfer
Kupfer ist das Mittel gegen die Krampfsituation der glatten und quergestreiften Muskulatur. Lokale Krämpfe findet man auch an den Extremitäten, besonders im Bereich der Beugemuskeln.
Cuprum ist ein gutes Mittel zur Entkrampfung der Atemwege bei der chronisch obstruktiven Bronchitis und zeigt gute Wirkung beim Asthma bronchiale.
Die Anfälle treten meist nachts mit Verschlimmerung bei heißem Wetter auf.

Dulcamara
[Solanum dulcamara]
Bittersüß
Dulcamara ist immer dann angezeigt, wenn es sich bei der Erkrankung um die Folge von Durchnässung oder Erkältung handelt, wobei es ganz gleichgültig ist, welches Organ befallen wird.
An Muskeln und Gelenken können dadurch schmerzhafte neuralgische Erscheinungen auftreten, die zu erheblichen Bewegungsstörungen führen.
Rückenlahmheiten wurden bei Pferden festgestellt, die über längere Zeit auf einer nassen Weide gelegen haben.

Koliken nach Wetterumschlag, zu kühlem Wetter im Sommer, sind mit Dulcamara gut anzugehen. Rhinitis und Laryngitis sowie akute Blasenentzündungen sind ebenso ein Gebiet für Dulcamara.
Alles, was durch Nässe oder Kälte entstanden ist, verschlimmert.

Echinacea
[Echinacea angustifolia]
Schmalblättrige Kegelblume, Sonnenhut
Zur Anwendung kommt die ganze frische blühende Pflanze.
Echinacea gilt als internes Antiseptikum der Homöopathie mit besonderer Wirkung auf das lymphatische System. Durch seinen starken antiphlogistischen Einfluß kommt es bei allen septischen und pyämischen Prozessen zur Anwendung.
Durch die nachgewiesene Verbesserung der Phagozytose wird die Stimulierung der körpereigenen Abwehrkräfte deutlich untermauert.
Echinacea ist angezeigt bei allen Eiterungen und septischen Erscheinungen, Lymphangitis, Furunkulose, Abszessen, Gangränen, septischen Durchfällen, Mastitiden usw.
Lachesis und Pyrogenium können als Synergisten die antiseptische Wirkung von Echinacea wesentlich verbessern. Auch die äußerliche Anwendung von Echinacea für Umschläge (1:5) oder in Salbenform ist empfehlenswert.

Euphorbium
[Euphorbia resinifera]
Wolfsmilch
Euphorbium ist der erhärtete Milchsaft von *Euphorbia resinifera* (Wolfsmilch). Zielpunkte des homöopathischen Einsatzes sind die Schleimhautkatarrhe der oberen Luftwege, Nasenkatarrhe mit viel wäßrigem Sekret und einem dauernden Niesreiz. Auch Tubenkatarrhe (Eustachische Röhre) sowie Kehlkopf und Rachen können von Euphorbium erfaßt werden.
Erkrankungen der Nebenhöhlen sowie die Erkrankung des Luftsackes sind ein Einsatzgebiet von Euphorbium.

Euphrasia
[Euphrasia officinalis]
Augentrost
Bekannt ist Euphrasia als Volksmittel zur inneren und äußeren Anwendung am Auge.
Indikationen sind die Erkrankungen des äußeren Auges und der Schleimhaut der oberen Luftwege. Die Tiere zeigen starke Lichtscheue besonders bei Tageslicht.
Euphrasia ist ein gutes Mittel bei akuter Lidbindehautentzündung, bei Fließschnupfen mit Tränenfluß und Hornhautgeschwüren. Auch Iritis kann damit behandelt werden.
Bei der äußerlichen Anwendung nimmt man 20 bis 50 Tropfen Urtinktur auf eine Tasse Wasser.

Ferrum metallicum
Metallisches Eisen
Anämische Erscheinungen durch Störung der Assimilation des Eisens im Blut. Das Eisen kann seine Allgemeinwirkung als Katalysator im Stoffwechselgeschehen nicht erfüllen. Darunter leidet die Rekonvaleszenz nach Infektionen und Krankheiten.
Ferrum hat sich recht gut bei jungen Pferden bewährt, die, obwohl sie gesund aussehen, keine Widerstandskraft zeigen und bei der Arbeit rasch ermüden. Man sollte bei diesen Tieren auch daran den-

ken, daß sie vielleicht in der Inkubationszeit einer Infektion stehen.

Ferrum hat Neigung zu neuralgischen Muskel- und Gelenkschmerzen, die besonders im Schulterblattgürtel auftreten. Meist ist das linke Schultergelenk und der linke *Musculus deltoidus* stärker betroffen. Dabei kommt es zum Knarren im Gelenk.

Verschlimmerung in der Ruhe und nachts. Besserung durch mäßige Bewegung und an der frischen Luft.

Gelsemium
[Gelsemium sempervirens]
Wilder Jasmin

Das hervorstechendste Symptom des Mittels ist die vollständige Erschlaffung und Erschöpfung des ganzen Muskelsystems mit teilweiser oder völliger Lähmung der motorischen Nerven. So können Lähmungen einzelner Augenmuskeln, der Schlundmuskulatur, des Trigeminus-, Facialis- sowie des Recurrensnervs auftreten. Heftige neuralgische Schmerzen finden sich am Hals, so daß der Kopf steif gehalten wird. Der Puls der Pferde wird bei der geringsten Bewegung stark beschleunigt, so daß erhebliche Zirkulationsstörungen auftreten. Es ist eine dauernde nervöse Unruhe vorhanden. Jegliche Bewegung des Tieres verschlimmert den Krankheitszustand.

Graphites
Reißblei

Graphites ist ein Mittel der Konstitution, das für schwere, grobknochige Tiere von ruhigem und gutmütigem Temperament paßt. Die Stoffwechselabläufe dieser Pferde sind verzögert. Dadurch wird auch die Neigung zu hartnäckigen atonischen Obstipationen begünstigt. Diese Pferde haben eine trockene, rissige und schuppige Haut. Es können klebrige Ausschläge auftreten mit zähflüssigem honigfarbenem Sekret, das übelriechend ist.

Seborrhoische Ekzeme treten bevorzugt in Hautfalten und an den Beugeflächen der Gelenke auf. Aber auch hinter den Ohren, an den Lefzen und Augenlidern, am Anus und Skrotum findet man derartige trockene Ekzeme mit der Neigung zu Rhagaden und Keloiden. Auch Haarausfall ist ein Symptom für Graphites.

Die Konstitution erscheint träg in jeder Beziehung, gehemmt in Haut- und Darmfunktion, im Blutumlauf und in der Tätigkeit bestimmter Drüsen.

Hamamelis
[Hamamelis virginiana]
Virginische Zaubernuß

Zur Anwendung kommen die frische Rinde der Zweige und die Wurzeln.

Hamamelis ist ein ausgesprochenes Venenmittel, das sowohl bei venöser Stase als auch bei multiplen parenchymatösen Blutungen eingesetzt werden kann.

Schwache Venenwände mit Erweiterung und Entzündung begünstigen die gleichmäßig fließenden Blutungen mit dunkelrotem Blut.

Hamamelis hat wie Arnica das Gefühl der Mattigkeit und Zerschlagenheit.

Einsatzmöglichkeiten für Hamamelis – innerlich wie äußerlich – finden sich bei der Thrombophlebitis, bei Nasenbluten und Bluthusten.

Verschlimmerung des Krankheitszustandes in feuchtwarmer Luft.

Hekla Lava
Lava des Hekla-Vulkans auf Island

Hekla lava ist ein Silicat von Calcium, Magnesium, Aluminium und Eisenoxyd und wird homöopathisch vorwiegend bei Knochenerkrankungen verwendet.

Die gute Wirkung von Hekla lava auf Knochenexostosen hat sich in der Praxis erwiesen. Auch auf die Knochenhaut ist eine gute Einwirkung möglich. Bei Knochenauftreibungen des Kieferknochens, bei Aktinomykose und Knochensarkomen hat sich das Mittel bewährt, besonders aber auch bei jungen Pferden. Zahnschmerzen werden gelindert.

Bei den Schienbeinschmerzen der Jährlinge, die bei den ersten Belastungsproben auf der Rennbahn eintreten, hilft Hekla lava. Auch tiefgreifendere Knochenprozesse, wie z. B. Gelenkschale, werden durch die Verbesserung der nutritiven Versorgung der Knochensubstanz erheblich gebessert.

Es sei in diesem Zusammenhang auf die gute Kombinationswirkung mit Mercurius praecipitatus ruber hingewiesen.

Hepar sulfuris calcareum
Kalkschwefelleber

Hepar sulfuris ist im Zusammenwirken von Calcium carbonicum und Sulfur ein ausgesprochenes Polychrest. Es trifft alle Entzündungen bei Erkältung vom einfachen Katarrh bis zur Eiterung auf Haut, Schleimhaut und Muskeln.

Durch seine beiden Inhaltsstoffe Sulfur und Calcium hat das Mittel einen ausgeprägt biphasischen Charakter, was sich deutlich bei eitrigen Prozessen zeigt. So kann man durch Änderung der Potenz die Eiterung fördern oder einschränken, wobei eine niedere Potenz (D 3 bis D 4) einen Abszeß zur Reifung bringt, während höhere Potenzen chronisch eitrige Katarrhe der Atemwege oder z. B. eine Pyodermie zur Ausheilung bringen können.

In den Atemwegen finden sich bei chronischen Katarrhen schleimig eitrige Ausflüsse, die häufig mit keuchendem Krupphusten verbunden sind, der vermehrt auftritt, wenn die Pferde in zugige Luft gelangen. Die Neigung der Haut zu Eiterungen führt zu Abszeß- und Geschwürsbildung und zu Pyodermie. Empyeme in den Kopf- und Nasennebenhöhlen sind außerordentlich schmerzhaft. Der zähflüssige Eiter hat den Geruch von altem Käse. Die Pferde haben stets Durst und verlangen nach Wärme. Sie wollen nicht an die frische Luft. Besserung des Zustandes bei Regen und feuchter Wärme.

Hyoscyamus
[Hyoscyamus niger]
Schwarzes Bilsenkraut

Verwendung findet die ganze frische blühende Pflanze. Das Alkaloid Hyoscyamin ist wie Atropin ein starkes Nervengift, das auf das Zentralnervensystem, vor allem auf die Großhirnrinde einwirkt.

Hyoscyamus ist ein gutes Mittel bei akutem und chronischem Entzündungsverlauf, z. B. bei Katarrhen des Kehlkopfes, des Luftsackes und der Nasennebenhöhlen. Die Bronchien zeigen grünschleimigen Auswurf mit einem trockenen Reizhusten, besonders in den Abendstunden und wenn sich die Pferde niederlegen. Besonders typisch für Hyoscyamus ist die große Unruhe und Erregung, die bis zur Raserei gehen kann. Bei der Verladung solcher Pferde kann die Anwendung von Hyoscyamus D 30 sehr nützlich sein.

Entzündliche Erscheinungen und Lähmungszustände zeigen sich auch an der Harnblase mit schmerzhaftem Harndrang. Auch bei Nymphomanie kann das Mittel hilfreich sein.

Verschlimmerungen des Zustandes treten in den Abendstunden, nachts und nach der Futteraufnahme auf.

Hypericum
[Hypericum perforatum]
Johanniskraut

Hypericum ist ein altes Volksmittel, das besonders bei Stichwunden und Brandverletzungen angewandt wurde.
Es ist das <u>Arnica der Nerven</u> und gilt bei allen traumatischen Nervenschädigungen als das homöopathische Hauptmittel.
In der Pferdepraxis wird es bei Rißwunden, Quetschungen, bei denen die Nervenendungen betroffen sind, mit gutem Erfolg eingesetzt. Im Vordergrund dieser Verletzungen stehen der Schmerz und die Blutung.
Bei Quetschung des Augapfels und Läsion der Augennerven mit starker Schmerzhaftigkeit hilft Hypericum.
Bei Hautentzündungen durch Fotosensibilisierung verbunden mit Juckreiz kann Hypericum eingesetzt werden.
Auch die Folgen von Gehirnerschütterungen können durch Hypericum gelindert werden.
Auf Wunden findet Hypericum auch äußerliche Anwendung.

Ignatia
[Ignatia amara]
Ignatiusbohne

Zur Anwendung gelangt der getrocknete reife Samen, der die Alkaloide Strychnin und Brucein enthält, ähnlich wie Nux vomica. Ignatia ist das Hauptmittel bei Störungen der weiblichen Psyche und nervöser Erschöpfung.
Der Ignatiatyp zeichnet sich durch Schreckhaftigkeit, Nervosität und allgemeine Reizbarkeit bis zur Hysterie aus.
Es besteht eine starke Neigung zu Krämpfen, die leicht durch die Überempfindlichkeit aller Sinnesorgane auftreten können.

Stuten, die unduldsam sind, können, ohne Zwangsmaßnahmen anzuwenden, durch Ignatia beruhigt werden. Gewaltanwendung verschlechtert bei diesen Tieren den Erregungszustand. Ignatia kann bei Pferden mit Heimweh beruhigend wirken. Es kann auf der Haut zu Aknepusteln und Haarausfall und zu heftigem Juckreiz, besonders am After, führen.
Da die Wirkungsdauer des Mittels recht kurz ist, kann eine gute Wirkung nur nach mehrfacher Anwendung erwartet werden.
Verschlimmerung tritt nach jeder körperlichen Anstrengung und nach jeder Aufregung auf.

Ipecacuanha
[Cephalis ipecacuanha]
Brechwurzel

Die Droge ist schon seit 1590 bekannt und wurde bei fieberhaften Krankheiten, besonders gegen Ruhr, angewendet.
Alle Symptome sind von andauernder Magen- und Darmschwäche begleitet, die Schwindel und Übelkeit beinhalten.
Der Darm neigt zur Kolik mit Durchfällen von dünnflüssigem Kot. Junge Pferde haben diese Durchfälle nicht selten beim Zahnwechsel.
In den Atemwegen findet sich viel Schleim, der zu Rasselgeräuschen führt. Durch die starke Vagusreizung wollen die Pferde den Schleim herauswürgen. Es treten asthmatische Anfälle auf, die trockenen, keuchenden und salvenartigen Husten auslösen. Hellrote, profuse Blutungen aus der Nase, Lunge und Niere gehören ebenfalls zu den typischen Symptomen der Brechwurz.
Verschlimmerung des Zustandes abends und nachts.

Kalium bichromicum

Dieses Mittel ist angezeigt bei allen subakuten und chronischen Affektionen der Schleimhäute des Luftweges und des Magen- und Darmtraktes.
Typisch für das Mittel ist die Bildung von fibrinösen Pseudomembranen. Dabei kann es zur Geschwürsbildung kommen, die tiefgreifend ist und wie ausgestanzt aussieht.
Das Sekret aller Schleimhäute ist zäh, gelbgrünlich und so fadenziehend, daß die klebrigen Strähnen zur Maulhöhle heraushängen. Die Zunge ist gelb belegt.
Der Husten klingt metallisch und verschlimmert sich in den Morgenstunden.
Besonders bewährt hat sich das Mittel bei chronischen Nasenaffektionen, Sinusitis und Hornhautgeschwüren. Verschlimmerung durch Kälte. Besserung durch Wärme oder durch Bewegung in frischer Luft.

Kalmia
[Kalmia latifolia]
Berglorbeer

Das Arzneimittelbild von Kalmia wird von heftigen Entzündungsschmerzen in Muskeln, Sehnen und Gelenken geprägt. Diese Schmerzen treten ganz plötzlich auf. Fieber oder Schwellungen bestehen dabei nicht.
Kalmia ist auch bei Herzerkrankungen angezeigt, z. B. bei der Endokarditis, nach Gelenkrheuma, außerdem bei Kompensationsstörungen durch Herzhypertrophie oder Dilatation. Alle Beschwerden sind vom Wetter abhängig.

Lachesis
Gift der Lachesis mutus – Buschmeister-Schlange

Seit über 100 Jahren benutzt die Homöopathie im humanen und veterinären Bereich Schlangentoxine zu Heilzwecken.

Lachesis ist zweifellos das Mittel der Wahl bei allen Infektionskrankheiten mit der Tendenz zur Septikämie und Hämolyse. Zersetzung des Blutes durch Zerfall der roten Blutkörperchen und Lähmung des Nervensystems nach vorausgegangenen Reizungen sind typische Symptome für Lachesis. Es besteht deutliche Neigung zu Blutungen.
Ein wichtiges Leitsymptom für Lachesis ist die bläuliche Verfärbung im Entzündungsbereich von Geschwüren und Furunkeln, von Ulzerationen mit der Neigung zum Gangrän. Gute Möglichkeiten bieten sich für Lachesis bei Lymphangitis und Thrombosen, bei der Druse und beim Einschuß, sowie bei der Thrombophlebitis.
Herz- und Kreislaufstörungen als Folge von Infektionen sprechen auf Lachesis gut an.
Auf dem Gebiet des Urogenitaltraktes wären zu nennen Mastitis, Metritis, Pyometra, Puerperalsepsis und septischer Abort.
Die Behandlung mit Lachesis kann gut mit anderen Therapieformen wie z. B. mit Antibiotika kombiniert werden.
Wichtig für die Wahl von Lachesis scheint mir die Feststellung, daß meistens die linke Körperhälfte befallen wird. Charakteristisch ist auch die große Empfindlichkeit gegen Berührung. Verschlimmerung in der Wärme, besonders in der Sonnenhitze sowie in der Ruhe, während die Bewegung in freier Luft Besserung bringt.

Laurocerasus
[Prunus laurocerasus]
Kirschlorbeer

Der Kirschlorbeer ist durch die giftige Wirkung seiner Inhaltsstoffe, die Blausäure abspalten, ein gefährliches Atemgift. Das Arzneimittelbild zeigt die Symptomatik der kardiopulmonalen Insuffizienz bzw. der respiratorischen pulmonalen Insuffizienz. Es treten Stauungserscheinungen vorwiegend im kleinen Kreislauf, nervöse Reizerscheinungen und Herzhusten auf.

Am Herzen liegt oftmals Herzklappeninsuffizienz vor und eher eine verlangsamte Herzfrequenz. Die inneren Organe neigen zu plötzlichen Spasmen. Die Pferde schwitzen ganz plötzlich an den Flanken und werden steif in der Bewegung. Sie können stolpern und hinfallen. Dieser Zustand kann die Pferde plötzlich im Parcours überfallen, wobei sicherlich auch psychische Komponenten eine Rolle spielen können.

Laurocerasus findet Anwendung bei der Dämpfigkeit, bei Krampfhusten kardialen oder bronchialen Ursprungs sowie bei Reizleitungsstörungen am Herzen (Herzblock).

Das Mittel findet auch Anwendung bei spastischen Erscheinungen der glatten Muskulatur von Blase und Magen sowie der Muskulatur des Darmkanals. Die Pferde zeigen nächtliche Unruhe. Während kurze Bewegung bessert, kann eine länger dauernde Bewegungsphase zur Steifigkeit der Gliedmaßen führen.

Lycopodium
[Lycopodium clavatum]
Keulen-Bärlapp
Verwendet werden die getrockneten, reifen Sporen.

Bärlapptinktur wurde früher als Mittel gegen die Unfruchtbarkeit der Haustiere eingesetzt. In der Veterinärmedizin ist Lycopodium ein Polychrest, dessen Symptom Ernährungs- und chronische Stoffwechselstörungen zugrunde liegen. Sie erstrecken sich auf die Drüsen, die

Haut, Schleimhäute und das Nervensystem.

Lycopodiumpatienten sind im Brustbereich mager, neigen aber zu Blähbauch und Anschwellungen bei den Extremitäten und machen einen vorzeitig gealterten Eindruck. Die Haut ist welk, trocken und faltig. Kopfgrind mit Borkenbildung, trockene Hautflecken. Juckreiz und besonders Haarbruch treten auf.

Lycopodium hat gute Wirkungen bei Verdauungsstörungen, die mit Tympanie verbunden sind und auch mit Leberfunktionsstörungen in Zusammenhang gebracht werden können. So ist die chronische Hepatitis oder das frühe Stadium einer Leberzirrhose mit Lycopodium anzugehen. Die Freßlust der Tiere ist herabgesetzt. Die Muskulatur des Darmtraktes ist atonisch, daher auch andauernde Obstipation und Flatulenz.

Lycopodium wirkt vorwiegend rechts. Es zeigt deutliche Verschlimmerung am Nachmittag, in der Wärme und in der Ruhe. Längeres Bewegen an der kühlen frischen Luft bessert den Krankheitszustand.

Mercurius solubilis Hahnemanni
Mercurius steht für Quecksilber. In der Homöopathie wird vorwiegend das Mercurius solubilis Hahnemanni eingesetzt.

Mercurius ist ein großes Polychrest und zielt besonders auf die Schleimhautentzündungen der Mundhöhle, der oberen Luftwege und des Dickdarmes. Bei allen Entzündungen steht die Eiterungsbereitschaft im Vordergrund. Die Sekrete sind anfangs dünnflüssig, werden dann aber zäh und dickschleimig mit üblem foetidem Geruch und wundmachenden Sekreten auf Haut und Schleimhaut.

Indikation für Mercurius liegt vor bei Stomatitis und Gingivitis, wobei immer starker Speichelfluß herrscht und ein unangenehmer Geruch festzustellen ist. Die Zunge ist dick, schleimig und gelblich belegt und zeigt die Eindrücke der Zähne.

Ganz typisch für die Indikation von Mercurius sind die Krankheitszeichen im Magen- und Darmkanal, wobei besonders der Dickdarm betroffen scheint. Hier treten schmerzhafte Tenesmen mit viel Wind und blutig schleimigen Durchfällen auf. Ein andauernder, ständiger Kotdrang setzt sich weiter fort.

Es ist ein auffällig starker Durst vorhanden. Die äußere Haut zeigt starke Neigung zu großflächigen, nässenden Ekzemen. Mercurius ist das Hauptmittel aller akuten und chronischen nässenden und eiternden Affektionen der äußeren Haut.

Die wichtigsten Charakteristika sind:

a) Neigung zu Eiterungen jeder Art, die scharf und ätzend sind
b) Übermäßig starker Durst
c) Empfindlichkeit gegen kalte Luft und Wetterwechsel
d) Nächtliche Verschlimmerung
e) Foetider Maulgeruch, viel Speichel, belegte, geschwollene Zunge

Die anderen Mercurius-Verbindungen haben ähnlichen Wirkungscharakter.
Mercurius praecipitatus ruber: Knochenhaut, Knochenschmerzen, Knochenfisteln
Mercurius dulcis (Calomel): Darm, Galle und Keratitiden
Mercurius bijodatus ruber (Quecksilberjodid): Tonsillen und Adnexe
Mercurius sublimatus ruber (Zinnober): Chronische Nebenhöhlenentzündungen und Rhinitis

Mezereum
[Daphne mezereum]
Seidelbast
Mezereum wirkt auf die sensiblen Nerven, auf die Haut, die Schleimhäute und die Knochen. Der Knochenschmerz tritt besonders nachts auf, befällt die Knochen des Brustkorbes, aber auch die langen Röhrenknochen z. B. die Tibia. Periostitis mit starkem Berührungsschmerz. Herpesartige Blasenbildung auf der äußeren Haut mit starkem Juckreiz und Verkrustung.

Auf der Schleimhaut von Mund, Rachen und Trachea zeigt sich eine Bläschenbildung mit starker Rötung. Krampfartiger Husten vom Abend bis Mitternacht. Viraler Pferdehusten und Rhinopneumonitis mit Bläschenbildung durch equinen Herpesvirus.

Verschlimmerung nachts, durch Berührung, Wärme, Bewegung und bei naßkaltem Wetter.

Natrium muriaticum
[chloratum]
Kochsalz
Kochsalz gilt in der Homöopathie als Polychrest und Konstitutionsmittel.

Es findet seinen Einsatz bei reduzierten Ernährungs- und Kräftezuständen und bei Folgezuständen chronischer vegetativer Störungen. Die Patienten sind abgeschlafft, überfordert und leicht reizbar. Schwache Konstitution. Neigen zu Umknicken und Überköten der Gelenke. Es fehlt am Konzentrationsvermögen. Trotz gleichbleibender Freßlust – Magerkeit.

Die äußere Haut ist trocken, welk und rissig, schmutzig. Nässende und schuppende Ekzeme an den Haargrenzen, hinter den Ohren und in den Gelenkbeugen.

Typisch ist die Trockenheit des Darmes mit Verstopfung und hartem, krümeligem Kotabgang. Der After ist wund und eingerissen.

Chronische Rachen-, Kehlkopf- und Bronchialkatarrhe mit Reizhusten treten vermehrt im Sommer auf.

Schwache Libido der Hengste. Die Stuten verweigern den Deckakt.

Charakteristika: Verschlimmerung in den Vormittagsstunden und durch feuchtes, kaltes Wetter. Viel Durst und das Verlangen nach Salz.

Empfehlung: Zur Umstimmungstherapie höhere Potenzen ab D 12.

Nux vomica
[Strychnos nux vomica]
Brechnuß

Medizinisch eingesetzt werden die reifen, getrockneten Samen.

Nux vomica gilt in der Veterinärmedizin schon seit langer Zeit als eines der wichtigsten Polychreste.

In den vielfachen Anwendungsgebieten von Nux vomica heben sich drei Zielrichtungen besonders ab:
a) Das Zentralnervensystem
b) Das vegetative Nervensystem
c) Die Verdauungsorgane.

Kein anderes zentralangreifendes Mittel hat das Vegetativum so regulierend im Griff wie Nux vomica. Nux vomica hat eine ausgesprochen regulierende Wirkung und kann je nach Reaktionslage des Patienten sowohl anregen, als auch beruhigen.

Die Hauptindikation für Nux vomica liegt zweifellos bei den Erkrankungen im Magen- und Darmbereich. Bei der spastischen Kolik und Obstipation ist Nux vomica das Mittel der Wahl. Sicher wirkt es besonders dann, wenn das Krankheitsgeschehen auf Futterintoxi-

kation oder Fütterungsfehler zurückzuführen ist. Es hat eine rasche, intensive und nachhaltige Wirkung bei der Beseitigung der vorhandenen Spasmen. Bei Futterintoxikationen fördert Nux vomica die Entgiftungsvorgänge über die Leber. Alle Irritationen des Magen- und Darmkanals, die aus vorausgegangenen Streßsituationen resultieren, sprechen sehr gut auf Nux vomica an.

Auch die Behandlung psychischer Störungen wie Aggressivität kann mit Nux vomica versucht werden. Typisch dafür ist, daß sich das Aggressivverhalten speziell auf Einzelpersonen richtet, mit welchen das Pferd unangenehme Erfahrungen gemacht hat.

Indikationen: Verdauungsstörungen, Obstipation, Magenüberladung, Freßunlust, Diarrhoe nach unverdaulichem Futter, Kolik, Zystitis, akute und chronische Fälle von Hufrehe und Lumbago.

Modalitäten: Verschlimmerung morgens, Verschlimmerung nach Futteraufnahme. Verschlimmerung durch Kälte und frische Luft sowie durch Anstrengung, Berührung, Bewegung, Geräusche und durch Streß.

Alle Krankheitserscheinungen treten periodisch auf. Typisch sind die Krampfbereitschaft und gesteigerte Reflexbereitschaft.

Opium

Opium ist der eingetrocknete Milchsaft der noch unreifen Samenkapseln des orientalischen Mohns.

Das Mittel hat Erschöpfungszustände und Betäubungserscheinungen des Zentralnervensystems, wobei die Schmerzempfindung herabgesetzt wird.

Durch Lähmung der sensiblen Darmnerven kommt es zu einem Stillstand der Peristaltik, so daß der Kot eingedickt und hart wird. Obstipation mit absoluter Darmträgheit. Dabei kann auch ein starker Meteorismus vorhanden sein.

Opium D 30 kann noch bei einer länger bestehenden Blinddarmverstopfung die darniederliegende Darmbewegung wieder in Gang bringen, wobei die Bewegungswellen erst ganz schwach anlaufen, sich aber dann bald normalisieren. MacLeod hat das Mittel auch bei der Fohlenlähme im komatösen Stadium erfolgreich angewandt. Auch bei schweren Geburten mit Wehenmangel und gänzlicher Atonie des Darmes hat sich Opium bewährt.

Phosphorus
Gelber Phosphor
Phosphor als Polychrest hat besondere Beziehungen zu Störungen im Kalk-, Muskel-, Nerven-, Eiweiß- und Kohlenhydratstoffwechsel. Mit kleinen Dosen kann die Zahl der roten Blutkörperchen vermehrt werden, mit großen Dosen kann es zum Verfall der Erythrozyten kommen.

Sehr kleine andauernd gegebene Dosen von Phosphor haben einen spezifischen Reiz auf das Knochengewebe im Sinne einer Steigerung des Knochenwachstums. Phosphor eignet sich besonders für schwächliche Tiere. Es hat sich auch gut bei Schwäche und Erschöpfungszuständen nach Infektionskrankheiten bewährt.

So ist das Mittel gut angezeigt bei nutritiven Störungen in allen Organen, wie z. B. Rachitis und Osteomalazie. Die Schleimhäute und die äußere Haut sind infolge schlechter Durchblutung unterernährt, so daß eine starke Bereitschaft für Katarrhe, aber auch für Blutungen besteht. Daher ist Phosphor auch bei Petechien und Bluterguße indiziert.

Es ist bei der kruppösen Pneumonie im Beginn der Hepatisation gefragt, wobei oftmals Auswurf mit Blutspuren zu sehen ist und eine erhebliche Atemnot besteht.

Im Darmtrakt treten meist gegen Morgen schmerzlose, aber sehr schwächende schleimig-blutige Durchfälle auf, die sich mit Verstopfungen ablösen.

Phosphor ist das Mittel der reizbaren Schwäche des Nervensystems, Empfindlichkeit gegen äußere Reize und Ängstlichkeit besonders bei Wetterwechsel und Gewittern.

Der besondere Phosphor-Typ bei Pferden ist der hochaufgeschossene, schmale, sehr lebhafte, aber auch zu Unruhe und Übererregbarkeit neigende Warmblüter. Er hat eine feine, helle Haut (Füchse mit vielen Abzeichen). Die Tiere neigen aufgrund ihres cholerischen Temperaments zu Widersetzlichkeit und Eigensinn und verlieren leicht die Nerven. Dadurch kommt es zu einer vorzeitigen Erschöpfung. Die Pferde verlangen nach kaltem Wasser.

Abends und nachts werden alle Beschwerden schlimmer. Ruhe bessert. Kälte und frischer Wind werden nicht vertragen.

Phytolacca
[Phytolacca decandra]
Kermesbeere
Phytolacca hat Beziehung zu subakuten oder chronischen Entzündungserscheinungen der Tonsillen und der Rachenregion, wobei besonders die rezidivierenden Mandeln als fokaltoxische Streuungsherde für rheumatische Zustände an Muskeln und Gelenken verantwortlich gemacht werden können. Eine weitere Indikation ist die akut fieberhafte Mastitis mit dem auffallenden

Symptom der Körperkälte; auch Knotenbildung im Euter benötigt Phytolacca.

Auch am Nervensystem können neuralgische, aber auch hyperämische Zustände auftreten.

Phytolacca ist ein gutes Mittel bei allen Drüsenschwellungen im Kehlgang (ich denke dabei an die Druse), bei schmerzhafter Steifigkeit des Rückens und der Gliedmaßen, die sich bei feuchtem Wetter und in der Bewegung verschlimmert.

Das Krankheitsgeschehen tritt vermehrt rechts auf und kann zur nächtlichen Verschlimmerung neigen.

Pulsatilla
[Pulsatilla pratensis]
Wiesenküchenschelle

Nach Wolter erstreckt sich die Wirkung von Pulsatilla auf den gesamten Organismus. Sie wird daher auch als Polychrest angesehen. Dennoch ist Pulsatilla mehr ein Mittel für das weibliche Geschlecht, besonders auf die Regulation von Schleimhautkatarrhen mit Anämie und Blutstauung eingestellt.

Pulsatilla ist ein gutes Mittel der venösen Stase. Es ist besser in der subakuten Entzündungsphase der Schleimhäute einzusetzen, wobei ein milder gelblichgrüner Schleim produziert wird.

Katarrhe von Auge, Nase und Bronchien, aber auch Schleimhauterkrankungen des Magens und Darmes, besonders wenn sie im Sommer auftreten. Pulsatilla wirkt recht gut bei schleimiggrünlichen Durchfällen der Saugfohlen infolge zu fetter Muttermilch.

Unverzichtbar ist Pulsatilla bei der biologischen Sterilitätsbehandlung der Stuten. Bei den weiblichen Tieren ist das verspätete Auftreten oder völlige Fehlen der äußeren Rosseerscheinungen typisch. Diese anscheinend hormonell bedingten Verzögerungen in der Rosse werden durch das Mittel wieder normalisiert. Dies ist dadurch zu verstehen, daß Pulsatilla eine intensive Hyperämie in den Beckenorganen erzeugt und damit sowohl die Ovarien als auch die Gebärmutter motiviert. So kann es auch bei ungeordnetem Geburtsablauf die Geburtseröffnung wie auch die Wehentätigkeit regulieren.

Wir finden bei den Stuten ausgesprochene Pulsatilla-Typen. Diese sind meist dunkel pigmentiert, harmonisch gebaut, ruhig, einfühlsam und willig. Sie sind sehr auf ihren Besitzer eingestellt und anhänglich, leiden dann auch sehr stark unter Trennungsschmerz.

Pulsatilla hat Verschlimmerung abends und nachts und in der verbrauchten Luft des Stalles. Alles bessert sich dagegen in der Bewegung und im Freien.

Pyrogenium
[Pyrogen]
Nosode aus faulendem Rindfleisch

Pyrogenium ist als ein wichtiges homöopathisches Mittel bei allen hochfieberhaften Reaktionsphasen mit Neigung zu Eiterung und septischer Entwicklung anzusehen.

Hier wären zu nennen Septikämie, Lymphangitis, Emphyseme der Nasennebenhöhlen, Rachenphlegmone, Lungenabszeß und Lungengangrän. Aber auch fieberhafte, infektiöse Durchfälle, eitrige Mastitiden, Phlegmone, Panaritium.

Oben links: Citrullus colocynthis (Koloquinte)
Oben rechts: Daphne mezereum (Seidelbast)
Unten links: Crataegus laevigata oder oxyacantha (Weißdorn – Blüte)
Unten rechts: Weißdorn – Früchte

Besondere Wirkung ist immer dann zu erreichen, wenn das Lymphgefäßsystem mit betroffen ist. Ein typisches Leitsymptom ist in der Diskrepanz zwischen Puls und Fieber zu sehen. Niedriger Puls bei hohem Fieber, hoher Puls bei fast normaler Temperatur. Pyrogenium hat eine bessere fieberregulierende Wirkung als Lachesis, dem es ansonsten sehr ähnelt. Es wird auch gerne mit Lachesis kombiniert eingesetzt.

Bei auffallender Störung des Allgemeinbefindens: Pyrogenium D 15. Bei lokalem Infekt ohne Störung des Allgemeinbefindens D 6.

Rhus tox.
[Rhus toxicodendron]
Giftsumach

Die Urtinktur wird aus den Blättern der Pflanzen kurz nach der Blüte gewonnen. Schon bei der Berührung der Pflanze können beim Menschen recht unangenehme stark juckende Hautentzündungen auftreten.

Ganz charakteristisch für Rhus toxicodendron ist seine Wirkung auf alle Arten von Bindegewebe, Sehnen, Sehnenscheiden, Gelenkkapseln, Bänder, Gelenke und das Bindegewebe der Muskeln. Es tritt eine kleinzellige Infiltration im Bindegewebe ein, wodurch es zu einem Spannungsdruck in den erkrankten Teilen kommt, in deren Auswirkung sich Lahmheit und Steifigkeit der Muskulatur entwickelt.

Oben links: Echinacea angustifolia (Sonnenhut)
Oben rechts: Euphrasia rostkoviana (Wiesen-Augentrost)
Unten links: Hamamelis virginiana (Virginische Zaubernuß)
Unten rechts: Hyoscyamus niger (Schwarzes Bilsenkraut)

Ganz typisch für Rhus toxicodendron ist der Startschmerz bei Beginn der Bewegung und das allmähliche Verschwinden der Lahmheit in der Fortsetzung der Bewegung. Die Gelenke laufen sich ein, aber eine überdosierte Bewegung bringt die Lahmheit wieder zurück.

Die Beschwerden verschlimmern sich nach Durchnässung. Besonders nach Liegen auf nassem Boden oder nasser Wiese. Es können Muskelentzündungen mit Lähmungen auftreten. Auf der äußeren Haut zeigt sich nach Rötung eine heftig juckende Bläschenbildung und die Neigung zur Eiterung. Die pustulösen Ekzeme sind hartnäckig und rezidivierend.

Auch am Nervensystem zeigen sich Reiz- und Lähmungserscheinungen, die sich in Lahmheit und Parese der Gliedmaßen dokumentieren.

Indikationsmöglichkeiten bieten sich für Rhus toxicodendron bei akuten und subakuten Gelenkerkrankungen sowie bei Lumbago, Nervenentzündungen, Sehnen- und Sehnenscheidenerkrankungen, bei Spat, Bänderzerrung, Neuralgien, bullöser Dermatitis und juckenden chronischen Ekzemen.

In der Ruhe ist alles schlimmer. Auch Verschlimmerung nachts und durch Kälte und Nässe. Besserung des Zustandes wird bei fortgesetzter Bewegung in der Wärme erreicht.

Ruta
[Ruta graveolens]
Weinraute

Ruta war schon im Altertum bekannt, wo man die Blätter oder den Pflanzensaft äußerlich bei Verrenkungen und eiternden Wunden angewandt hat.

Es wirkt ähnlich wie Arnica bei Verletzungen, Überanstrengungen und Verbrauchserscheinungen, jedoch mit stärkerer Beziehung zu den Gelenken – vornehmlich zu den kleineren Gelenken und Gliedmaßen (Fesselgelenk, Krongelenk und Hufgelenk). Als Ursache sind zu sehen Verrenkungen, Quetschungen und Zerrungen an der Gelenkkapsel, den Gelenkbändern und den Sehnen. Während Rhus toxicodendron wesentlich eindeutiger über das ZNS und die Nerven wirksam ist, muß bei Ruta eine stärkere Affinität zum Knochen und der Knochenhaut gesehen werden. So stehen bei Ruta mehr das akut entzündliche Geschehen und die daraus resultierenden Folgen im Vordergrund der Indikation. Ruta trifft auch die venöse Stase mit der Neigung zur Blutung, was Rhus nicht hat.

Die Einsatzmöglichkeiten für Ruta sind sehr vielseitig, aber besonders dann anzuraten, wenn durch die Verletzung oder Dauerbeanspruchung eine lokale Schädigung der Knochenhaut eingetreten ist. Hier wären die Hufrollenentzündung, Gelenkschale (Ringbein), Gleichbeinlähme, Überbeine durch Verletzung, Periostitis, Sehnenverletzungen und Sehnenscheidenentzündungen zu nennen. Ruta hat Verschlimmerung abends und nachts, in der Ruhe und durch Kälte.

Secale cornutum
Mutterkorn
Die Hauptwirkung von Secale cornutum erstreckt sich auf die peripheren Gefäße, wo sich durch Ischämie Brand oder Gangrän ausbildet.
Secale hat Neigung zu petechialen Blutungen, Nasenbluten, Blutungen aus der Lunge und aus dem Uterus, Sickerblutungen nach der Geburt aus dem nicht genügend zusammengezogenen Uterus. Das Mittel wird gern bei peripheren Durchblutungsstörungen verordnet.

Typisch für Secale ist das Verlangen nach Kälte und der große, bisweilen unstillbare Durst.
Verschlimmerung durch Berührung und Bewegung.

Sepia
[Sepia officinale]
Tintenfisch
Sepia ist ein Polychrest vor allem für alle weiblichen Tiere, die ausgemergelt und bindegewebsschwach sind. Bänder und Sehnen sind abgeschlafft. So kommt es zu Senkungen der Organe, besonders im Becken. Uterusabsenkung macht Fertilitätsprobleme. Scheidenvorfall, Gelenkbänder haben keinen festen Halt, so daß es leicht zu Gelenksdislokationen kommen kann. Umknicken der Gelenke in der Bewegung. Alles ist von einer allgemeinen Schwäche geprägt. Schwäche des Afters und Schwäche des Blasenmuskels.
Auch die Haut ist schlaff und neigt zum chronischen Ekzem mit Juckreiz. Herpesartige Bläschen an Ellenbogen und Kniegelenken und schmerzlose Geschwürsbildung an den unteren Gliedmaßen sind vorhanden.
Verschlimmerung tritt morgens und abends durch Ruhe ein. Besserung durch intensive Bewegung, weil dadurch die Blutzirkulation verbessert wird.

Silicea
Kieselsäure
Silicea ist ein Konstitutionsmittel, das Ernährungsstörungen und die mangelhafte Reaktion des Bindegewebes und der Knochen erfaßt und von atrophischen Zuständen bis zur Gewebsnekrose reicht.
Silicea ist das Mittel für in der Entwicklung zurückgebliebene rachitische Jung-

tiere und geeignet, die darniederliegenden Stoffwechselfunktionen wieder anzufachen. Aber auch in den erkrankten Schleimhäuten, bevorzugt in der Submucosa, greift Silicea an. Durch die eitrige Entzündung in der Submucosa kann auch das Epithel geschwürig verändert werden, wobei Fistelung, Blutung und Absonderung eines dicken, weißfarbenen, übelriechenden Sekretes gefunden wird. Andererseits ist auch eine Abkapselung und Eintrocknung der exsudativen Vorgänge möglich.

Die Hautveränderungen sind mehr atrophischer, exsudativer Natur. Die Haut ist runzelig, fahl und schlaff und neigt zum Wundwerden. Wachstumsstörungen finden sich besonders in den Entwicklungszonen der Haare und des Hufhorns. Haarausfall, Mauke, Strahlfäule sind die Folge. Silicea festigt das Hufhorn bei Kronrandspalten. Aber auch chronische Fistelbildung spricht auf das Mittel sehr gut an (Widerristfisteln, Hufknorpelfisteln).

Silicea wirkt anregend auf das retikulo-endotheliale System und kann so auch im Sinne einer unspezifischen Reiztherapie eingesetzt werden.

Zum Konstitutionstyp sei gesagt, daß die Tiere einen auffallenden Mangel an Vitalität zeigen, sehr schnell in Schweiß kommen und rasch ermüden.

Charakteristika: Große Empfindlichkeit gegen Berührung.

Verschlimmerung durch Kälte abends und nachts sowie durch Bewegung. Besserung durch Wärme und Abdecken.

Sulfur
Schwefelblüte

Sulfur ist ein unentbehrliches Mittel, ein Zentralmittel des homöopathischen Arzneimittelschatzes. Die homöopathische Wirkung ist nicht als Substitution zu sehen, sondern in der Aktivation darniederliegender Stoffwechselprozesse. Sie beeinflußt die Zelltätigkeit über die Deblockierung gestörter Fermentfunktionen.

Diese Wirkung wird besonders den höheren Potenzen D 12 bis D 30 zugeschrieben. Niedere Potenzen von Sulfur D 3 bis D 12 erhöhen die Phagozytoseaktivität bei entzündlich infektiösen Prozessen. Bei indolenten Krankheitsphasen hat sich Schwefel als Zwischenmittel in der D 15 zur Reaktivierung der körpereigenen Abwehrkräfte gut bewährt.

Die Hauptindikationsgebiete für Schwefel sind:

1.) Die äußere Haut
2.) Venen und Pfortadersystem
3.) Verdauungsorgane und Leber
4.) Retikulo-endotheliales System

Verschlimmerung abends, durch Nässe und Kälte, bei Wetterwechsel und in der Ruhe. Besserung bei Wärme und Trockenheit.

Symphytum
[Symphytum officinale]
Beinwurz, Beinwell

Symphytum ist ein ausgesprochenes Volksheilmittel und wird von alters her bei Knochenverletzungen und Knochenbrüchen angewandt.

Im allgemeinen wird Symphytum innerlich und in niederen Potenzen angewandt, ebenso äußerlich als Tinktur zu Umschlägen in der Verdünnung Urtinktur auf 5 Teile Wasser.

Was Hypericum für die Nerven, ist das Symphytum für die Knochen, wobei die Krankheitsursache traumatischer oder auch konstitutioneller Natur sein kann. Das Mittel fördert die Kallusbildung, wodurch der Heilungsprozeß abgekürzt

wird. Es hilft bei traumatischer Knochenhautentzündung und verhindert dadurch das Auftreten von Exostosen.
Bei schlechtheilenden Wunden und Geschwüren fördert es die Wundgranulation und Epithelisierung und wirkt dem Auftreten von Wundwucherungen entgegen (Caro luxurians).
Auf Sehnen und Gelenkbänder hat es bei äußerer Anwendung eine gute Wirkung in Richtung auf die Straffung, so daß ein Überknicken im Gelenk gebremst werden kann.

Thuja
[Thuja occidentalis]
Lebensbaum
Eine gute Wirkung von Thuja ist besonders bei Folgezuständen von infektiösen Erkrankungen und der lymphatischen und rheumatischen Diathese zu erwarten, wobei das Zentralnervensystem und das vegetative Nervensystem, die Haut und sämtliche Schleimhäute betroffen sein können. Thuja zeigt deutliche Neigung zu proliferativen Prozessen. Auf der Haut finden wir trockene, gespaltene Haare und starke Schuppenbildung, übelriechende Schweißabsonderung. Es bilden sich rauhe, krustige, meist gestielte Warzen oder Papillome, ferner Polypen und Zysten auf den Schleimhäuten.
Bei der Mauke des Pferdes mit warzenähnlichen Auswüchsen, die leicht bluten und übelriechend sind.
Die Darmtätigkeit ist meist verlangsamt. Kotabgänge haben trockene, harte Knollen. Es kann aber auch Durchfall, besonders in den Morgenstunden, auftreten.

Die Gemütsstimmung der Pferde schwankt zwischen Reizbarkeit und Teilnahmslosigkeit. Thuja hat sich gut bei Impfschäden bewährt.
Verschlimmerung in der Kälte und Nässe, aber auch in der Sommerhitze. Bewegung an der frischen Luft bessert.

Veratrum
[Veratrum album]
Weiße Nieswurz oder Germer
Die etwa ein Meter hoch werdende Pflanze kommt auf Alpenweiden vor, wird aber von den Tieren unberührt gelassen.
Die Nieswurz wurde früher pharmakologisch gerne als Abführmittel und Brechmittel eingesetzt. Veratrum ist ein ausgezeichnetes Analeptikum bei Vergiftungen mit Kollapsneigung. Die Haut fühlt sich dabei kalt an und hat kalten Schweiß.
Herzschwäche, fadenförmiger Puls und Atemnot. Die Vergiftung führt zu Kollapszuständen infolge von Vasomotorenkrämpfen. So kommt es zur Kreislaufschwäche und peripheren Durchblutungsstörung, wobei sich besonders Hitze und starke Sonneneinwirkung als zusätzlich verschlimmernde Faktoren erweisen können.
Indikation für Veratrum ist besonders Hitzschlag und Sonnenstich. Die Pferde zeigen auch gastroenterale Störungen mit Kolik und reiswasserähnlichen Abgängen. Veratrum ist ein gut bewährtes Mittel bei nervösen Durchfällen. Typisch ist der unstillbare Durst auf kaltes Wasser. Verschlimmerung nachts, in der Ruhe und bei feuchtem Wetter. Besserung nach Massage und Bewegung.

Register der Anwendungsbereiche

Erkrankungen der Atemwege

Nasenbluten (Epistaxis)

Arnica D 3: Nasenbluten bei Verletzungen.

Bryonia D 6: Nasenbluten am frühen Morgen.

Cinnamomum D 4 (Ceylon-Zimt): Blutungen hellrot, profus und gußweise.

Hamamelis D 3: Blutungen dunkel, geronnenes Blut.

Millefolium D 4: Stauungsblutungen mit hellrotem Blut.

Phosphorus D 5: Blutungsneigung, konstitutionell bedingt.

Schnupfen

Allium cepa D 4 (Zwiebel): reizlos-wäßriges Sekret, Tränenfluß und Lichtscheue.

Euphorbium D 3 (Wolfsmilch): Nasenkatarrhe mit dauerndem Niesreiz.

Hepar sulfuris D 8: dickflüssige, eitrige Sekrete, riecht nach altem Käse.

Hydrastis canadensis D 4: schleimig, eitrige Sekrete und neigt zu Nasengeschwüren.

Luffa operculata (Luffaschwamm) D 3: Heuschnupfen, häufiges Niesen, Sekrete sind morgens gelblich und werden tagsüber farblos. Die Tiere sind sehr lichtscheu.

Mercurius solubilis D 8: chronischer Fließschnupfen, eitrig, manchmal mit Blutspuren.

Erkrankung der Nebenhöhlen (Sinusitis)

Cinnabaris (Zinnober) D 8: bei akuter und chronischer Nebenhöhlenerkrankung.

Echinacea angustifolia D 3: zur Steigerung der mesenchymalen Abwehr. Entzündungen jeder Art und Lokalisation. Septische Prozesse.

Euphorbium D 3: bei Schleimhautkatarrhen der Nebenhöhlen und oberen Luftwege.

Hepar sulfuris D 3: Abszesse und Eiterungen mit der Neigung zu Chronizität. Es herrscht eine starke lokale Empfindlichkeit gegen Berührung und Kälte vor. Eiter ist gelb-grünlich. Sekret ist seifig und riecht nach altem Käse.

Kalium bichromicum D 5: chronische Entzündung, zähes gelbgrünes Exsudat.

Lachesis D 12: schleimig-eitriger, blutiger Ausfluß mit Schmerzen auf der Stirne.

Luffa operculata (Luffaschwamm) D 3: Heuschnupfen mit häufigem Niesen. Sekrete morgens gelblich, tagsüber farblos. Die Augen sind schmerzhaft.

Silicea D 12: chronische Fälle mit dünnflüssigem, weißen Eiter.

Sinusitis-Nosode D 13.

Luftsackvereiterung

Arsenicum album D 10

Ammonium jodatum D 4

Hepar sulfuris D 12

Mercurius solubilis D 8

Silicea D 6

Kehlkopfkatarrh (Laryngitis)

Apis D 4: bei ödematöser Schwellung.
Belladonna D 4: bei fieberhaften Zuständen und bellendem Husten.
Causticum D 6: bei schmerzhafter Trockenheit der Schleimhaut.
Phosphor D 6: häufig Blutungen auf den Schleimhäuten, schmerzhafter Husten vermehrt abends.
Phytolacca D 4: rezidivierende Entzündungen im Rachenraum (Tonsillitis).

Kehlkopflähmung

Causticum D 6: örtliche Parese – Lähmung der Stimmbänder.
Gelsemium D 8: Nervenlähmung nach Infektion.
Hypericum D 4: Lähmung nach traumatischer Einwirkung.

Bronchitis – Tracheitis

Aconitum D 4: Initialmittel der Entzündung mit Ängstlichkeit, Fieber nach kaltem, trockenem Wind.
Belladonna D 4: trockene Schleimhäute, Schweißausbruch, hohes Fieber, ausgesprochene Hypersensibilität gegenüber äußeren Einflüssen.
Bryonia D 4: harter, trockener Husten, schlimmer bei Ubergang von Kälte zu Wärme. Seröse Infiltration. Die Pferde husten, wenn sie in den Stall kommen.
Cuprum D 6: Krampfhusten mit Erstickungsanfällen.
Drosera D 3: Husten mit zähem Schleim und Blutspuren abends und nachts.
Ipecacuanha D 6: das Mittel hat starke Atemnot mit erstickendem Husten. Der Schleim löst sich sehr schwer, und es ist ein großblasiges Rasseln feststellbar.
Kalium bichromicum D 5: die Atmungsschleimhaut hat Neigung zur Bildung von Geschwüren. Das Sekret ist gelblich-klebrig zäh und fadenziehend.
Scilla D 4: Husten mit Nasenausfluß und Niesen. Die Hustenanfälle werden nach Wasseraufnahme stärker.
Spongia D 8: Husten ist quälend, trocken und metallisch. Salvenartige Anfälle bei Tag und Nacht. Besserung des Hustens tritt ein nach Futter- und Wasseraufnahmen.
Tartarus stibiatus (Brechweinstein) D 4: der Schleim kann nicht ausgehustet werden, so daß aus der Luftröhre ein Schleimrasseln festgestellt werden kann.

Bronchiolitis

Ammonium jodatum D 6: bei chronisch absteigenden Katarrhen mit festsitzendem Schleim.
Arsenicum jodatum D 6: Husten in Intervallen, weil die Endbronchien nicht schleimfrei werden.
Cuprum metallicum D 6: Lösung der bronchialen Verkrampfung.

Lungenentzündung (Pneumonie)

Aconitum D 4: als Initialmittel bei akutem Verlauf.
Ammonium jodatum D 6: wenn sich Wasser in der Lunge gebildet hat.
Apis D 4: entzündliches Ödem mit Ausschwitzung.
Belladonna D 4: als Mittel der Krisis.
Bryonia D 4: nach Bildung des Exsudates vor allem bei Bronchopneumonie.
Ferrum phosphoricum D 8: als Fiebermittel bei lokaler, subakuter Entzündung.
Kalium chloratum D 12: kruppöse Pneumonie, Pleuritis mit Bildung von Schwarten.
Lachesis D 8: Pneumonie im Endstadium mit Abszeß und Gangränbildung.

Phosphor D 6: bei kruppöser Pneumonie im Beginn der Hepatisation.
Tartarus stibiatus D 4: Atemnot durch starke Verschleimung in den Lungenbläschen.

Brustfellentzündung (Pleuritis)

Apis D 3: entzündliches Ödem mit Ausschwitzungen.
Arsenicum jodatum D 6: Resorptionsmittel bei Pleuritis.
Bryonia D 6: Entzündung der serösen Häute, exsudativ oder trocken.
Cantharis D 6: entzündlicher Pleuraerguß fibrinöser Natur.
Ranunculus bulbosus (Knollenhahnenfuß) D 4: feuchte und trockene Rippenfellentzündung mit starker Schmerzhaftigkeit der Interkostalmuskeln.
Scilla maritima D 4: über vermehrte Diurese erfolgt die Ausschwitzung der Ergüsse.

Dämpfigkeit (Emphysem)

Acidum formicum (Ameisensäure) D 4 bis D 30: als unspezifische Reiztherapie beim chronischen alveolären Lungenemphysem.
Atropinum sulfuricum D 6: intensiv krampflösend bei Asthma.
Convallaria majalis D 6: Herzinsuffizienz durch Stauung. Cor pulmonale.
Cuprum metallicum D 6: Krämpfe der bronchialen Muskulatur, Asthma bronchiale.
Kalium bichromicum D 5: Atemnot durch schwerlöslichen Schleim.
Laurocerasus D 4: bei kardialer Dämpfigkeit. Herzklopfen.
Lobelia D 4: krampfartiger Husten, Asthma bronchiale.
Phosphorus D 6: Parenchymmittel bei allen degenerativen Stadien.

Erkrankungen des Auges

Verletzungen – Quetschungen

Arnica D 4: lokale Stauung mit vermindertem Gefäßtonus. Blutergüsse meist kapillärer Art. Innerlich und äußerlich einzusetzen.
Bellis D 3: die Wirkung wie Arnica, doch mehr Beziehung zu katarrhalischen Erkrankungen.
Calendula D 3: bei Rißverletzungen am Auge.
Hypericum D 4: innerliche und äußerliche Anwendung als Wundmittel nach traumatischen Insulten.
Ledum D 3: tiefe Wunden durch Stichverletzungen.

Augenliderkrankungen

Apis D 3: Lidschwellung nach Insektenstichen, allergischen Ursachen oder bei Nierenkrankheiten.
Belladonna D 4: entzündliche schmerzhafte Erkrankungen der Lider.
Causticum D 12: bei Randverdickungen und Verschorfungen der Augenlider.
Ledum palustre D 3: nach Insektenstichen.
Rhus toxicodendron D 4: beim Bläschenerysipel.

Lidbindehautentzündung (Konjunktivitis)

Aconitum D 4

Periodische Augenentzündung (Uveitis recidiva equi)

Aconitum D 4
Aurum D 12: das Auge ist schmerzhaft, das Sehvermögen ist durch einen dunklen Schleier behindert.

Belladonna D 4: Im stündlichen Wechsel mit Aconitum D 4 bei Auftreten der akut fieberhaften Symptome.

Clematis D 4: bei der chronischen Entzündung; dabei sind keine Schmerzen vorhanden.

Conium D 12: extreme Lichtscheue und Tränenfluß. Lähmung der Augenmuskulatur.

Euphrasia D 3: Es sollten bei der chronisch-rezidivierenden Entzündung 3× täglich 20 Tropfen eingegeben werden.

Kalium bichromicum D 8: Es ist das Hauptmittel, besonders bei der Chronifizierung der Krankheit.

Mercurius bijodatus D 8: Es besteht eine große Neigung zu Verwachsungen.

Sulfur D 15: die anregende, katalysierende und resorbierende Wirkung macht hier den Schwefel zu einem wichtigen Mittel.

Thuja D 12: die Wirkung von Thuja ist eng verbunden mit den Folgezuständen von Infektionskrankheiten (Leptospiren). Da man nicht selten bei den betroffenen Pferden positive Leptospirosetiter gefunden hat, empfiehlt sich die Anwendung der Leptospiren-Nosode D 12.

Erkrankungen der Haut

Haarausfall (Alopecia)

Acidum phosphoricum D 6: Haarausfall und Haarverfärbung durch körperliche Erschöpfung und Schwäche.

Aesculus D 3: reguliert die periphere Zirkulation und den Lymphstrom der Haut.

Graphites D 4: Haarausfall bei trockener und rissiger Haut.

Lycopodium D 6: der Haarausfall ist oft mit einer Leberstörung verbunden. Haarbruch an der Mähne und am Schweif.

Selen D 10: Selen hat große Verwandtschaft mit Sulfur.

Sulfur D 4 bis D 30: Reaktionsmittel bei allen akuten und chronischen Erkrankungen. Die Zelltätigkeit wird katalytisch beeinflußt.

Thallium sulfuricum D 12: das Mittel leitet sich aus dem Vergiftungsbild von Thallium ab und hat sich in dieser Indikation gut bewährt.

Schuppenbildung (im Bereich von Mähne und Schweif)

Arsenicum album D 6: chronische Veränderungen der Haut sind trocken und schuppender Art. Sie haben oft starken Juckreiz.

Graphites D 4: die Haut ist trocken, rauh und rissig. Neigung zu Verdickungen und Schuppenbildung.

Hydrocotyle asiatica (Wassernabel) D 4: das Mittel hat dicke, schuppige Haut und zeigt Neigung zu Knötchenflechte.

Kalium arsenicum D 6: chronische Ekzeme mit trockener, schlaffer Haut, Schuppenbildung und Flechten.

Psorinum-Nosode D 12: chronische Hautkrankheiten mit starkem Juckreiz.

Sulfur D 4 bis D 30: der Schwefel ist das Hauptmittel bei allen Hautkrankheiten. Er eignet sich auch sehr gut als Zwischenmittel in den Hochpotenzen, wenn bereits Degenerationsphasen bestehen.

Urtica urens D 4: urtikarielle und Dermatosen harnsaurer und allergischer Diathese.

Hautjucken (Pruritus cutaneus)

Acidum formicicum D 4 bis D 30: allgemeines Umstimmungsmittel bei Hauterkrankungen und Asthma.

Histamin D 12: wenn der Juckreiz auf eine Allergie zurückzuführen ist.

Dolichos (Juckbohne) D 4: wirkt ganz spezifisch auf die Haut, Juckreiz besonders bei alten Tieren und bei Leberschäden.
Psorinum-Nosode D 12 und Urtica urens D 4: urtikarielle Dermatosen harnsaurer und allergischer Diathese.

Nesselsucht (Urticaria)

Apis D 3: quaddelförmige Eruptionen, die sich durch starke Rötung und Berührungsempfindlichkeit auszeichnen (Insektenstiche).
Cardiospermum D 3: entzündliche und allergische Hautkrankheiten, Urticaria mit Juckreiz.
Calcium carbonicum Hahnemanni D 12: exsudativ-allergische Erscheinungen mit Schorfbildung und Juckreiz.
Histamin D 12: allergische Diathese.
Rhus toxicodendron D 4: Urtikarielle Pusteln und blasenbildende Ausschläge, oftmals auch an den Geschlechtsorganen.
Urtica urens D 4: generalisierte Nesselsucht, oftmals nach Insektenstichen, aber auch durch Fütterungsallergie.

Entzündungen der Oberhaut (Ekzeme)

Akute und chronische Ekzeme:
Anacardium (Malakanuß) D 6: heiße Haut, generalisiertes Exanthem und pustulöse Entzündung, vorwiegend in den Sommermonaten. Nervöse Erschöpfung.
Antimonium crudum (Schwarzer Spießglanz) D 6: chronische Ekzeme, die zur Hautverhärtung neigen.
Arsenicum album D 4: chronische meist trockene Ekzeme mit Schuppenbildung und starkem Juckreiz.
Cardiospermum D 3: entzündliche aller-

gische Sommerekzeme, besonders an Mähne und Schweifansatz.
Croton tiglium (Purgierkörner) D 6: akute pustulöse Ekzeme, besonders an Kopf und Hoden, mit wäßrigem Durchfall verbunden.
Graphites D 6: trockene, rissige Haut, Ekzeme mit honiggelben Krusten, besonders an Hautfalten und an Körperöffnungen.
Hepar sulfuris D 6: generalisierte Eiterungen, Ekzeme mit dem Geruch nach Käse. Pustulöse, übelriechende Ekzeme an den Streckseiten der Glieder.
Mercurius solubilis D 6: das Hauptmittel des nässenden akuten und chronischen Ekzems. Starke Neigung zu Eiterung bis zur Pyodermie.
Petroleum D 6: trockene und rissige Haut, aber auch chronisch nässende Ekzeme an den Hautfalten und Gelenkbeugen, vorwiegend im Winter.
Pyodermie-Nosode D 10, D 30
Sarsaparilla D 4: hat heftig juckende, nässende, eitrige Ekzeme an Kopf und Gliedmaßen. Chronische Exzeme.
Sepia (Tintenfisch) D 10: ausgemergelte, bindegewebsschwache Haut mit chronischen trockenen, aber auch nässenden Ausschlägen an Gelenkbeugen und an der Vulva alter Stuten.
Sulfur D 3 bis D 30: Hauptmittel aller Erkrankungen der Haut. Greift tief in den Hautstoffwechsel ein.

Entzündungen der oberen und tieferen Hautschichten (Dermatitis – Dermatosen)

Acidum hydrochloricum D 6: chronische und subchronische Dermatitis mit Juckreiz, hartnäckige Geschwüre. Die bindegewebigen Elemente der Haut sind krank.

Antimonium crudum D 6: die Haut ist trocken mit Bildung von Schorfen, Neigung zur Hautverhärtung und Bildung von Warzen.

Arsenicum album D 6: Akne, Furunkel, Geschwüre und Juckreiz der Haut.

Cantharis D 6: heftig brennende Entzündung der Haut, Bläschenausschlag. Herpes zoster. Verbrennungen.

Fagopyrum (Buchweizen) D 6: Dermatits durch Fotosensibilität der Haut (Sonnenbrand).

Hepar sulfuris D 6: siehe Ekzeme.

Mercurius solubilis D 6: siehe Ekzeme.

Mezereum (Seidelbast) D 4: herpesartige, stark juckende Dermatosen mit großer Empfindlichkeit der Haut gegen kalte Luft. Herpes zoster.

Natrium muriaticum D 12: die Haut ist welk und rissig. Nässende und schuppende Dermatosen, besonders an den Haargrenzen der Mähne und in den Gelenkbeugen.

Rhus toxicodendron D 6: die Haut zeigt Rötung mit nachfolgendem heftigem Juckreiz und Blasenbildung. Allergische Fütterungsausschläge.

Selenium D 10: Selen ist chemisch und wirkungsdynamisch mit Sulfur verwandt. Die Haut ist feucht und fettig, das Haarkleid neigt zu Verfärbung und Haarausfall. Es liegt immer eine nervöse Schwäche vor.

Silicea (Kieselsäure) D 6: die Hautveränderungen sind mehr atrophischer Natur als eitrig. Die Haut ist fahl und schlaff. Furunkel und Karbunkel neigen zur Bildung von Eiterfisteln.

Sulfur D 3 – D 30

Fissuren, Papillome und Warzen

Acidum nitricum (Salpetersäure) D 6: Bildung von Fissuren und Geschwüren

am Übergang von Haut zur Schleimhaut.

Antimonium crudum D 6: Neigung zur Bildung von Hautverdickungen, Schwielen, Fissuren, besonders an den Nüstern und an den Lippen, Warzenbildung.

Calcium carbonicum D 6: kleine harte Warzen und Papillome, die nicht zu Blutungen neigen (Calcium-carbonicum-Typ beachten).

Causticum D 6: harte und trockene Warzen an der Nase, Hautfissuren und Hautknoten im Bindegewebe der Haut.

Thuja occidentalis (Lebensbaum) D 8: Neigung der äußeren Haut zur Proliferation, Papillome, Polypen und Warzen. Die Warzen sind gestielt, rauh und krustig und bluten leicht.

Hauttumoren

Hauttumoren sollten möglichst frühzeitig operativ angegangen werden. Als zusätzliche Mittel kommen in Frage:

Causticum D 6: bei Knotenbildung im subkutanen Bindegewebe.

Thuja occidentalis D 4 bis D 30: Thuja hat sich als Konstitutionsmittel bei Krankheiten mit der Neigung zu Proliferation, auch bei der Tumorbehandlung, gut bewährt.

Zur Vermeidung von Rezidiven nach der Operation hat sich z. B. beim equinen Sarkoid folgende Behandlung bewährt:

Anthrachinon D 15 und Para-Benzochinon D 12

Glyoxal D 10 und Ubichinon D 10

Diese Mittel müssen über vier Wochen lang zweimal wöchentlich eingesetzt werden.

Hautverletzungen und Wunden

Arnica D 3: bei allen Verletzungen regt es die Wundheilung an. Arnica ist schmerzlindernd und blutstillend.

Bellis (Gänseblümchen) D 3: Bellis, die kleine Arnica genannt, hilft gegen Quetschungen und fördert die Resorption von Wundödemen.

Calendula (Ringelblume) D 3: Calendula wirkt schmerzstillend, besonders bei der Behandlung von Rißwunden. Es verbessert die Wundgranulation bei schlechtheilenden Wunden.

Causticum Hahnemanni D 6: Hautverbrennungen und Röntgenschäden.

Chamomilla (Kamille) D 3: Chamomilla ist schmerzlindernd, entzündungsregulierend und fördert die Wundgranulation.

Echinacea angustifolia (Schmalblättrige Kegelblume) D 2: Steigerung der mesenchymalen Abwehr. Gilt als homöopathisches Desinfektionsmittel.

Hamamelis (Virginische Zaubernuß) D 3: Hamamelis hat dunkle, venöse Blutungen der Haut nach Verletzung.

Hepar sulfuris D 8: bei Wundeiterungen.

Hypericum (Johanniskraut) D 3: bei Nervenverletzungen und Schmerzen bei Wunden.

Ledum (Sumpfporst) D 4: Stichverletzungen

Mercurius solubilis D 8: diffuse Eiterungen. Entquellende Wirkung bei Wundödemen.

Myristica sebifera D 4: wildwuchernde Wunden (Caro luxurians) mit schlechter Heiltendenz.

Staphysagria (Stephanskörner) D 6: bei Schnittwunden und Verletzungen am Auge.

Symphytum (Beinwell) D 8: wenn bei der Verletzung der Knochen mitbetroffen ist (Periostitis).

Erkrankungen des Bewegungsapparates

Spondylose

Acidum hydrophosphoricum D 4: degenerative Veränderungen am Bindegewebe bei Knochen, Sehnen und Bändern. Wahrscheinlich bedingt durch mangelnde Durchblutung.

Aurum metallicum D 6: chronische Schmerzen bei Spondylosis (Konstitutionsmittel).

Hekla lava D 6: Periostitis und Knochenwucherungen, Knochenentzündung.

Mercurius praecipitatus ruber D 9: Knochenschmerzen, besonders nachts. Periostitis und Knochenfisteln.

Ruta D 3: Ruta bildet wuchernde Knötchen in der Gelenkkapsel und an den Gelenkbändern, die den Bewegungsablauf beeinflussen.

Strontium carbonicum D 8: Arthrosen, Spondylosen und Periostitis, Neigung zu Knochenfisteln.

Symphytum D 1–D 3: Regulierung der Kallusbildung nach Knochenfrakturen und Periostitis.

Sehnen – Sehnenscheiden – Gelenkbänder

Acidum benzoicum D 6: Sehnenscheidenentzündung durch Sehnenreizung mit vermehrter Sekretion in die Sehnenscheiden.

Aesculus D 3: Durchblutungsförderung in den erkrankten peripheren Bereichen.

Apis D 4: entzündliches, teigiges Ödem der Sehnenscheide. Starke Berührungsempfindlichkeit.

Arnica D 3: nach traumatischer Einwirkung auf Sehnen und Sehnenscheiden.

Bellis D 3: die kleine Arnica bei Entzündung durch Überdehnung und Quetschung.

Bryonia D 4: exsudative, schmerzhafte Entzündung mit Lahmheit. Kälte und fester Verband bessern.

Kalium jodatum D 4: starke Einwanderung von Lymphozyten in die Bindegewebsfaser. Sehnenverhärtung, Verklebungen in der Sehnenscheide.

Ledum palustre D 3: bei Quetschung und Stichverletzung in der Sehnenscheide.

Rhus toxicodendron D 6

Ruta D 3

Silicea (Kieselsäure) D 6: bei chronischer Entzündung zur Unterstützung der Resorption fribröser Infiltrate.

Akute Gelenkentzündung (Arthritis)

Apis D 4: akute Gelenkentzündung exsudativer Natur.

Arnica D 3

Bellis D 3: das Mittel fördert bei der akuten Entzündung die Resorption der Ergüsse.

Bryonia D 4: Entzündung aller serösen Häute. Polyarthritis heiß und schmerzhaft mit starker Lahmheit.

Chronische Gelenkentzündung (Arthrose)

Acidum formicicum D 30: als Umstimmungsmittel bei der deformierenden Arthrose.

Antimonium crudum D 6: chronische Gelenkkrankheit (Coxitis).

Calcium fluoratum D 6: Wirkung auf die bindegewebige Struktur der Knochenhaut im Sinne der Resorption verhärteter Exsudate.

Colchicum autumnale (Herbstzeitlose) D 4: rheumatische, schmerzhafte Ge-

lenksentzündung, oft mit Beteiligung des Herzmuskels.

Ferrum metallicum D 4: rheumatoide Gelenkschmerzen besonders im Bereich der linken Schulter.

Hekla lava D 6: Ostitis, Periostitis, Exostosen.

Kalmia latifolia (Berglorbeer) D 4: Gelenkrheuma sehr schmerzhaft, aber ohne Fieber, besonders in den größeren Gelenken.

Manganum metallicum D 4: chronische Arthrosen.

Mercurius praecipitatus ruber D 9: Periostitis mit nächtlichen Knochenschmerzen.

Rhus toxicodendron D 6

Ruta D 3: Gelenkentzündung nach Verletzung. Schwäche der Gelenkbänder. Betroffen sind besonders die kleineren Gelenke (Sprunggelenk).

Silicea D 12

Symphytum D 8: Verletzung der Gelenkbänder und des Periostes.

Strontium carbonicum D 8: Arthrosen. Knochenfisteln. Neigung zu Gelenksluxationen.

Erkrankungen der Muskeln und des Skelettsystems

Muskelschwäche (Myopathie)

Acidum picrinicum (Pikrinsäure) D 12: Muskelschwäche und Kraftlosigkeit, zunehmende Erschöpfung. Die Pferde legen sich sehr gerne hin und wollen liegenbleiben.

Arsenicum album D 12: Kachexie und allgemeine Schwäche. Erschöpfungszustände werden günstig beeinflußt.

Calcium phosphoricum D 6: Ernährungsstörungen im Zusammenhang mit dem Calcium- und Phosphor-Stoffwechsel, besonders bei jungen Pferden.

Ferrum metallicum D 6: das Mittel beseitigt Störungen bei der Assimilation des Eisens im Blut.

Kalium carbonicum D 6: bleibende Erschöpfung und schnelle Ermüdung der Rückenmuskeln mit Steifigkeit der Gliedmaßen.

Phosphorus D 6: Phosphor ist ein wichtiges homöopathisches Polychrest, besonders für den Kalkstoffwechsel des Knochens verantwortlich und auch für den Muskelaufbau.

Muskelatrophie

Abrotanum (Eberraute) D 6: Abmagerung und Muskelschwund trotz guten Fressens.

Arnica D 3: Muskelatrophie nach akuten, traumatischen Insulten.

Acidum aceticum (Essigsäure) D 6: schneller Muskelschwund mit großer Schwäche und Bildung von Ödemen.

Curare (Pfeilgift) D 12: Schwächezustand der Muskeln und Zittern der Gliedmaßen.

Gelsemium (Wilder Jasmin) D 4: Gelsemium hat die Erschlaffung des ganzen Muskelsystems mit teilweiser Lähmung der peripheren Nerven. Die Muskelatrophie ist an die Störung der Nervenfunktion angelehnt.

Phosphor D 6: siehe Myopathie

Plumbum metallicum (Blei) D 8: Muskelatrophie durch Zerstörung der Nervensubstanz und der peripheren Nerven. Muskelgruppen am Hals und Streckmuskeln sind besonders stark betroffen.

Thuja D 10: als Konstitutionsmittel nach Infektionen oder chronischer Er-

krankung zur Stimulierung des ZNS und des Vegetativums.

Muskelkrämpfe – Muskelspasmen

Agaricus (Fliegenpilz) D 4: motorische Unruhe und Krampfzustände mit Zittern der Vordergliedmaßen.

Arnica D 3: Muskelkater nach zu intensiver Trainingsarbeit oder nach dem Rennen.

Cuprum metallicum D 6: lokale Krämpfe an den Extremitäten, vermehrt an den Zehenbeugern.

Magnesium phosphoricum D 6: allgemeine Krampfneigung. Schmerzende Verkrampfung der Beugemuskeln (Muskelkater).

Strychninum nitricum (Strychnin) D 6: erst heftige klonische Muskelkrämpfe, dann Lähmung der Muskulatur.

Zincum metallicum D 12: krampfartiges Zittern der Beine. Pferde schlagen an die Boxenwand und sind Boxenläufer.

Muskel- und Gelenkrheuma

Acidum benzoicum (Benzoesäure) D 6: subakuter und subchronischer Gelenkrheumatismus. Steifigkeit der Muskeln und Schmerzen mehr in den kleinen Gelenken.

Acidum formicum D 6: allgemeines Umstimmungsmittel bei rheumatischen und allergischen Muskelentzündungen.

Aconitum D 4: grippale rheumatische Infekte mit Fieber nach Erkältung durch kalten Wind.

Belladonna D 4: schmerzhaftes entzündliches Muskelrheuma.

Bryonia D 4: Muskelrheumatismus, Lumbago mit starker Reizung und Infiltration der serösen Häute.

Causticum D 10: chronische rheumatische Beschwerden mit ziehenden Schmerzen der Muskeln und Sehnen.

Cimicifuga (Wanzenkraut) D 6: die Schmerzen bei Cimicifuga treten besonders an den Muskelbäuchen des Rumpfes auf. Vom Kreuzbein die Wirbelsäule hoch. Osteochondrose der Hals- und Brustwirbel. Die Schmerzen von Cimicifuga verstärken sich in der Trächtigkeit.

Colchicum D 10: akuter und chronischer Rheumatismus, schmerzhafte Entzündungen von Muskelfaszien und Gelenkbändern sowie Sehnen und Periost.

Dulcamara (Bittersüß) D 4: Rheumatismus der Muskeln und Gelenke, der sich bei naßkaltem Wetter verschlechtert.

Ferrum metallicum D 10: Schultergelenk und Muskeln der linken Schulter.

Ferrum phosphoricum D 10: rheumatische Entzündung des rechten Schultergelenkes.

Ranunculus bulbosus (Knollenhahnenfuß) D 4: schmerzhafte Muskelentzündung der Rumpfmuskeln, besonders im interkostalen Raum, aber auch Rücken und Schulterblatt links.

Rhododendron D 3: rheumatische Schmerzen an den Knochen, Gelenken, Nerven, am Periost der Röhrenknochen.

Rhus toxicodendron (Giftsumach) D 6: Muskel- und Gelenkrheuma mit deutlicher Neigung zur Steifigkeit und Schwerbeweglichkeit. Die Lahmheit bessert sich erst nach anhaltender Bewegung. Die Pferde laufen sich ein.

Sanguinaria (Kanadische Blutwurz) D 6: neuralgische und rheumatische Schmerzen der Gelenke und Muskeln.

Muskelverletzung – Muskelriß

Arnica D 3: in allen Fällen von Verletzungen.

Bellis perennis (Gänseblümchen) D 2:

bei Muskelquetschungen und Stichverletzung.

Causticum Hahnemanni D 6: Muskelverbrennung, Röntgenschädigung, Knotenbildung und Verhärtung der Muskelfasern.

Ruta graveolens (Weinraute) D 3: Muskelriß durch Überdehnung und Ruptur der Sehne am Knochenansatz.

Krankheiten an Hals und Rumpf

Halssteifigkeit (Torticollis spasticus)

Bryonia D 4: Muskelverkrampfung und Steifigkeit aller Muskeln von Hals und Rücken.

Cimicifuga D 3: blitzartig auftretende Schmerzhaftigkeit an Hals- und Rückenmuskeln mit Verspannung des Rückens. Osteochondrose der Halswirbelsäule.

Gelsemium D 4: Halssteifigkeit durch Störung der motorischen Nerven. Lähmungserscheinungen und heftige Muskelschmerzen.

Nux vomica D 4: Steifigkeit in der Hals- und Rückenmuskulatur. Schmerzhaftigkeit zwischen den Schulterblättern, Pferde lassen sich schlecht drehen.

Rhus toxicodendron D 6: rheumatisch-neuralgische Schmerzen der Muskulatur, die sich bei feuchtkaltem Wetter verschlimmern.

Entzündung der Vena jugularis (Thrombophlebitis)

Aesculus D 3: zur Verbesserung der peripheren Durchblutung bei venöser Stase.

Arnica D 3: als Folge von traumatischen Einwirkungen.

Hamamelis D 3: dunkle Blutungen durch zu schwache oder verletzte Venenwände. Äußerlich auch Hamamelis-Salbe.

Lachesis D 8: Venenentzündung mit Gefahr der Septikämie.

Mercurius solubilis D 6: geschwürige Entzündung der Venenwände mit hartnäckigen, oberflächigen Hautulzerationen.

Vipera berus (Kreuzotter) D 6: Thrombophlebitis mit Neigung zur Gangränbildung.

Widerristfisteln

Aconitum D 4: wenn ein hochfieberhaftes Stadium besteht.

Apis D 4: bei ödematöser Schwellung im Bereich der Widerristfisteln.

Echinacea angustifolia D 3: Entzündungen jeder Art und Lokalisation, besonders bei septischen Prozessen zur Steigerung der mesenchymalen Abwehr.

Hepar sulfuris D 3: zur Aktivierung des Eiterungsprozesses und zur Sekretion des Eiters.

Lachesis D 8: septische Prozesse, wie Karbunkel und Phlegmone, Neigung zu Gangränen und Nekrosen.

Mercurius solubilis D 6: stimuliert das Lymphgefäß- und Lymphdrüsensystem und fördert das Ausfließen der Eiteransammlung.

Silicea (Kieselsäure) D 6: akute und chronische Eiterungen mit der Neigung zur Fistelbildung.

Brustbeule

Einsatz der Mittel wie bei der Widerristfistel, dazu:

Pyrogenium D 15: fieberhafte septische Prozesse durch umfangreiche Gewebs-

nekrosen. Pyrogenium ist recht gut in Verbindung mit Lachesis.

Genickbeule (Bursitis)

Siehe Mittel Widerristfistel, dazu:

Tarantula (Tarantel) D 12: bei schlecht heilenden, blauumrandeten Karbunkeln. Motorische Unruhe und kribbelnde Beine.

Schleimbeutelentzündungen (Bursitiden)

Akute Bursitis:

Apis D 4: heiße ödematöse Anschwellungen mit wassersackartigen Bildungen. Die Pferde wollen keinen Verband leiden.

Arnica D 3: durch Verletzung und Überanstrengung.

Bryonia D 4: exsudative Entzündung der serösen Häute. Verschlimmerung durch Bewegung. Verbesserung durch Ruhe und durch festen Verband.

Hepar sulfuris D 3: im frühen Entzündungszustand fördert das Mittel den Eiterungsprozeß.

Mercurius solubilis D 6: bei eitriger Bursitis mit Schwellung der regionalen Lymphknoten.

Lachesis D 8: infizierte offene Schleimbeutel mit Gefahr der Septikämie.

Chronische Bursitis:

Acidum hydrofluoricum D 4: chronische Affektionen mit Gewebszerstörung.

Calcium carbonicum D 10: Schleimbeutelbildung, die durch Entwicklungsstörungen ausgelöst wurden.

Causticum D 6: fibröse feste Verdickung mit wenig Flüssigkeit.

Silicea D 6: von chronischen Prozessen zur Bindegewebsrückbildung.

Muskelverspannungen im Rücken

Arnica D 4: durch Überbelastung, oftmals durch falschen Sitz des Reiters ausgelöst.

Bryonia D 4: akute rheumatisch entzündliche Erkrankung der Lenden- und der Brustbeinmuskulatur.

Causticum D 6: dumpfe Schmerzen am Kreuzbein mit Ausstrahlung auf die Hintergliedmaßen. Verspannte Bewegung der Hinterhand.

Cimicifuga D 4: heftige, plötzlich auftretende Schmerzen an der Hals- und Brustwirbelsäule.

Colocynthis D 4: die Schmerzen von Colocynthis sind von der Bewegung unabhängig. Sie sind außerordentlich heftig und ziehen sich über den ganzen Rücken hin.

Gelsemium D 4: völlige Erschlaffung der Hals- und Rückenmuskulatur. Es fehlt die notwendige Muskelspannung.

Nux vomica D 4: allgemeine Steifigkeit des Rückens und der Gelenke mit Krampfneigung und unsicherem Gang.

Kalium bromatum D 4: Lähmung der motorischen und sensiblen Nerven der Rückenmuskulatur. Ataktischer Bewegungsablauf. Springpferde kommen aus dem Bewegungsrhythmus.

Wirbel- und Zwischenwirbelscheiben

Spondylitis - Spondylosis deformans:
Arnica D 4: siehe Probleme des Rückkens.

Asa foetida D 4: Knochenschmerzen besonders bei feuchtem Wetter.

Belladonna D 4: bei den akuten und schmerzhaften Entzündungen der Wirbelknochen.

Calcium phosphoricum D 4: Rachitis bei jungen Pferden. Störungen im Kalkstoff-wechsel, Osteochondrose und Osteomalazie.

Kalium jodatum D 4: Periostitis (Knochenhautentzündung) verschiedener Ursache. Bänder-, Kapsel-, Knorpel- und Knochenerkrankungen.

Rhus toxicodendron D 6: entzündliche Infiltrationen in die Wirbelgelenke und Bandscheiben. Geringgradige Schwellung, aber große Steifigkeit des Rückens.

Ruta graveolens D 3: Schwäche der Gelenkbänder durch Überanstrengung und Verbrauchserscheinungen. Schmerzen besonders an den Ansatzstellen der Bänder und Sehnen und am Knochenkörper.

Symphytum officinale D 6: Symphytum ist das Arnica für die Knochen bei Periostitis und mangelnder Kallusbildung.

Erkrankungen von Herz und Kreislauf

Herzbeutelentzündung (Perikarditis)

Aconitum D 4: bei fieberhafter Entzündung.

Apis D 3: bei vermehrter Flüssigkeitsansammlung im Herzbeutel.

Bryonia D 4: bei serösen oder trockenen Exsudaten im Herzbeutel.

Cantharis D 6: bei katarrhalischer Entzündung des Herzbeutels.

Oben links: Hypericum perforatum (Johanniskraut)
Oben rechts: Lycopodium clavatum (Keulen-Bärlapp)
Unten links: Prunus laurocerasus (Kirschlorbeer)
Unten rechts: Pulsatilla vulgaris (Gewöhnliche Küchenschelle)

Spigelia (Wurmkraut) D 4: beim Auftreten scharfer Reibungsgeräusche in der Brusthöhle mit stürmischem Herzklopfen.

Herzmuskelentzündung (Myokarditis)

Adonis vernalis D 4: nervöses Herz mit Neigung zur fettigen Degeneration.

Cactus D 3: zeigt gute Wirkung am geschädigten Herzmuskel, besonders nach Infektionen.

Convallaria D 6: Herzinsuffizienz mit Arrhythmie und Ödemen, schneller Puls.

Crataegus (Weißdorn) D 4: hat die Herzmuskelschwäche nach körperlicher Anstrengung (Altersherz).

Digitalis (Fingerhut) D 6: Herzinsuffizienz durch Störungen im Reizleitungssystem des Herzens.

Herzinnenhautentzündung (Endokarditis)

Cactus grandiflorus D 3: Bei Herzklopfen, Herzklappenfehler und Herzangst.

Calcium carbonicum Hahnemanni D 10: das Herz ist oft zu klein. Atemnot, Zirkulationsstörungen in den Kapillaren.

Convallaria D 6: venöse Stauungen und Arrhythmie.

Echinacea (Kegelblume) D 2: entzündungshemmend und Steigerung der Abwehrkräfte.

Kalmia (Berglorbeer) D 4: bei rheumatischer Endokarditis mit Schmerzen in der Schulter und Verdickung der Herzklappen. Extrasystolen links.

Kalium carbonicum D 4: Herzschwäche und Blutstauung.

Oben links: Solanum dulcamara (Bittersüß – Blüte)
Oben rechts: Bittersüß – Früchte
Unten links: Symphytum officinale (Beiwell)
Unten rechts: Veratrum album (Germer)

Herzklappenfehler

Adonis vernalis D 4: Ablagerungen auf den Herzklappen mit asthmatischen Zuständen.

Cactus D 3: Herzklappenfehler nach Infektionen.

Convallaria D 6: Insuffizienz, schneller Puls und Arrhythmie.

Kalmia D 4: rheumatische Endokarditis mit Verdickung der Herzklappen.

Laurocerasus D 4: Mitralinsuffizienz mit starker Zyanose der Schleimhäute, Kollapszustände, Herzblock.

Spongia D 8: fibrinöse Exsudate, Geräusche am Herzen.

Strophantus D 6: chronische Herzfehler, Kompensationsstörungen.

Kreislaufstörungen – Periphere Durchblutungsstörungen

Aesculus D 2: venöse Stauungen der hinteren Körperpartie und der Hintergliedmaßen.

Arnica D 3: Venen und Kapillaren. Bewirkt einen raschen Säfteaustausch, besonders nach traumatischen Läsionen.

Aurum metallicum D 6: bei chronischen Gefäßveränderungen, verbessert die Durchblutung in den Herzkranzgefäßen.

Cuprum D 6: gefäßkrampflösend in den Extremitäten.

Glonoinum (Nitroglyzerin) D 4: bei Reizung des Sympathicus kommt es zur Gefäßerweiterung am Herzbeutel, besonders im arteriellen Teil.

Secale cornutum (Mutterkorn) D 10: starke Gefäßerweiterung durch Lähmung der Gefäßmuskulatur.

Tabacum (Tabak) D 10: Lösung der Gefäßkrämpfe über das Vasomotorenzentrum.

Kreislaufschock

Belladonna D 4: Reizungs- und Lähmungserscheinungen am Gehirnzentrum und an den peripheren Nerven. Blutandrang zum Kopf.
Bellis perennis (Gänseblümchen) D 2: hat arnicaähnliche Wirkung. Kreislaufkollaps.
Carbo vegetabilis (Holzkohle) D 6 bis D 12: ödematöse Zustände durch den darniederliegenden Kreislauf. Atemnot, besonders Verschlimmerung bei feuchtwarmem Wetter.
Veratrum (Weiße Nieswurz) D 4: Veratrum ist das wichtigste homöopathische Analeptikum. Vasomotorenschwäche, Kältegefühl am ganzen Körper. Sonnenstich.

Ödeme

Apis D 2: Hauptmittel ödematöser Zustände.
Arnica D 3: Schwellungen nach Verletzungen.
Bryonia D 4: geschwollene Gelenke.
Digitalis D 6: Stauungserscheinungen durch Herzinsuffizienz.
Kalium carbonicum D 4: ödematös unter der Haut.
Natrium chloratum D 12: allgemeine Entwässerung
Prunus spinosa (Schlehdorn) D 2: Ödeme und Wassersucht durch Herzleiden.

Blutungen (Hämorrhagien)

Bursa pastoris (Hirtentäschel) D 2: Blutungen jeder Art.
Cinnamomum (Ceylon-Zimt) D 2: Blutungen aus Nase und Uterus.
Hamamelis D 3: Hämatome, venöse Blutungen durch die Haut.

Melilotus officinalis (Steinklee) D 3: profundes Nasenbluten.
Millefolium D 4: Sickerblutungen präkapillar arteriovenös (hellrot).
Phosphorus D 6: Gefäße sind brüchig, fettig entartet und haben daher starke Neigung zu Blutungen.

Thrombosen

Aesculus D 2: Durchblutungsverbesserung durch Venenerweiterung.
Hamamelis D 3: multiple, parenchymatose Blutungen, besonders in den Gliedmaßen.
Lachesis D 8: hämorrhagische Diathese durch Kapillarschädigung.

Thrombophlebitis

Vipera berus (Kreuzotter) D 6: starke Schwellung mit Zyanose bei Thrombophlebitis und Emboliegefahr.

Intermitierendes Hinken = Verschluß der Arteria iliaca externa (Claudicatio intermittens)

Lachesis D 10.
Secale cornutum D 10: löst die Verkrampfung der Gefäßmuskeln.
Vipera berus D 6: siehe oben.

Krankheiten des Verdauungsapparates

Entzündung der Mundhöhle (Stomatitis)

Acidum nitricum D 4 (Salpetersäure): Neigung zu Geschwürsbildung mit unregelmäßigen Rändern und mit ätzendem Sekret.

Belladonna D 4: fieberhafte, hochrote, trockene Schleimhaut.

Borax D 4: Aphthen und Geschwüre auf der Mundschleimhaut.

Hydrastis canadensis (Kanadische Gelbwurz) D 4: Geschwüre auf rotem Grund an Lippen und Schleimhaut.

Kalium chloratum D 6: zäher, weißgrauer Belag der Mundschleimhaut und der Zunge.

Mercurius solubilis D 10: Röte der Mundschleimhaut mit Aphthen. Zunge ist gelblich belegt und geschwollen. Gingivitis.

Lähmungen der Zunge und der Lippen

Causticum D 6: Wirkung auf die peripheren Nerven bei chronischen Erkrankungen.

Gelsemium D 8: Lähmungen nach Infektionen und Vergiftungen.

Hypericum D 4: Lähmung nach Nerventrauma.

Zyste am Zungengrund (Ranula)

Apis D 3: zur Resorption der Zystenflüssigkeit.

Mercurius solubilis D 10: siehe Stomatitis.

Thuja occidentalis (Lebensbaum) D 10: die Schleimhaut neigt zu Hypertrophie und zur Polypenbildung.

Entzündung des Rachens (Pharyngitis)

Belladonna D 4: akute Angina. Starke Schwellung der Tonsillen, Fieber, Rötung und Trockenheit der Schleimhaut.

Bryonia D 4: alle entzündlichen Zustände im Rachen mit trockenem Husten.

Calcium fluoratum D 8: Schluckschmerzen, Rötung der Seitenstränge des Rachenringes. Tonsillen sind eitrig und haben eitrige Pfröpfe.

Hepar sulfuris (Kalkschwefelleber) D 3: eitrige Angina, membranöse Ausschwitzungen. Die Maulhöhle riecht nach altem Käse.

Lachesis D 10: Entzündung ist purpurfarben mit starker Schwellung. Schluckschmerzen sehr stark. Morgens wird alles schlimmer.

Mercurius solubilis D 8: akute Rachenentzündung. Neigung zu ulzeromembranösen Belägen und zur Sepsis.

Phytolacca americana (Kermesbeere) D 2: dunkle Rötung und schmerzhafte Schwellung der Gaumenbögen, ausgelöst durch feuchtkaltes Wetter.

Entzündung der Ohrspeicheldrüse (Parotitis)

Belladonna D 4: hochfieberhaft, heiß, gerötet und gespannt. Schlingbeschwerden.

Calcium fluoratum D 8: nach Linderung der akuten Entzündung, Drüse steinhart und stark geschwollene Lymphknoten.

Mercurius biojodatus ruber (Quecksilberjodid) D 8: hat besondere Beziehung zu entzündlichen Affektionen der Halsdrüsen und Halslymphknoten.

Pulsatilla D 2: Entzündung der Ohrspeicheldrüse infolge von Infektionen. Die rechte Drüse ist stärker betroffen.

Rhus toxicodendron (Giftsumach) D 6: Infiltration und Eiterung im Bindegewebe der Drüse. Die linke Drüse ist stärker betroffen.

Freßunlust

Abrotanum (Eberraute) D 4: schlechte Freßlust, aber auch Abmagerung trotz Heißhunger. Wechsel von Durchfall und Verstopfung.

Arsenicum album D 6: Stoffwechselförderung bei zehrender Erkrankung. Erschöpfungszustände.

Calcium phosphoricum D 3 bis D 30: mangelhafte Freßlust bei jungen, oftmals nervösen Pferden.

China D 2 bis D 6: Abmagerung, satt nach wenigen Bissen. Aufgeblähter Bauch.

Lycopodium (Bärlapp) D 3 bis D 30: Freßunlust durch gestörte Leberfunktion. Vollsein nach geringer Futteraufnahme.

Nux vomica D 6: die Freßunlust ist verursacht durch spastische Verstopfung mit Blähsucht, besonders wenn sie aus einer Streßsituation resultiert.

Magenkoller – Magenüberladung

Belladonna D 4

Bryonia (Zaunrübe) D 4: Magenentzündung mit großem Durst, Verschlimmerung nach Futteraufnahme.

Colocynthis (Koloquinte) D 4 bis D 6: Meteorismus. Unerträgliche Magenkrämpfe und Blähungen. Pferde krümmen sich zusammen.

Lycopodium D 4 bis D 12: Pferde fressen gierig, aber nur ein paar Bissen. Starke Magenblähung und Verstopfung und Atonie des Darmtraktes.

Nux vomica D 4 bis D 6: Überfressen. Futterintoxikation. Die normale Peristaltik ist gestört. Blähungskolik und Verstopfung. Der Streß schlägt auf den Magen.

Magen- und Darmverstopfung (Obstipation)

Aluminia D 4: Verstopfung, trockene Kotballen, starker Kotdrang, das Mittel bei älteren Pferden und Stuten.

Bryonia D 4: Kot ist fest, zuweilen auch Blutspuren, kein Kotdrang, vorwiegend bei jungen Pferden.

Collinsonia canadensis (Grießwurzel) D 6: chronische Verstopfung mit Blähung, helle Kotballen, junge Tiere und tragende Stuten.

Graphites D 6: chronische, hartnäckige Verstopfung. Die Kotballen sind schleimbedeckt. Risse am After. Alles ist trocken.

Magnesium muriaticum D 4: Verstopfung mit krümeligem, hartem Kot, Blähungen und Kolik. Die Zunge ist dick und gelb belegt.

Nux vomica D 6 bis D 12: hartnäckige, spastische oder atonische Obstipation mit dauerndem vergeblichen Kotdrang. Viele Darmgase, meist nach unverdaulichem Futter oder Futterintoxikationen. D 6 nicht bei tragenden Stuten.

Opium D 6 bis D 30 und höher: chronische atonale Verstopfung. Absolute Darmträgheit, Darmlähmung nach Operationen. Kot ist steinhart und trocken. Opium ist ein gutes Mittel bei der Blinddarmverstopfung.

Plumbum metallicum D 6: spastische Verstopfung mit Verkrampfung des Afters. Schmerzhafte Entleerung von kleinen, harten und schwarzen Ballen.

Durchfall (Diarrhoe)

Arsenicum album D 6 bis D 30: wäßriger, heller Kot, wundmachend am After mit aasigem Geruch. Unruhe und der Schwächezustand der Tiere fallen auf. Wenn der Durchfall nach Erkältung oder Wetterwechsel entstanden ist. Auch nach dem Trinken großer Mengen kalten Wassers. Es ist immer ein starker Durst vorhanden.

China officinalis D 4: chronische Durchfälle mit allgemeiner Erschöpfung nach Blutverlusten und Infektionskrankheiten. Meist Freßunlust, aber starker Durst.

Croton tiglium D 6: profuse, wäßrige Durchfälle nach der Fütterung oder Wasseraufnahme.

Mercurius sublimatus corrosivus D 6: Durchfall schleimig, manchmal Blutspuren, Kotdrang, die Tiere werden nicht fertig beim Kotabsatz. Dünndarmentzündung und starker Durst.

Nux vomica D 4 bis D 6: Durchfall nach Überfressen, nach Fütterungsfehlern und Streßsituationen.

Podophyllum (Maiapfel) D 6: gußartige, spritzende Durchfälle (Hydrantenstühle), die mit Verstopfung wechseln können. Verschlimmerung in den Morgenstunden.

Akute bis chronische, fieberhaft infektiöse Durchfälle vorwiegend bei Jungtieren (Dysenterie)

Die homöopathische Behandlung muß in diesen Fällen mit einer gezielten Antibiotika-Therapie kombiniert werden.

Aconitum D 4 bis D 6: initiale, akute Fieberzustände bei der Darmgrippe. Erkältung nach kaltem, trockenem Wind abends nach dem Weidegang.

Aloe D 4: morgendliche schmerzhafte Abgänge mit Blutungen.

Arsenicum album D 6: schwächende, übelriechende Durchfälle, die periodisch auftreten und sehr wundmachend sind.

Carbo vegetabilis D 4 bis D 30: starke Blähungen mit heftigem Durst auf kaltes Wasser, starke Schwäche mit Kollapsneigung.

Chamomilla D 2: Schleimhautkatarrhe und Entzündungen mit Fieber und Trockenheit der Schleimhaut. Chamomilla wirkt schleimhautberuhigend, besonders bei jungen Pferden, Fohlen und Jährlingen.

Colocynthis D 4: Magen- und Darmspasmen, die äußerst schmerzhaft sind, stehen im Vordergrund. Ruhrartige wäßrige Durchfälle, der Bauch ist aufgebläht.

Ipecacuanha (Brechwurzel) D 6: Kolik mit Krämpfen und Durchfall, starkes Würgen (Amöbenruhr).

Lachesis D 10 bis D 30: stinkende, blutig-schleimige Durchfälle wechseln mit Obstipation. Bei infektiös-septischen Darmkrankheiten sehr gut in Kombination mit Antibiotika.

Veratrum album D 4: infektiöse Fieberzustände im Magen und Darm mit starker Kollapsneigung. Reiswasserähnliche Durchfälle. Die Haut der Tiere fühlt sich kalt an.

Kolik

Nabelkolik bei Fohlen:
Chamomilla D 2 bis D 4: die jungen Tiere zeigen übersteigerte Schmerzempfindlichkeit. Blähungen mit krampfartigen Schmerzen. Auch gut bei Zahnschmerzen.

Colocynthis D 4: Reizung des *Plexus coeliacus* verursacht schneidende Schmerzen um den Nabel.

Krampf- oder rheumatische Kolik (Erkältung):
Aconitum D 4: Initialmittel nach Verkühlung durch trockenen, kalten Wind. Schmerzen kommen plötzlich und sehr heftig und verklingen wieder schnell. Große Unruhe, starker Durst. Verschlimmerung abends und nachts.

Belladonna D 4: voller, schneller Puls,

Haut heiß, dampfend, viel Schweiß. Pupillenerweiterung. Periodizität der Krampfzustände, Ängstlichkeit und Unleidlichkeit. Überreizte Sinneswahrnehmung. Vollblüter und junge Pferde reagieren besonders schnell auf Belladonna.

Chamomilla D 2 bis D 4: nächtliche Kolikanfälle junger Tiere, die nervöse Überempfindlichkeit und ärgerliche Gereiztheit zeigen.

Colocynthis D 4: das Mittel hat die heftigsten spastischen Verkrampfungen und Schmerzen, die das Tier zusammenkrümmen lassen.

Überfütterungskolik und Unverdaulichkeitskolik:

Belladonna D 4:   Entkrampfung der Darmmuskulatur.

Bryonia D 4: Verstopfung mit trockenem, harten Kot.

Colocynthis D 4: nach Überfressen mit Grünfutter.

Nux vomica D 4 bis D 12: Überfütterung, Fütterungsfehler, starker Kotdrang.

Plumbum aceticum D 4: schwere Krampfkolik, später atonische Obstipation mit trockenen, kleinen Kotballen.

Windkolik (Gärungskolik):
Die Kolik entsteht durch die vermehrte Verfütterung von Futtermitteln, die sehr viel Gas entwickeln, z. B. Kleie, grüner Klee usw.

Atropinum sulfuricum D 4: Koliken der glatten Darmmuskulatur.

Carbo vegetabilis D 3: vermehrte Peristaltik, Kolikschmerzen mit abnormer Gasbildung. Neigung zu Kollaps.

Colchicum autumnale (Herbstzeitlose) D 6: aufgetriebener Leib mit kollernden Darmgeräuschen. Es ist starker Durst vorhanden.

Lycopodium (Bärlapp) D 3: die Muskulatur des Darmtraktes ist atonisch, starker Blähbauch und Obstipation, Völlegefühl nach geringer Futteraufnahme.

Nux vomica D 4

Verstopfung (Obstipation)
Atropinum D 4

Bryonia D 6: Kot ist fest, voluminös, mitunter blutig. Obstipation bei jungen Tieren.

Alumina D 6: atonische Obstipation mit allgemeiner Schwäche. Kotabgänge hart und knotig, Schleimhäute trocken. Das Mittel hat sich bei älteren Tieren bewährt.

Chelidonium (Schöllkraut) D 3: wirkt krampflösend, schmerzstillend und reguliert die Gallenproduktion.

Graphites D 6: Kot ist knotig und hart mit weißem Schleim.

Nux vomica D 6: das Hauptmittel der Verstopfungskolik. Das Pferd liegt auf der Seite und dreht den Kopf gegen die Flanken.

Opium D 6 bis D 30: völliger Stillstand der Darmperistaltik. Hat sich auch in aussichtslosen Fällen der Blinddarmanschoppung bewährt.

Platinum chloratum D 6: Darmatonie, Verstopfung mit vergeblichem Kotdrang, Kot ist wie Kitt.

Wurmbefall:
Ein starker Wurmbefall bei unseren Pferden kann nur durch den Einsatz chemisch-therapeutischer Mittel erfolgreich beseitigt werden. Homöopathische Mittel sind hilfreich zur Milieusanierung anzuwenden. Es kommen in Frage: Abrotanum (Eberraute), Cina (Zitwerblüten), Cuprum aceticum, Ferrum (Eisen) und Spigelia (Wurmkraut).

Erkrankungen der Niere, Blase und Leber

Entzündung der Nierenkörperchen (Glumerulonephritis)

Apis D 4: bei exsudativer Entzündung mit umschriebener oder generalisierter Ödembildung.

Belladonna D 4 bis D 6: bei akut fieberhaftem Entzündungsgeschehen. Spärlicher Harn, manchmal auch Blutspuren.

Berberis vulgaris D 4: Rückenschmerzen in der Lendengegend, der Urin ist schleimig-trübe, enthält ein grießiges, rotes Sediment.

Cantharis D 6: akute Nierenentzündung mit blutig-schleimigem Urin, Nierenvergiftung durch Infekte.

Dulcamara D 3: Nierenentzündung nach Durchnässung, wenn Pferde längere Zeit auf dem nassen Rasen gelegen haben.

Mercurius solubilis D 6 bis D 12: Urin kommt tropfenweise mit blutig-eitrigem Schleim. Der Urin ist scharf, enthält vermehrt Zylinderzellen.

Terebinthina (Terpentinöl) D 4: Nierenschmerzen mit Kolik. Urin ist trüb und dunkel und riecht nach Veilchen. Schmerzen beim Wasserlassen.

Chronische Nierenentzündung (Nephrose)

Argentum nitricum D 6: chronische Schleimhautkatarrhe.

Arsenicum album D 6: starke Degeneration des Nierengewebes mit viel Durst. Viel Eiweiß und Zellen im Harn, nephrogene Hautödeme.

Berberis vulgaris D 3 bis D 6: chronische Nierenerkrankung mit Schmerzhaftig-keit in der Nierengegend und beim Wasserlassen, fördert die Diurese.

Phosphorus D 6: bei allen degenerativen Organerkrankungen, bei Parenchymschäden und Abmagerung.

Plumbum aceticum (Bleiazetat) D 6: Schrumpfniere und Urämie.

Solidago (Goldrute) D 3: harntreibendes Nierenmittel nach postinfektiösen Nierenschäden.

Nierenbeckenentzündung (Pyelitis, Pyelonephritis)

Apis D 4: akute entzündliche Schleimhautödeme.

Belladonna D 6: fieberhafte akute Schleimhautentzündung mit schmerzhaften Spasmen.

Berberis vulgaris D 4: stechende Schmerzen in der Nierengegend und in den Harnleitern.

Cantharis (Spanische Fliege) D 6: Reizzustände des Nierenbeckens nach Erkältung oder Infektionen.

Hepar sulfuris D 4: bei eitriger Entzündung des Nierenbeckens. Große Überempfindlichkeit bei Berührung und Kälte.

Lachesis D 10: kommt bei allen Infektionskrankheiten zur Anwendung. Harnwegsinfekte mit der Neigung zur Hämolyse und Sepsis. Gute Kombination mit Antibiotika.

Lycopodium clavatum (Bärlapp) D 6: Rückenschmerzen und Schmerzen beim Wasserlassen. Scharfer Harngeruch. Ziegelmehlsediment.

Mercurius D 8: Eiteransammlung im Nierenbecken mit der Tendenz zur Bildung von Geschwüren.

Pyrogenium D 6: ein gutes Ergänzungsmittel zu Lachesis bei allen septischen Erkrankungen mit besonderer Beziehung zum Lymphgefäßsystem.

Terebinthina (Terpentinöl) D 4: der Urin ist dunkel und trübe. Häufiger Harndrang. Eiweiß und Blutspuren.

Blasenentzündung (Zystitis)

Belladonna D 4: bei fieberhafter Entzündung der Blase mit schmerzhaften Blasenspasmen.

Berberis D 4: schmerzhafte Blasenentzündung mit der Neigung zu Steinbildung.

Cantharis D 6: Reizblase. Heftige Blasenkrämpfe. Urin kommt nur tropfenweise.

Chamomilla D 3: Blasenentzündung bei jungen Pferden.

Copaiva brava (Balsamum copaivae) D 4: Entzündung am Blasenhals mit schleimigem, süßlich riechendem Urin.

Dulcamara D 3: katarrhalische Blasenentzündung durch völlige Durchnässung.

Equisetum hiemale (Winterschachtelhalm) D 2: chronische Zystitis, Zystopyelitis mit Eiweißausscheidung und Harngrieß besonders bei der Trächtigkeit.

Mercurius corrosivus D 6: Vereiterung der Blasenschleimhaut, Blasengeschwüre.

Petroselinum crispum (Petersilie) D 3: bei allen Entzündungsformen der Blase mit starkem Harndrang.

Populus tremuloides (Amerikanische Espe) D 2: akute und chronische Zystitis und Harnröhrenentzündung. Der Harn ist schleimig und eitrig.

Terebinthina D 4: besonders bei eitriger Blase, Schmerzen in der Nierengegend und längs des Harnleiters. Harn hat viel Eiweiß und Blutspuren.

Nieren- und Blasensteine

Berberis vulgaris D 3: harnsaure Diathese, Nieren- und Blasenleiden mit der Neigung zur Steinbildung, auch Gallensteine.

Lycopodium D 6: Rückenschmerzen, die sich beim Harnlassen bessern, meistens mit einer Leberstörung verbunden.

Rubia tinctorum (Färberkrapp) D 2: Nierensteine, Phosphat- und Oxalatsteine.

Pareiva brava (Grießwurz) D 4: Nieren- und Blasenerkrankung, tropfenweiser Abgang von Harn mit dickem, zähem Schleim.

Sarsaparilla (Stechwinde) D 3: Steinbildung in den Harnorganen, besonders in der Harnblase. Die Steine sind weißlich, der Harn ist spärlich und flockig.

Blutharnen (Hämaturie)

Aconitum D 4: bei hochakuten Fieberstadien. Die Harnwegsentzündung ist mit Verspannung und Unruhe der Tiere verbunden.

Arnica D 4: Blutungen nach Verletzungen.

Capsella bursa pastoris (Hirtentäschelkraut) D 2: Blutungen und Nierengrieß sowie Steinbildung in der Niere und Blase.

Cinnamomum (Ceylon-Zimt) D 3: Das Blut im Harn stammt meist aus dem Uterus.

Hamamelis (Virginische Zaubernuß) D 3: vermehrte Harnausscheidung bei venöser Stase.

Millefolium (Gemeine Scharfgarbe) D 6: bei Stauungsblutungen aus allen Organen mit hellem Blut.

Phosphorus D 6: fettige Nierenentartung mit Hämaturie.

Blasenlähmung (Paralyse)

Causticum D 6: wirkt über die vegetativen Nerven auf die Harnblase.
Gelsemium (Wilder Jasmin) D 3: Blasenmuskellähmung. Blase entleert sich erst, wenn sie übervoll ist.
Plumbum aceticum (Bleiazetat) D 6: Lähmung der Schließmuskeln von Blase und Darm.

Lebererkrankungen (Hepatopathie)

Aloe D 4: schmerzhafte Leber- und Pfortaderstauung mit morgendlichen Durchfällen.
Carduus marianus (Mariendistel) D 4: Stauungsleber mit gleichzeitiger Stauung der Darmvenen. Neigung zur Leberverhärtung.
Flor de Piedra (Steinblüte) D 3: als organotrophes Mittel kann Flor de Piedra bei allen Stadien von Leberleiden eingesetzt werden. Die Leber ist sehr druckempfindlich. Flor de Piedra hat starke Blähungen mit hellem Kot.
Lycopodium (Bärlapp) D 6: chronische Leberentzündung und frühes Stadium der Leberzirrhose. Die Pferde dulden den Sattelgurt nicht, weil die Leber sehr schmerzempfindlich ist, und es besteht eine chronische Entzündung der Gallengänge. Die rechte Seitenlage ist schmerzempfindlicher, der Kot ist schleimig mit Blutspuren. Es ist heftiger Kotdrang vorhanden und starker Durst.
Phosphorus D 6: fettige Degeneration der Leber. Gelbsucht durch den Zerfall der roten Blutkörperchen. Akute, gelbe Leberatrophie und Zirrhose.

Gelbsucht (Ikterus)

Berberis D 4: Ikterus bei Leberbeschwerden durch Störungen im Harnsäurestoffwechsel. Leberschmerzen.
Bryonia D 6: Ikterus durch Leberfunktionsstörungen. Es ist großer Durst vorhanden, Bewegung macht Schmerzen.
Chelidonium (Schöllkraut) D 4: Schwellung und Entzündung der Gallengänge. Starker Ikterus, Störung im Eiweißstoffwechsel. Schulterlahmheit rechts.
Magnesium sulfuricum (Bittersalz) D 6: Ikterus durch akute Leber- und Gallengangsentzündung. Durchfall wechselt mit Verstopfung.
Taraxacum (Löwenzahn) D 3: mangelnde Freßlust. Ikterus. Pfortaderstau.

Krankheiten des Geschlechtsapparates

Scheidenkatarrhe (Vaginitis)

Acidum nitricum D 6: scharfer, übelriechender Ausfluß mit Entzündung beim Übergang von Haut zur Schleimhaut.
Alumina D 4: zäher Ausfluß bei Tieren. Entzündung der Schleimhaut bei älteren Stuten.
Cantharis D 6: heftige, juckende Schleimhautentzündung mit Bläschenausschlag.
Hydrastis (Kanadische Gelbwurz) D 4: milder, katarrhalischer Ausfluß, zäh und fadenziehend.
Mercurius solubilis D 6: Rötung und Schwellung der Schleimhaut mit scharfem, eitrigem Sekret.
Mezereum (Seidelbast) D 4: Schleimhaut trocken und gerötet, Juckreiz und Bläschenbildung.

Gebärmutterentzündung (katarrhalisch)

Mittel wie bei Vaginitis und:

Argentum nitricum D 4: entzündete Schleimhaut mit scharfem gelbem Ausfluß und Blutspuren.

Echinacea angustifolia D 3: wirkt als innerliches Antiseptikum sowie stark antiphlogistisch und regt die körpereigene Abwehr an.

Kreosotum (Buchenholzteer) D 6: Schleimhautkatarrhe mit ätzenden, grünlich-gelben Sekreten.

Pulsatilla (Kuhschelle) D 4: starke Durchblutungsförderung der Beckenorgane. Es ist mehr ein Folgemittel als Initialmittel. Die besondere Wirkung zeigt sich, wenn der Ausfluß schleimig-eitrig, gelb oder gelb-grün wird.

Sabina (Sadebaum) D 4: Absonderungen von reichlichen hellroten Sekreten nach Abort. Sabina kann auch einen Abortus verhüten.

Sepia officinalis (Tintenfisch) D 6: Sepia hat gelblichen, wundmachenden Ausfluß. Es ist das Mittel der älteren Stuten, bei denen es schon zur Gebärmuttersenkung gekommen ist.

Eitrige Gebärmutterentzündung (Pyometra)

Arsenicum album D 6: chronische Endometritis. Allgemeine Schwäche und Abmagerung. Der Ausfluß ist eitrig und ätzend.

Echinacea angustifolia D 3: als innerliches Antiseptikum.

Hydrastis canadensis D 4: Pyometra mit zähem gelbem und dickem Sekret.

Mercurius sublimatus corrosivus D 6: Suppurationen, gelblich-grüner Ausfluß.

Lachesis D 10: Zustände mit stinkendem, eitrigem Ausfluß und der Gefahr einer Septikämie.

Pyrogenium D 15 bis D 30: gute Kombination mit Lachesis bei septischen Allgemeinerscheinungen.

Lilium tigrinum (Türkenbundlilie) D 4: starke Uterusvergrößerung gefüllt mit gelblich-übelriechendem Eiter. Es besteht starker Harndrang.

Secale cornutum (Mutterkorn) D 4: schafft Uteruskontraktionen bei Gebärmutterentzündung nach Abort und treibt den Eiter aus der Gebärmutter.

Kreosotum D 6: Schleimhautentzündung mit eitrig-übelriechendem Sekret.

Streptococcus haemolyticus-Nosode in der Einzelpotenz D 5:

Geburtsschwierigkeiten

Pulsatilla D 4: hilft bei der Geburtseinleitung. Es verbessert die Schleimhautdurchblutung und erweitert die Geburtswege.

Caulophyllum (Frauenwurzel) D 4: Caulophyllum reguliert die unregelmäßig eingesetzten oder einsetzenden Wehen.

Phytolacca (Kermesbeere) D 3: die Wirkung von Phytolacca konzentriert sich auf das Euter, wo es den Milchfluß reguliert. Ist aber auch bei schwerer Mastitis und Knotenbildung am Euter gut einzusetzen.

Urtica urens (Brennessel) D 2 bis D 30: das Mittel fördert in tiefen Potenzen den Milchfluß, besonders bei Milchmangel, und bremst in höheren Potenzen den Milchfluß.

Nachgeburtsverhaltung (Retentio secundinarum)

Apis D 4: bei der akuten Entzündung an der Gebärmutterschleimhaut mit ödematöser Schwellung.

Pulsatilla D 3: für das Mittel spricht ganz allgemein das verspätete Ausstoßen der Nachgeburt. Durch die Verbesserung der Durchblutung in den Beckenorganen kommt es zu einer rascheren Rückbildung des Uterus.

Sabina (Sadebaum) D 1 bis D 30: das Mittel bewirkt eine starke Blutfülle und aktiviert die Kontraktionen der Uterusmuskulatur.

Secale cornutum (Mutterkorn) D 6: Secale cornutum kann in der D 1 als Abortivum angesehen werden, kann aber in der D 15 auch einem Abortus vorbeugen. Speziell charakterisiert sich das Mittel im Zusammenziehen des Uterus und durch seine gute Wirkung bei Blutungen nach der Geburt.

Bei drohendem Abortus kann Sabina D 6 bis D 15 wirksam eingesetzt werden, gleichgültig, ob es sich um eine habituelle oder infektiöse Ursache handelt.

Viburnum opulus (Schneeball) D 12: wird bei falschen Wehen angewandt.

Fruchtbarkeitsstörung (Sterilität)

Apis D 3: Zysten vermehrt am rechten Eierstock, aber auch *Corpus luteum persistens.*

Aristolochia clematis (Osterluzei) D 15: bei Nichtrosse von Jungtieren bringt das Mittel die Brunst und auch die Ovulation.

Aurum D 4: Degenerationen der Eierstöcke werden zur Norm zurückgeführt.

Cimicifuga D 6: schmerzhafte Uteruskontraktionen, chronischer Ausfluß bei herabhängendem Uterus.

Lachesis D 8: Lachesis aktiviert den Geschlechtszyklus, besonders über den linken Eierstock.

Phosphor D 6: gute Kombination mit Sabina.

Pulsatilla pratensis D 4: schaltet sich durch langanhaltende Hyperämie der Beckenorgane hormonähnlich in die Steuerung des Brunstzyklus ein. Es löst die Rosse aus, aber nicht die Ovulation.

Sabina D 4: Sabina hat sich beim Ausstoß von Eiter aus der Gebärmutter und der Nachbehandlung von Aborten gut bewährt.

Sepia D 6: Sepiatiere sind mager, eckig und alt. Der Uterus ist schlaff herabhängend, Ovarien kleinzystisch degeneriert.

Nymphomanie

Agnus castus D 4: mit größeren Dosen kann der übersteigerte Geschlechtstrieb bekämpft werden. Kleine Dosen regen den Geschlechtstrieb an.

Aurum D 6: Nymphomanie bei Degeneration der Eierstöcke.

Bufo D 10: die Tiere zeigen große geschlechtliche Reizbarkeit.

Cantharis D 6: übersteigerter Geschlechtstrieb bei Stuten, Priapismus beim Hengst.

Colocynthis D 6: Nymphomanie mit kleinzystischen Eierstockdegenerationen.

Hyoscyamus niger D 12: Nymphomanie und Ängstlichkeit mit starker Reizbarkeit und Aggression.

Platinum D 6: Die Nymphomanie ist meist mit einem starken Juckreiz an der Scheide verbunden. Die Stuten wollen sich nicht decken lassen.

Euterentzündung (Mastitis)

Aconitum D 4: Erkältung in der frischen Fieberphase.

Arnica D 3: Verletzungen des Euters durch Prellung oder Quetschung.

Belladonna D 4: stark geschwollenes, heißes Euter. Belladonna hat besondere Beziehung zu großmaschigem Gewebe.

Bryonia D 4: das Gesäuge ist hart und schmerzhaft, aber weniger heiß als bei Belladonna.

Conium (Gefleckter Schierling) D 6: harte Lymphdrüse, Knoten und Tumore im Gesäuge.

Echinacea D 4: Steigerung der Abwehrkräfte gegen bakterielle Erregerinvasion.

Hepar sulfuris D 6: zur Förderung der Eiterausscheidung bei eitriger Mastitis. Die Lymphknoten sind geschwollen und sehr druckempfindlich.

Lachesis D 8: hohes Fieber, schneller Puls und Apathie bei schweren hämolytischen und septikämischen Prozessen am Euter. Milch versiegt bei Krankheitsbeginn.

Mercurius D 6: Entzündungen mit Zerfallserscheinungen und üblem Geruch von der Hyperämie bis zur Nekrose.

Phellandrium (Wasserfenchel) D 3: fördert die Ausschwemmung festsitzender Sekrete in den Milchkanälen und ist im Anfangsstadium der Mastitis angezeigt.

Phosphorus D 8: Phosphor hat sowohl bei akuten als auch bei chronischen Entzündungen eine besondere Affinität zum Euter.

Phytolacca D 3: durch Abheilung und Regeneration der milchbildenden Zellen kommt es zu einem Wiedereinsetzen des Milchflusses.

Lahmheiten der Vordergliedmaßen

Schultergelenk

Acidum salicylicum D 3: akuter Gelenkschmerz. Pferde kommen schnell in Schweiß.

Arnica D 4: bei Schulterverletzungen.

Chelidonium D 4: rheumatische Spasmen an der rechten Schulter am Gelenk und an den Muskeln der Schulter.

Ferrum metallicum D 10: Muskel- und Gelenkrheumatismus an der linken Schulter.

Gelenkarthritis

Bryonia D 4: kleinste Bewegungen sind schmerzhaft. Die Pferde legen sich auf die kranke Schulter.

Mezereum D 4: das Mittel ist dann sehr angezeigt, wenn die Synovialmembranen der Gelenke mit entzündet sind.

Petroleum D 6: chronische Gelenkerkrankung mit Steifigkeit. Das Gelenk knackt deutlich beim Beugen.

Rhus toxicodendron D 6: typisch für Rhus ist der Anfangsschmerz beim Beginn der Bewegung (Startschmerz), Tiere laufen sich aber ein.

Radialislähmung

Arnica D 4: bei Verletzung.

Causticum D 6: Muskelschwäche und Zittern, unsicherer Gang der Pferde. Tiere stolpern leicht.

Curare D 30: die Nervenreflexe sind aufgehoben. Muskelzittern und Schwäche.

Gelsemium D 6: große Schwäche und Schlaffheit der Muskulatur, Lähmung der Extremitäten.

Plumbum metallicum D 6: sensible und motorische Lähmung der Streckmuskulatur mit Atrophie und Beugekontraktur.

Karpalgelenksentzündung (Carpitis)

Antimonium crudum D 12: neuralgische Schmerzen im Gelenk mit Reizung der Synovia, schlechter nach kaltem Wetter.

Apis D 4: akute Fälle mit starker Schwellung und Infiltration in das Gelenk. Große Druckempfindlichkeit.
Bryonia D 4: Schwellung der Gelenksabteilungen durch Entzündung der Synovialmembran. Das Gelenk ist heiß und schmerzhaft.
Calcium fluoratum D 8: Arthritis deformans durch Verhärtung der Gelenkbänder, auch Neubildungen fibröser Art.
Rhus tox. D 6: subakute und chronische Arthritis mit Beteiligung der Sehnen und Bänder. Steifigkeit bei der Anfangsbewegung.
Ruta graveolens (Weinraute) D 3: Verletzung des Gelenks durch Stauchung und Verrenkung. Schwäche der Gelenkbänder und Periostitis.
Silicea D 30: bei fibrösen Wucherungen im chronischen Krankheitsverlauf.

Sehnenentzündung (Tendinitis)

Akut ist einzusetzen:
Arnica D 4
Bryonia D 4 und
Ruta D 3
Subakut:
Rhus toxicodendron D 6
Chronische Tendinitis:
Kalium bichromicum D 4: Tendovaginitis mit bindegewebiger Umfangsvermehrung.
Calcium fluoratum D 8: siehe Carpitis.
Mercurius solubilis D 8: bei eitriger Sehnenscheidenentzündung. Es wirkt entquellend auf ödematöse Zustände.
Silicea D 30: Sehnenverdickung, fördert die Resorption des fibrösen Gewebes.
Symphytum D 12: bei Verletzung der Sehnen und Bänder. Periostitis.

Lahmheiten der Zehengelenke (Fessel-, Kron- und Hufgelenk)

Akut:
Acidum benzoicum D 6: rheumatische Beschwerden an allen Gelenken.
Apis mellifica D 4: Entzündung exsudativer Natur.
Arnica D 4: akute Entzündung durch Verletzung.
Bellis D 3, kleine Arnica genannt: bei Gelenksüberdehnungen, Quetschung.
Causticum D 12: bei Neigung zu Kontrakturen.
Dulcamara D 4: Naßwettermittel. Arthritische Beschwerden sind Folge von Kälte und Nässe.
Hypericum D 6: Nervenschmerzen nach Kontusion und Verrenkung.
Ledum D 4: heiße, nicht geschwollene Gelenke mit großer Steifigkeit.
Rhododendron D 4: Gelenkschmerzen, besonders an der Knochenhaut. Typisch ist die Verschlimmerung beim Übergang zu windigem und regnerischem Wetter.
Rhus toxicodendron D 6: subakute und chronische Gelenkschmerzen mit starker Beteiligung der Sehnen und Bänder.
Ruta D 3: zur Verhinderung einer Periostitis an den Ansätzen von Sehnen und Gelenkbändern.

Chronische Gelenkerkrankung

Acteà (Christophskraut) D 3: Schmerzen in den kleinen Gelenken mit Schwellung und Neigung zu Deformationen.
Ammonium phosphoricum D 4: deformierender Gelenkrheumatismus.
Aurum metallicum D 6 bis D 30: als Konstitutionsmittel bei Arthrosis deformans, bei chronischen Gelenkschmerzen an Gelenken, Knochen und am Periost.

Hekla Lava D 6: Ostitis, Periostitis, Ossifikationen an der Gelenkkapsel.
Medorrhinum (Medorrhinum-Nosode) D 18: chronische Gelenkentzündung mit Verschlimmerung durch kalte Feuchtigkeit und Berührung.
Mercurius praecipitatus ruber D 10: Periostitis mit nächtlichen Knochenschmerzen.
Silicea D 30: bei Ernährungsstörungen und mangelhafter Reaktion des Bindegewebes und der Knochen.
Symphytum D 4: hat Schmerzen der Knochen und des Periostes als Folge von Frakturen und Verletzungen. Symphytum regt die Kallusbildung an.

Lahmheiten der Hintergliedmaßen

Hüftgelenksentzündung (Coxitis)

Akute: Arnica D 4, Apis D 4, Causticum D 4 und Calcium fluoratum D 8 bei rheumatisch-neuralgischen Schmerzen.
Chronische:
Causticum D 4: chronischer Gelenkschmerz mit der Neigung zur Versteifung und Deformation.
Colocynthis D 4: heftiger Hüftgelenksschmerz mit krampfartigen, periodischen Intervallen.
Kalium carbonicum D 6: chronische, rheumatische Schmerzen mit Schwäche und Schlaffheit der Muskulatur.
Medorrhinum D 18: bei der chronischen Coxitis.
Phosphorus D 12: Störungen im Knochenstoffwechsel, besonders bei jungen Pferden. Knochenschmerzen und Knochenfisteln.
Rhus tox. D 6: chronischer Gelenk-

schmerz mit Steifigkeit und Schwerbeweglichkeit.
Silicea D 12: bei Ernährungsstörungen des Knochens.

Kniegelenksentzündung (Gonitis)

Akut: Arnica, Apis, Bryonia.
Sticta (Lungenflechte) D 4: bei akuten rheumatischen Schmerzen im Knie.
Subakut: Rhus tox D 6: es entwickelt sich eine Gonarthritis.
Chronisch: Acidum benzoicum D 6: chronische Schmerzen im Knie und an der Achillessehne.
Calcium fluoratum D 8: deformierende Arthrose mit Betroffenheit der Bänder.
Kalium carbonicum D 6: Schwäche und Schlaffheit der Muskulatur bei Gonitis und Coxarthrose.
Ledum D 4: Empfindlichkeit der Knochenhaut und des Gelenkes.
Petroleum D 8: Knieschmerzen und Steifigkeit und knackendes Kniegelenk, besonders bei der Beugung.
Symphytum D 4: bei der Gefahr der Periostitis.

Sprunggelenksentzündung

Akute Entzündung: wie bei Gonitis.
Weiter einzusetzen: Calcium fluoratum D 8: Arthritis deformans, Verhärtung der Gelenksbänder und der Schleimbeutel.
Kalium jodatum D 6: Entzündung der Bänder, der Gelenkkapsel und des Gelenkknorpels mit der Tendenz zu Wucherung und Fistelbildung.
Ledum D 4: Gelenk heiß und versteift.
Medorrhinum-Nosode D 18
Phytolacca D 4: rheumatische Gelenkschmerzen, die sich nachts verschlimmern. Gelenksteifigkeit.

Rhus toxicodendron D 6: großer Gelenkschmerz mit Lahmheit.

Ruta D 3: Schmerzen am Ansatz von Sehnen, am Knochen und Knötchen und Verkalkungen in den Gelenkbändern.

Symphytum D 4: Verletzung von Knochen und Periost. Die Kallusbildung wird angeregt.

Schienbeine (Periostitis des Os metacarpale)

Schmerzhafte Entzündung der Knochenhaut bei jungen Pferden durch Überbeanspruchung bei der Arbeit oder im Training

Arnica D 4: als Anfangsmittel bei regionaler Entzündung.

Asa foetida D 4: stechende Knochenschmerzen, Periostitis.

Calcium fluoratum D 8: wenn sich bereits Verformungen am Knochen feststellen lassen.

Hekla Lava D 6: Ostitis, Periostitis mit der Bildung von Exostosen.

Mercurius praecipitatus ruber D 10: Periostitis. Mercurius hat nächtliche Knochenschmerzen.

Phosphorus D 10: Parenchymmittel (Konstitutionstyp beachten).

Ruta graveolens D 3: kann das Auftreten von Exostosen verhindern.

Symphytum D 4: Verletzung des Knochens und des Periostes.

Überbeine (Exostosen)

Die Mittel wie bei Schienbeinverletzung und

Calcium carbonicum D 8: als Konstitutionsmittel bei Fehlernährungen, Mangelerscheinungen im Kalkstoffwechsel.

Silicea D 30: Ernährungsstörungen mit mangelhafter Reaktion von Bindegewebe und Knochen.

Gleichbeinlähme – Entzündung der Sesambeine

Aesculus D 4: reguliert die periphere Zirkulation in den Blut- und Lymphgefäßen.

Arnica D 4: bei Verletzungen und Überforderung.

Calcium fluoratum D 8: Entzündung der Bänder und Schleimbeutel.

Hekla Lava D 6: bei der Neigung zur Verknöcherung der Bänder.

Ruta D 3: Ruta verhindert die Bildung von Knochenwucherungen an den Ansatzstellen von Bändern und Sehnen.

Silicea D 30: in chronischen Fällen zum Abtragen fibrinöser Veränderungen.

Spat = chronisch-deformierende Entzündung des Sprunggelenks

Aesculus D 4: verbessert die regionale Durchblutung.

Calcium fluoratum D 8: Periostitis, Bindegewebsschwäche.

Hekla Lava D 6: bei der Bildung von Exostosen.

Kalium jodatum D 6: Entzündung der Gelenkbänder und der Kapsel.

Rhus toxicodendron D 6: zur Verbesserung der Beweglichkeit.

Ruta D 3: im Frühstadium einer sich entwickelnden Periostitis.

Silicea D 30: siehe Gleichbeinlähme.

Symphytum D 4: bei Periostitis und periodisch auftretenden Lahmheiten.

Erkrankungen der Zehengelenke

Schale (Ringbein)

Calcium fluoratum D 8: Entzündung der Bindegewebsfasern mit der Neigung zur Verhärtung.

Hekla Lava D 6: Verhinderung der Exostosenbildung.

Kalium bichromicum D 4: Neigung zur Periostitis und Proliferation des Bindegewebes.

Kalium jodatum D 6: Periostitis verschiedener Ursachen. Chronische Erkrankung der Bänder, der Kapsel und der Knorpelsubstanz.

Ledum D 4: akute und chronische Entzündung der Kapselwände mit Bildung von Verhärtungen.

Mercurius praecipitatus ruber D 10: Periostitis mit Neigung zur Fistelbildung.

Rhus toxicodendron D 6: zur Verbesserung der Gelenksmobilität.

Ruta D 3: bei Periostitis zum Abbau der Knochenwucherung.

Silicea D 30: zur Beseitigung der fibrinösen Verwachsungen.

Erkrankungen des Hufgelenks und der Hufkapsel

Hufrollenentzündung:

Aesculus D 3: Verbesserung der lokalen Durchblutung.

Apis D 4: ödematöse Infiltration in die Gelenkkapsel.

Bryonia D 6: im Frühstadium der Entzündung der Synovialhäute.

Calcium fluoratum D 8: zur Regulation der Knochenveränderungen und Exostosen.

Harpagophytum (Teufelskralle) D 3: bei Verdacht auf eine beginnende Hufrollenentzündung.

Hekla Lava D 6: Periostitis des Strahl-beins. Exostosen und Strahlbeindeformation.

Hepar sulfuris D 3–D 6: im akuten Entzündungsstadium.

Ledum D 4: akute Form mit Hitze im Gelenk, chronische Form mit Neubildungen auf der Gelenkkapsel.

Ruta graveolens D 3: Schmerzen am Ansatz der Bänder und Bildung von Knötchen in der Kapselwand.

Symphytum D 4: wenn die Gelenksveränderungen auf traumatische Einwirkung zurückzuführen sind.

Hufknorpelfistel – Hufknorpelverknöcherung

Arnica D 4: wenn als Ursache eine Verletzung angesehen werden kann.

Hepar sulfuris D 3 bis D 6: beschleunigt den Eiterungsprozeß und bringt die Eiterung zum Ausfließen. Hepar sulfuris über D 6 verhindert die Eiterung.

Kalium jodatum D 6: Knochen- und Knorpelerkrankungen mit der Neigung zur Fistelbildung.

Mercurius praecipitatus ruber D 10: Periostitis und Knochenfisteln mit Suppuration.

Silicea D 30: soll den Ausfluß des Eiters aus dem Fistelgang beschleunigen.

Steingallen

Arnica D 4: nach Verletzung durch Kompensionsdruck.

Calcium fluoratum D 8: fördert das Hornwachstum.

Calcium jodatum D 6: Knochenhauterkrankung mit Wucherung des Bindegewebes.

Ledum D 4: nach Quetschung und Schnittverletzung.

Rhus toxicodendron D 6: bei Lahmheitsschmerz verbessert es die Bewegung.

Mercurius solubilis D 8: fördert das Wachstum des Hufhorns, Hufspalten.

Silicea D 30: bei brüchiger Beschaffenheit des Hufhorns, Hufspalten.

Hufkrebs

Aesculus D 4: Förderung der Hufdurchblutung.

Arnica- und Calendula-Tinktur zur äußeren Anwendung.

Kalium jodatum D 6: Knochen- und Knorpelveränderungen mit Neigung zur Fistelbildung.

Kreosotum D 6: feuchte gangränöse Entzündung der Huflederhaut, die scharfe, ätzende und stinkende Absonderungen hat.

Lachesis D 8: geschwürige Entzündung der Huflederhaut. Die dunkelblau-roten Entzündungsherde sind sehr berührungsempfindlich. Es herrscht eine starke Neigung zu nekrotischer Gangränbildung. Die Absonderungen sind rahmig, stinkend und blutig.

Mercurius solubilis Hahnemanni D 8: das beherrschende Symptom ist die Entzündung mit Zerfallserscheinungen, die von üblem Geruch begleitet sind, in den verschiedensten Stadien der Erkrankung von der Hyperämie bis zur Nekrose.

Myristica sebifera (Muskatnußbaum) D 3: das Mittel hat die eitrige Einschmelzung des Bindegewebes und des Unterhautzellgewebes, wobei sich entstandene Abszesse öffnen und spontan ausfließen können.

Pyrogenium D 12: wird eingesetzt bei der Bildung von Abszessen, bei Panaritium und Lymphatitis. Die Sekrete haben einen aashaften Geruch.

Thuja D 4: das Mittel hat die blumen-

kohlartigen Wucherungen der Huflederhaut, die feucht ist und leicht blutet. Wie bei den Hauttumoren bereits beschrieben, sollte auch beim Hufkrebs nach der Operation eine Ubichinon-Behandlung durchgeführt werden.

Hufrehe – Entzündung der Huflederhaut

Aesculus D 4: zur Durchblutungsverbesserung in der Huflederhaut.

Apis D 3: zur Behandlung des Ödems der Lederhaut.

Belladonna D 4: im akuten Entzündungsstadium.

Bryonia D 4: alle entzündlichen Zustände mit der Neigung zur Infiltration.

Calcium fluoratum D 30: sollte zur Nachbehandlung längere Zeit gegen die bestehenden Gewebsveränderungen eingesetzt werden.

Nux vomica D 6: zur Entgiftung der bestehenden Autointoxikation.

Silicea D 30: es sollte wegen seiner guten Wirkung bei chronischen Eiterungen mit der Neigung zur Fistelbildung eingesetzt werden.

Bei der chronischen Rehe mit akuten Schüben kann Belladonna D 4 im Wechsel mit Nux vomica D 6 in stündlicher Verabreichung eingesetzt werden.

Andere Erkrankungen des Pferdes

Einschuß (Phlegmone, Elephantiasis)

Aconitum D 4: Initialmittel der hochfieberhaften Entzündung.

Apis mellifica D 3: entzündliches Ödem mit Ausschwitzung in die Subkutis.

Belladonna D 4: als Folgemittel im Stadium der Krisis.

Echinacea angustifolia D 3: Entzündungen jeder Art, septische Prozesse, Steigerung der mesenchymalen Abwehr.

Hepar sulfuris D 3: zur Förderung und Ausreifung der Eiterbildung.

Kalium jodatum D 4: reaktive Entzündung des Bindegewebes. Lymphozytäre Infiltration zwischen die Bindegewebsfasern.

Lachesis D 8: Zielpunkt von Lachesis ist das Blutgefäßsystem. Es kommt zur Hämolyse der roten Blutkörperchen, aber auch zu einer Vermehrung der Leukozyten. Lachesis ist das Mittel septikämischer Prozesse.

Mercurius solubilis D 10: das beherrschende Symptom ist die Entzündung mit Zerfallserscheinungen und Suppurationen.

Pyrogenium D 10: Pyrogenium ergänzt die Wirkung von Lachesis. Es ist mit einer erheblichen Störung des Allgemeinbefindens verbunden und hat hohes Fieber. Zielpunkt ist das lymphatische und interstitielle Gewebe.

Silicea D 30: hat die Regulation der chronisch gestörten nutritiven Vorgänge.

Sulfur D 15: tiefgreifende Wirkung auf das lymphatische System zu Reaktivierung der Abwehr.

Thuja D 8: zur Eindämmung der Proliferation im interstitiellen Bindegewebe.

Kreuzverschlag (Paralytische Myoglobinurie)

Aconitum D 4: in der frühen Entzündungsphase, besonders nach Erkältung durch trockenen und kalten Wind.

Belladonna D 4: das Mittel der Entzündung. Wirkt hier besonders auf die örtlichen Krampferscheinungen der Muskulatur, die mit heftigen Schmerzen verbunden sind.

Berberis vulgaris D 2: Schmerzhaftigkeit, Empfindlichkeit der Nierengegend mit auffälliger Steifigkeit im Rücken. Akute Nephritis mit Harndrang, Harn trübe dunkelrot mit rotem Bodensatz.

Cimicifuga D 4: rheumatoide, heftige Schmerzen im Rücken und Kreuzbereich mit starker Steifigkeit der Gliedmaßen.

Colocynthis D 2: heftige Spasmen durch Nierenkolik.

Gnaphalium (Wollkraut) D 6: Lumbago mit Taubheitsgefühl im Rücken und in der Lendengegend.

Nux vomica D 6: wirkt auf das Rückenmark. Es trifft reflektorische Muskelkontraktionen bei allgemein nervösem Temperament. Rückenspasmen nach großer Erregung und Streß.

Rhus toxicodendron D 6: Schwerbeweglichkeit und Steifigkeit, die durch Überanstrengung, Kälte oder Nässe entstanden sind. Die Pferde bewegen sich am Anfang sehr schwerfällig, laufen sich aber dann ein.

Verhaltensstörungen

Es kommt nicht selten vor, daß Pferde entweder aus Beschäftigungslosigkeit (Langeweile) oder falscher Behandlung im Stall oder beim Reiten und Fahren sich Gewohnheiten und Unarten aneignen, die ihre Gebrauchstüchtigkeit beeinträchtigen, ihrer Gesundheit schädlich sind und auch dem Menschen gefährlich werden können.

Die Homöopathie versucht mit ihren Mitteln im Sinne einer Ganzheitsbehandlung das gestörte Verhalten zu beeinflussen.

Argentum nitricum D 12: bei Reizzuständen des Nervensystems. Platzangst. Pferde wollen nicht in den Anhänger und auch nicht in die Startboxe der Rennbahn.

Asa foetida D 4: kann als Mittel gegen Koppen versucht werden.

Calcium phosphoricum D 30: bei Schreckhaftigkeit und Nervosität von Fohlen und Jährlingen.

Coffea D 2 bis D 4: Coffea ist ein Mittel gegen die Aufregung vor Rennen und Turnieren.

Glonoinum D 30: Aggressivität mit Beißen und Schlagen. Erregung bei geringsten Anforderungen. Die Pferde drehen durch.

Ähnliche Wirkung wie Glonoinum hat auch Laurocerasus D 30.

Hypericum D 12: Angst mit großer Erregung.

Hyoscyamus D 30: die Pferde kommen durch eine geradezu hysterische Nervosität zur Aggressivität. Schwierigkeiten beim Verladen.

Ignatia D 30: Ignatia ist das Mittel gegen Heimweh und Trennungsschmerz. Es hat sich gut bewährt bei Stuten und Fohlen während des Absetzens.

Natrium chloratum D 30: „Kleben", überempfindlich und launisch. Die Pferde werden unleidlich beim Wegreiten vom Stall; Zungenschlagen.

Nux vomica D 30: Unruhe und Aggressivität. Sie ist ausgesprochen personenbezogen und resultiert aus falscher und grober Behandlung während der frühen Entwicklung.

Phosphor D 12: reizbare Schwäche des Nervensystems. Überängstlichkeit bei Gewittern. Übermäßige Empfindlichkeit. Gute Kombination mit Argentum nitricum.

Platinum D 30: Unleidlichkeit. Quietschen beim Berühren. Widersetzlichkeit und Nymphomanie.

Tarantula hispanica D 15: die Pferde sind von dauernder Unruhe geplagt und laufen im Stall hin und her (Boxenläufer). Sie sind aggressiv und beißsüchtig, wenn sie gereizt werden. Sie haben Zerstörungswut.

Zincum valerianicum D 6: große Unruhe. Die Pferde scharren dauernd mit den Beinen und klopfen an die Boxenwände, besonders in den Nachtstunden. Mittel kann auch bei „Weben" versucht werden.

Nosoden-Präparate

Nosoden werden nach homöopathischer Verfahrenstechnik aus Körperbestandteilen und Stoffwechselprodukten von Menschen oder Tieren, ferner auch von Mikroorganismen wie Bakterien oder Viren und deren Stoffwechselprodukten hergestellt.

Die gewonnenen Zubereitungen sind nicht mehr infektiös bzw. virulent. Ihre Wirkung wird als die von Katalysatoren angesprochen, die einen reaktionsschwachen Organismus aktivieren und seine Abwehrkräfte wecken sollen. Der Einsatz von Nosoden zeigt bei festhängenden Krankheitsstadien noch eine gute Wirkung, wo andere Mittel versagt haben.

Die Nosoden können als Heilmittel des Terrains angesehen werden. Bei überstandener Erkrankung stellen die Nosoden ein ausgezeichnetes Mittel dar, die im Mesenchym abgelagerten Gifte aus dem Körper zu eliminieren.

Nosoden können durch den Tierarzt intrakutan, subkutan und intravenös injiziert werden. Aber auch eine Eingabe über die Maulhöhle oder das Einträufeln in die Nase ist möglich.

Ganz allgemein gelten bei der Nosodentherapie nachfolgende Gesichtspunkte: höhere Potenzen (D 12, D 30 und höher) bei erhöhter Reizbarkeit, bei Allergien und bei chronischen Leiden. Einmalige Eingabe und längere Zwischenräume: mehrere Tage bis mehrere Wochen.

Niedere Potenzen etwa bis D 6: bei akuten Erkrankungen, wenn eine spezifische Wirkung auf ein Organ oder Organsystem erwünscht ist. Eingabeabstände: mehrere Stunden, 1 bis 2 Tage.

In der Veterinärmedizin sind nachfolgende Nosoden in Gebrauch:

Bacillinum D 15: chronische Bronchitis, Emphysem.

Brucella abortus Bang D 10–D 200: grippöse und arthritische Symptome.

Hepatitis-Nosode D 12 bis D 200: bei chronischer Hepatitis.

Herpes simplex-Nosode D 12 bis D 200: bei chronisch rezidivierenden Herpes-Infektionen.

Leptospirose-Nosode D 12 bis D 200: wenn eine Leptospirenerkrankung vorgelegen hat.

Medorrhinum D 12 bis D 200: Unruhe, nervöse Erschöpfung, Charakterstörungen.

Polyarthritis-Nosode D 12 bis D 200: bei allen chronischen Gelenkentzündungen exsudativer und fibröser Art.

Psorinum-Nosode D 12 bis D 200: chronische Hautkrankheit, chronische Ekzeme, Juckreiz.

Pyodermie-Nosode D 10 bis D 200: subakute und chronische Hautkrankheiten nässender Art.

Pyrogenium-Nosode D 6: bei heftigen Reaktionsphasen mit Eiterungen und Fieber. Septikämie.

Sinusitis-Nosode D 10 bis D 200: akute und chronische Entzündung der Nasennebenhöhlen (Luftsackentzündung).

Staphylococcus-Nosode D 6 bis D 200: Impetigo, Karbunkel, Akne, Phlegmone usw.

Streptococcus haemolyticus D 6 bis D 200: Erkrankungen der oberen Luftwege, Phlegmone, Mastitis, subakute und chronische Gebärmutterentzündung.

Kombinationspräparate in der Veterinärmedizin

Die Natur selbst bietet Kombinationen, die für die Anwendung in der Heilkunde geradezu ideal sind, in unerschöpflicher Vielfalt an, und die Homöopathie hat diese Kombinationen schon immer verwendet. Als Beispiel sei *Atropa belladonna*, die Tollkirsche, erwähnt, die als Hauptinhaltsstoffe Atropin, Hyoscin, Hyoscyamin, Cholin und in der Wurzel Scopolamin enthält.

Diese Einzelstoffe wirken in der Pflanze im synergistischen Sinne zusammen und schaffen erst dadurch die effektive Arzneimittelwirkung des bekannten Polychrestes Belladonna, die wieder wesentlich umfassender ist als Atropin selbst.

Schon Neidhard hat sich in der älteren amerikanischen Homöopathie darüber geäußert, daß Substanzen, die in der Natur als Arzneikomplexe vorkommen, wahrscheinlich besser dazu geeignet sind, komplizierte chronische Krankheiten zu heilen, als die reinen Arzneisubstanzen.

Die von dem Berner Pharmakologen Emil Bürki (1909) aufgestellte Regel von der Additiv- und Potenzwirkung von Arzneimitteln hat die Verwendung von Arzneimittelkombinationen sehr stark beeinflußt.

Bürki formulierte: Zwei oder mehrere Arzneimittel, die den gleichen Endeffekt auslösen, addieren sich in ihren Wirkungen.

Einige bewährte Kombinationsmöglichkeiten zur Behandlung von Krankheiten der Pferde:

Atmungswege – Bronchitis:
Aconitum D 4
Bryonia D 4
Lachesis D 12
Phosphor D 5

Infekte:
(bakteriell und virös):
Echinacea D 3
Sulfur D 4
Vincetoxicum D 6

Husten:
Belladonna D 4
Cuprum aceticum D 6
Drosera D 4
Ipecacuanha D 4
Tartarus stibiatus D 4

Herz:
(Herzmuskelschwäche, Koronardurchblutungsstörung):
Cactus D 2
Crataegus D 2
Glonoinum D 2
Kalium carbonicum D 4

Kreislauf:
(periphere Durchblutung):
Aesculus D 2
Arnica D 3
Secale cornutum D 4
Tabacum D 10

Kolik:
Bryonia D 4
Colocynthis D 5
Lycopodium D 5

Nux vomica D 4
Durchfälle
(Gastroenteritis):
Acidum arsenicosum D 8
Carbo vegetabilis D 6
Podophyllum D 6
Veratrum D 2

Haut (Juckreiz):
Histamin D 6
Psorinum D 10
Sulfur D 10
Urtica D 4

Nässende akute Ekzeme:
Hepar sulfuris D 8

Mercurius solubilis D 10
Mezereum D 4
Sulfur D 6

**Chronische rezidivierende, meist trockene
Ekzeme:**
Antimonium crudum D 6
Arsenicum album D 12
Graphites D 8
Sulfur D 12

Harn- und Geschlechtsapparat
(Nierenfunktionsstörung):
Berberis D 4
Cantharis D 6
Solidago D 3

Homöopathische Stallapotheke

Aconitum (Sturmhut): Anfangsmittel der akuten Entzündung

Aesculus (Roßkastanie): Durchblutungsmittel bei Stauungen

Apis (Honigbiene): akute entzündliche Schwellung, Bienenstich

Arnica (Bergwohlverleih): Verletzungen, Quetschungen, Blutungen

Arsenicum album (Weißes Arsenik): alle chronischen Entzündungen von Körperzellen und Geweben mit Neigung zur Nekrose. Körperlicher Verfall und Schwäche, chronisch rezidivierendes Ekzem

Belladonna (Tollkirsche): akute fieberhafte Entzündungen. Krämpfe, Kolik, Sonnenstich

Berberis (Berberitze): Nierenmittel, Rheuma, Lumbago

Bryonia (Zaunrübe): seröse Entzündung, Pleuritis, Lahmheit durch Entzündung von Muskeln und Gelenken

Calcium carbonicum: Mangelerscheinungen im Kalkstoffwechsel

Calcium fluoratum: chronische Erkrankungen von Sehnen, Sehnenscheiden, Fascien, Bändern und Schleimbeutel

Calendula (Ringelblume): Rißwunden und Geschwüre der Haut

Cantharis (Spanische Fliege): brennende Entzündung von Haut und Schleimhaut. Reizung der Harnwege

Carbo vegetabilis (Holzkohle): Kreislaufkollaps und Hitzschlag

Causticum (gebrannter Kalk): Nervenlähmung (Fazialis – Radialis), Blasenschwäche, Warzen

Chamomilla (Kamille): Beruhigungsmittel, Unruhe junger Pferde

Chelidonium (Schöllkraut): Leberfunktionsstörung

China (Chinarinde): Kräftigungsmittel nach Infektionen und chronischen Krankheiten – Anämie

Cimicifuga (Wanzenkraut): schmerzhafte Steifigkeit der Wirbelsäule

Colocynthis (Koloquinte): Magenkrampf, starker Kolikschmerz in allen Bauchorganen

Crataegus (Weißdorn): digitalisähnliche Wirkung am Herzen. Förderung der Koronardurchblutung, Herzschwäche, Altersherz

Cuprum (Kupfer): allgemeine Muskelkrämpfe, Krampfhusten mit Atemnot

Dulcamara (Bittersüß): Muskel-, Gelenk- und Schleimhautentzündungen nach Durchnässung

Drosera (Sonnentau): krampfartige Hustenanfälle durch Verschleimung in den oberen Luftwegen

Echinacea (Kegelblume): homöopathisches inneres Antiseptikum bei Eiterung und Sepsis. Abwehrstimulation

Euphorbium (Euphorbie): Nasen- und Nasennebenhöhlenkatarrhe, Luftsack

Euphrasia (Augentrost): Lidbindehaut- und Hornhautentzündung des Auges

Graphites (Reißblei): chronische Ernährungsstörungen der Haut und Schleimhaut. Hautausschläge, Mauke

Hamamelis (Virginische Zaubernuß): Blutungen aus den Venen, Nasenbluten, Thrombophlebitis

Hekla Lava (Lava des Hekla-Vulkans): Knochenauftreibungen, Gelenkschale, Exostosen

Hepar sulfuris (Kalkschwefelleber): akute und ruhende Entzündungs- und Eiterungsprozesse

Hyoscyamus (Bilsenkraut): Krampfzustände, Unruhe, Verhaltensstörungen, Nymphomanie

Hypericum (Johanniskraut): Nervenschädigung durch Verletzung, Lähmungen

Kalium jodatum (Kaliumjodid): reaktive Bindegewebsentzündung, Aktinomykose, Druse, Periostitis

Lachesis (Buschmeister-Schlange): Septikämie, Gewebszerfall, Phlegmone

Laurocerasus (Kirschlorbeer): nervöse Herzstörungen, plötzliche Muskelkrämpfe, Herzblock

Lycopodium (Bärlapp): chronische Stoffwechselstörungen der Leber und Haut, Meteorismus, Haarausfall

Mercurius solubilis Hahnemanni: eitrige Entzündung aller Organe

Mezereum (Seidelbast): schmerzhafte Entzündung der Nerven, Haut und Schleimhaut mit Bläschenbildung, Herpes-Virus

Nux vomica (Brechnuß): über das Vasomotorenzentrum angreifendes Mittel bei allen spastischen Zuständen der Hohlorgane und Muskulatur. Hufrehe, Kolik. Obstipation. Lumbago. Streß

Phosphorus: Kalk-, Muskeln-, Nerven-, Eiweiß- und Kohlenhydratstoffwechsel, Rachitis bei jungen Pferden

Pulsatilla (Kuhschelle): Stutenmittel, Innersekretorische Störungen mit Blutstauung in den Venen, hormonähnliche Wirkung auf die Durchblutung der Beckenorgane, Zyklusstörungen. Gebärmutterentzündungen

Rhus toxicodendron (Giftsumach): Lahmheiten im Bewegungsapparat durch akute entzündliche Erkrankungen. Nach dem Startschmerz bessert sich die Lahmheit in der Bewegung

Ruta (Weinraute): akute und chronische Entzündung in Sehnen, Bändern und Gelenken mit Lahmheit. Gelenkschale, Hufrolle

Silicea (Kieselsäure): Mittel der Bindegewebsschwäche, akute und chronische Eiterungen, Fistelbildungen, Wachstumsstörungen des Hufhornes

Sulfur (Schwefel): Aktivator aller Stoffwechselprozesse als großer Katalysator. Besondere Beziehung zur Haut

Symphytum (Beinwell): Knochenmittel zur Förderung der Kallusbildung, Rückbildung traumatischer Exostosen

Thuja (Lebensbaum): bei Folgezuständen von Infektionskrankheiten und Impfungen. Neigung zur Proliferation von Haut und Schleimhaut. Papillome, Warzen, Polypen

Veratrum (Nieswurz): sensible Fasern des Vagus werden gereizt. Klonische und tonische Krämpfe. Diarrhoe mit starker Kollapsneigung

Literaturnachweis

CONSILIUM CEDIP VETERINARICUM: 1992 Naturheilverfahren am Tiere, CEDIP Medizinisch-Technische Verlags-Gesellschaft, München

DIETZ, O. und WIESNER, E.: Pferdekrankheiten für Wissenschaft und Praxis, Karger-Verlag, Basel, 1982

GEBHARD, K. H.: Beweisbare Homöopathie, 2. Aufl. Haug-Verlag, Heidelberg, 1986

GÜNTHER: Homöopathischer Tierarzt, 20. Aufl., Schwabe Verlag, Leipzig, 1923

HAHNEMANN, S.: Arzneimittellehre, Bde. 1-6, Haug-Verlag

HAMALCIK, P.: Biologische Therapie in der Veterinärmedizin, 6. Aufl., Aurelia Verlag, Baden Baden

KENT'S Repertorium, 3 Bde., 12. Auflage, Haug-Verlag

LORENZ, U.: Das Simile-Buch 1989, Homöopathische Arzneimittel GmbH, Baden-Baden

MACLEOD, G.: Pferdekrankheiten homöopathisch behandelt, WBV-Verlag, Schorndorf, 1977

MEZGER: Gesichtete Homöopathie, Band II, Haug-Verlag

NASH, E. B.: Leitsymptome in der homöopathischen Therapie, 6. Auflage, Haug-Verlag, Heidelberg, 1959

RAKOW, B.: Der homöopathische Hundedoktor, 2. Aufl., Franckh-Kosmos Verlag, Stuttgart, 1989

RAKOW, B. und M.: Bewährte Indikationen in der Veterinärmedizin, 1988, Johann Sontag Verlag, Regensburg

RECKEWEG, H. H.: Ordinatio Antihomotoxica et Materia Medica, Aurelia Verlag, Baden-Baden

SALLER, K.: Lehrbuch der homöopathischen Arzneimittel, 3. Aufl., Haug-Verlag, 1952

SALOMON, W.: Naturheilkunde für Pferde, 5. Aufl., Econ-Verlag, Düsseldorf 1991

THEIN, P.: Handbuch Pferd, 2. Auflage, BLV-Verlag, München 1984

WIESENHAUER, M.: Homöopathie, ein individueller, schonender Weg zur Heilung, 2. Aufl., Hippokrates Verlag, Stuttgart, 1983

WOLTER, H.: Klinische Homöopathie in der Veterinärmedizin, Haug-Verlag, Ulm, 1954

WOLTER, H.: Homöopathie für Tierärzte, Bde. 1 und 2, 2. Aufl., Schlütersche Verlagsanstalt und Druckerei, Hannover, 1980

WOLTER, H.: Homöopathie für Tierärzte, Bd. 36, Verlag W. Gillar, Waghäusel, 1986

VOEGELE, A.: Leit- und wahlanzeigende Symptome der Homöopathie, Haug-Verlag, Heidelberg, 1984

ZIMMERMANN, A.-M.: Homöopathie der Augenkrankheiten, I. Sonntag Verlag, Regensburg

ZIMMERMANN, W.: Homöopathie der Hautkrankheiten, I. Sonntag Verlag, Regensburg

Register

In seinem „Neuen Handbuch der Pferdekrankheiten" erläutert Dr. Maximilian Pick in leicht-
verständlicher Form und auf dem neuesten Stand des tiermedizinischen Wissens, was der
Reiter, Pferdehalter und -züchter über die Krankheiten des Pferdes wissen muß. Besondere
Schwerpunkte bilden die Krankheiten des Bewegungsapparates, der Atmungs- und Verdauungsorgane, Infektionskrankheiten, Pferdezucht und Störungen der Fruchtbarkeit. Spezielle Kapitel
befassen sich mit der Anatomie
des Pferdes, mit der artgerechten
Fütterung und Haltung des
Pferdes. Anhand einer Symptom-
tabelle kann bereits der Betreuer
des Pferdes die einzelnen
Krankheitserscheinungen einer
Krankheit zuordnen und damit
dem Tierarzt seine Diagnose
erleichtern.

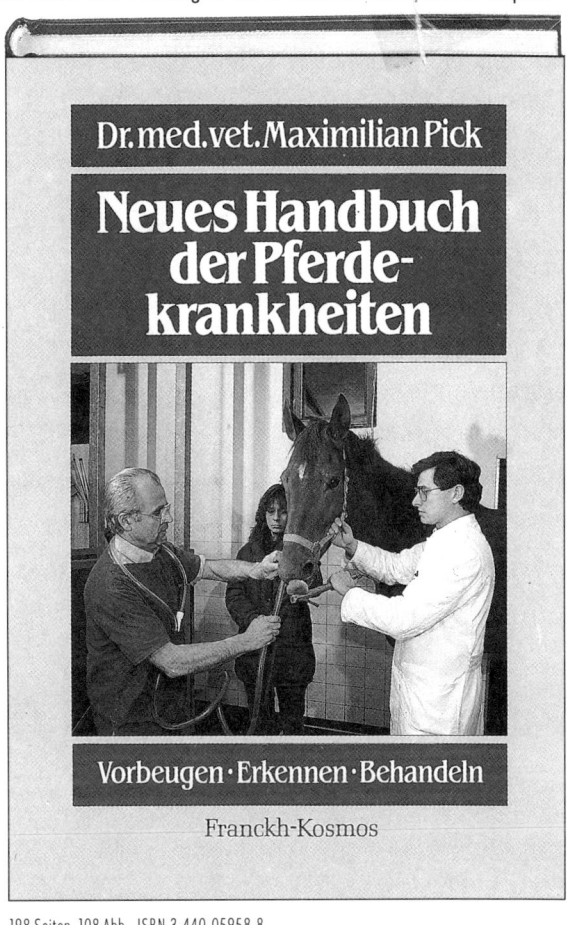

Dr. med. vet. Maximilian Pick

Neues Handbuch der Pferde- krankheiten

Vorbeugen · Erkennen · Behandeln

Franckh-Kosmos

198 Seiten, 108 Abb., ISBN 3-440-05958-8

Franckh-Kosmos · Stuttgart

Dem Studium des Pferdeverhaltens, unter natürlichen Bedingungen ebenso wie unter denen der modernen Pferdehaltung, hat der Tierarzt Dr. Michael Schäfer sein Leben gewidmet. „Die Sprache des Pferdes" entstand aufgrund jahrelanger eigener Forschungstätigkeit und beschreibt im ersten Teil die natürliche Lebensweise des Pferdes, den Ablauf eines Pferdetages und das Verhalten unter verschiedensten Bedingungen, von der Mutter-Kind-Beziehung bis hin zu den Rangordnungskämpfen.

Der zweite Teil ist den Ausdrucksformen des Pferdes, seiner „Sprache" von den Lautäußerungen bis zur Körperhaltung und Gesichtsmimik gewidmet.

Das Standardwerk zum Verhalten des Pferdes, überarbeitet und um die modernsten Forschungsergebnisse erweitert – ein Muß für alle die Pferde lieben und mit ihnen umgehen.

ca. 264 Seiten, 144 Abb., ISBN 3-440-06704-1

Franckh-Kosmos · Stuttgart